Droemer
Knaur®

Sonya Rhodes / Marlin Potash

Wenn Männer sich nicht binden wollen

Droemer Knaur

Aus dem Amerikanischen von Dinka Mrkowatschki

CIP-Titelaufnahme der Deutschen Bibliothek

Rhodes, Sonya:
Wenn Männer sich nicht binden wollen
Sonya Rhodes; Marlin Potash
Aus d. Amerikan. von Dinka Mrkowatschki. –
München: Droemer Knaur, 1988
Einheitssacht.: Cold Feet <dt.>
ISBN 3-426-26393-9
NE: Potash, Marlin

© Copyright für die deutschsprachige Ausgabe bei
Droemersche Verlagsanstalt Th. Knaur Nachf. München 1988.
Titel der amerikanischen Originalausgabe »Cold Feet«
© Copyright 1988 by Dr. Sonya Rhodes and Dr. Marlin S. Potash
Umschlaggestaltung: Kaselow Design, München
Satzarbeiten: IBV Satz- und Datentechnik GmbH, Berlin
Druck und Bindearbeiten: Freiburger Graphische Betriebe
Printed in Germany
ISBN 3-426-26393-9

2 4 5 3 1

Inhalt

Warum wir dieses Buch
geschrieben haben

Die Frauen von heute können zum ersten Mal in der Geschichte sexuelle Freiheit, finanzielle Unabhängigkeit und beruflichen Erfolg erreichen. Sie sollten also – beruflich wie persönlich – erfüllter und glücklicher sein als alle anderen Frauen vor ihnen. Aber sind sie es auch? Nein! Im Lauf der letzten fünf Jahre ist uns in unserer psychotherapeutischen Praxis und in der klinischen Forschung ein neues Phänomen aufgefallen: Frauen, die eigentlich glücklich sein sollten, fragen, warum ihre Beziehungen zu Männern immer schlechter werden.

Unsere Klientinnen überschütten uns mit einem endlosen Strom von Geschichten. »Ich bin zweiunddreißig und möchte eine Familie haben. Ich lebe seit drei Jahren mit meinem Freund zusammen, und er erstarrt jedesmal zur Salzsäule, wenn ich vom Heiraten rede. Er sagt, er will sich nicht festlegen.« »Mein Freund hat keine Schwierigkeiten mit dem Wort Heiraten – wir sind jetzt schon seit zwei Jahren zusammen und haben noch nicht mal eine richtige Beziehung!« »Ich geh' jetzt seit zwei Jahren mit einem Mann. Warum wird er immer so abweisend, sobald wir uns ein bißchen näherkommen?« »Ich hab' gestern abend einen Mann kennengelernt, und es hat sofort geklickt. Er war anscheinend wirklich an mir interessiert und schien auch zu verstehen, daß ich nicht gleich beim ersten Mal mit ihm ins Bett steigen wollte. Warum hat er mich nicht wieder angerufen?«

Die Männer, die zu uns in die Sprechstunde kommen (und es sind mehr als je zuvor), sind verletzt und verunsichert. Und sie haben eine panische Angst vor Nähe, mit der wir bisher noch nie so stark konfrontiert wurden. Die Symptome sind psychische Gänsehaut und Zittern beim bloßen Gedanken an Nähe zu einer Frau. Wir nennen es das Kalte-Füße-Syndrom. Es breitet sich aus wie eine Epidemie. Jeder Mann in unserer Gesellschaft ist davon befallen, zumindest bis zu einem gewissen Grad.

Wir wollen hier keine Nackenschläge verteilen. Männer sind nicht nur anders als wir, sie sind, was Nähe betrifft, Amateure. Die Männer werden in unserer Gesellschaft nicht dazu erzogen, mit Nähe umzugehen. Und heute, erstmalig in der Geschichte, bedeutet die Bindung zu einer Frau vor allem emotionale Bindung und nicht in erster Linie finanzielle Verantwortlichkeit.

Aber es gibt nicht nur Unerfreuliches zu berichten. Einige Männer von heute sind wesentlich sensibler, als ihre Väter es waren, und sie sehnen sich wirklich nach Nähe. Aber selbst wenn ein Mann eine richtige Frau haben will und keine Heilige, so wird er doch manchmal verschreckt und gelähmt auf die Forderungen reagieren, die sie an ihn stellt. Die Frauen der achtziger Jahre machen den Männern wirklich zu schaffen: Sie verschrecken und locken, machen sie an und stoßen sie ab; sie finden sie entsetzlich und sind hingerissen. Männer sind den Forderungen der Frauen nicht gewachsen, obwohl sie sich gleichzeitig von Frauen angezogen fühlen, die stark und sexy sind und kein Blatt vor den Mund nehmen, was ihre Bedürfnisse und Erwartungen betrifft. An diesem emotionalen Scheideweg – hin und her gerissen zwischen Angst und Begehren – bekommt der Mann kalte Füße.

Und unterdessen fragen sich Frauen, die eigentlich glücklich sein sollten: »Mach' ich was falsch? Ist es meine Schuld?« Keine Rede davon!

Aber wenn Sie sich einmal einige der momentan so beliebten Bücher über die Beziehung zwischen Mann und Frau ansehen, werden Sie lesen, daß die Männer eigentlich ganz in Ordnung sind (bis auf ein paar kleine Makken). Frauen dagegen (die eben einfach nicht glücklich sein können) werden zur Selbstzerstörung getrieben. Man geht davon aus, daß Frauen die volle Schuld am Zusammenbruch einer Beziehung tragen. Sie sind bestenfalls das Opfer einer tragischen Irreführung, schlimmstenfalls entsetzlich neurotisch oder einfach verbohrt. Wenn man diese Bücher liest und sie für bare Münze nimmt, dann fragt sich jede normale Frau, ob sie nicht vielleicht Anwärterin auf einen Platz auf der Psychiatercouch ist. In unseren Praxen, Arbeitsgruppen und Vortragsreihen haben wir erlebt, wie vollkommen normale Frauen sich abstrampeln, um nicht vorhandene Neurosen bei sich auszugraben. »Wieder eine Beziehung in die Binsen gegangen... Mein Therapeut sagt, ich würde auf miese Typen fliegen und müsse damit fertig werden.« – »Im Büro treffe ich immer die richtigen Entscheidungen. Wie kommt es dann, daß ich immer alles verpatze, wenn es um mein Privatleben geht? Mit mir muß doch was faul sein.« Und so weiter und so fort.

Ihr Therapeut, Ihre Freunde oder Ihre Mutter können Sie zu Tode »analysieren«. Sie können Ihnen sagen, Sie seien auf Versagen programmiert oder hätten einfach »Angst« vor Bindungen. Das stimmt nicht. Die meisten Frauen gehen ganz locker und natürlich in eine Zweierbeziehung, falls Männer dazu bereit sind. Frauen arbeiten hart für eine Beziehung. Frauen wollen Bindung. Von unserer Arbeit mit Männern wissen wir, daß sie Probleme mit Bindungen haben, weil *Männer* sich nicht binden können. »Das ist Männerdiskriminierung«, brachte eine Frau vor, als wir unsere Entdeckungen und Schlußfolgerungen besprachen. »Anstatt den Frauen die Schuld in die Schuhe zu schieben, wird sie den Männern gegeben. Was soll das bringen?«

Geben wir den Männern die Schuld? Nein! In diesem Buch schieben wir keinem den Schwarzen Peter zu.

Aber wenn Sie einen lauten Knall hören, dann kommt der von der Sprengung eines Tabus: Wir konzentrieren uns nämlich auf die Probleme der Männer statt auf die der Frauen. Vielleicht gefällt Ihnen diese Idee zuerst nicht – wie so vielen Frauen. Wir Frauen sind alle so erzogen und gedrillt, daß wir Männer schützen. Wenn es in einer Beziehung ein Problem gibt, dann glauben wir lieber, es wäre unser Problem. Wir können dann Tag und Nacht in den Weingärten unserer Beziehung schuften und versuchen, damit »fertig zu werden«.

Wir, und alle Frauen, mit denen wir arbeiten, stecken mitten in dem noch andauernden Prozeß, die letzte Tabuschranke zu überwinden. Das kann sehr oft schmerzlich sein. Wenn Sie also dieses Buch lesen, werden Sie sicherlich sehr gefühlsmäßig darauf reagieren. Die Frauen, mit denen wir gearbeitet haben, machen immer wieder dieselben Stadien durch:

1. Widerstand: »Männer sind in Ordnung. Ich bin diejenige, die spinnt.«
2. Angst: »Wenn die Männer spinnen, werde ich dann etwa nie eine Beziehung haben?«
3. Schuldzuweisung: »Alle Männer sind schrecklich. Alles ist ihre Schuld, und es ist hoffnungslos.«
4. Resignation: »Alles klar. Die Wirklichkeit ist hart, aber so ist das nun mal. Wie soll ich damit umgehen?«

Wenn Sie dann endlich gelernt haben, die neue Realität zu akzeptieren, werden Sie mit Erleichterung feststellen, daß Ihre Probleme nicht von schlechten Sternen oder falscher Wahl kommen. Es ist befreiend zu begreifen, daß das Problem nicht in Ihnen selbst zu suchen ist. Und noch eine erfreuliche Nachricht: Das Problem der meisten Männer, sich zu binden, *kann* gelöst werden! (Sobald Sie und er das Problem erkannt haben.)

In den Achtzigern hat »Bindung« eine neue Definition bekommen: Beide Partner leisten ihren Beitrag zur emotionalen und physischen »Küchenarbeit« einer Beziehung. Sie teilen ihr Gefühlsleben und versuchen Fragen der Macht und Kontrolle offen miteinander zu besprechen, seien sie nun sexueller oder anderer Art. Kein Partner kann über den anderen bestimmen, und beide halten die Beziehung aufrecht. Das obliegt also beiden Partnern, und diese neue Art der Nähe ist für beide von Vorteil.

Die Männer und Frauen von heute müssen eine neue Art der Vertrautheit schaffen – sobald die Frauen wissen, gegen was sie zu kämpfen haben, und die Männer bereit sind, die Herausforderung anzunehmen. »Warum sind die Männer so zurückhaltend?« fragte eine Frau. »Sind sie zu faul?« Manchmal. Aber da steckt noch mehr dahinter. Meistens ist es nackte, kalte Angst. Wenn sich ein Mann einer Frau gegenüber öffnet, hat er eine Art Büchse der Pandora geöffnet – voller Verwundbarkeiten. Er hat Angst, die Kontrolle über sich selbst, über Sie, überhaupt über alles zu verlieren. Es könnte ja seine Unzulänglichkeit oder Unvernünftigkeit entlarvt werden.

Außerdem ist es für ihn immerhin das erste Mal, daß er so etwas tun soll. Was Frauen, aber kaum Männer verstehen, ist, daß es jeden Schmerz und jede Mühsal wert ist. Wenn das Ziel Nähe ist, echte Nähe, dann machen sich Schweiß und Tränen auf jeden Fall bezahlt.

Wir werden unter anderem folgende grundsätzliche Fragen beantworten:

1. Warum ist Bindungsangst heutzutage so verbreitet?
2. Wovor haben die Männer wirklich Angst?
3. Wie erkennt man, wenn ein Mann flüchten will?
4. Woran erkennt man, daß ein Typ vermutlich einen schlechten Beziehungs-Partner abgibt?
5. Wie trennt man die Spreu vom Weizen?
6. Warum ist die begehrenswerteste Frau zugleich die bedrohlichste?

7. Warum können Frauen mit Zweisamkeit besser umgehen als Männer?

8. Wie kaschieren Männer ihre Bindungsprobleme?

9. Was bedeutet es, wenn sich ein Mann sexuell abwendet, und wann ist sein sexuelles Verhalten ein untrügliches Zeichen für Bindungsprobleme?

10. Warum ist das Wort »Bindung« für Männer so negativ besetzt?

11. Haben alle Männer kalte Füße, oder sieht das nur so aus?

Wenn wir diese Fragen beantworten, werden wir drei Typen von Männern mit kalten Füßen definieren und fünf Phasen der Bindung in einer Beziehung umreißen, damit Sie wissen, wo Sie stehen. Wir werden Ihnen Mittel nennen, damit Sie mit Pattsituationen in einer Beziehung umgehen können, und Ihnen sagen, wie sich Beziehungsprobleme hinter sexuellem Verhalten verstecken können. Wir werden auch besprechen, was passiert, wenn Sie bereit sind, ein Kind zu haben, und er nicht. Ebenso kommen Bindungsprobleme in der Ehe zur Sprache. Zu guter Letzt gibt es da noch ein spezielles Kapitel »Nur für Männer«. Das können Sie dann heraustrennen und Ihrem Freund oder Mann zeigen. Es wird Ihnen helfen zu erkennen, wie er zu Ihrer Beziehung steht.

Wir sind zwei Psychotherapeutinnen mit einer Privatpraxis in New York. Unsere Forschungsarbeit ist belegt von umfassender klinischer Arbeit mit Paaren, Arbeitsgruppen, Seminaren und Interviews mit Männern und Frauen, die sich alle mit Beziehungsproblemen abstrampeln. Wir glauben, daß wir nicht nur als Therapeuten qualifiziert sind, dieses Thema zu behandeln, sondern auch als Ehefrauen und Mütter.

»Männer wollen Beziehungen«, sagte uns ein männlicher Patient, »aber sie wollen nichts dafür tun.« Das trifft vielleicht auf einige Männer zu, aber viele sind doch bereit, Verantwortung zu übernehmen. Wie Sie aus den geschilderten Fällen erkennen können, haben viele nicht nur begeistert auf unsere Vorschläge reagiert, sondern auch noch freiwillig ihre eigenen Geschichten zu diesem Buch beigesteuert. »Ich fühle mich innerlich so leer«, sagte ein Mann nachdenklich. »Ich bin einsam.« Und er ist ein typisches Beispiel für die Männer, die erkannt haben, daß in ihrem Leben etwas fehlt, und die allmählich anfangen, in ihrem eigenen Herzen nach Antworten zu suchen.

ERSTER TEIL

Kalte Füße

1

Zu welchem Typ gehört er?

Da ist ein neuer Typ in der Stadt. Sie haben ihn schon kennengelernt. Man trifft ihn überall. Er ist der Computerfachmann von nebenan. Der Rechtsanwalt, der Sie geschäftlich berät, der Typ aus dem Feinkostgeschäft und der Mann Ihrer besten Freundin. Er ist der Typ, mit dem Sie arbeiten, ausgehen, zusammenleben... er ist der Neue Mann, ohne Bindung, ohne Beziehung. Was ist so neu an ihm? Oberflächlich gesehen, einiges. Er ist sensibel, und er versucht, Sie zu verstehen. Er will eine Frau, die eine ebenbürtige Partnerin ist. Er möchte ein aktives Liebesleben und sucht die intellektuelle Herausforderung.
Auf den ersten Blick scheint er eine Art Mann zu sein, den man leicht lieben kann. Aber ganz so einfach ist es dann doch nicht. Frauen, die sich mit dem Neuen Mann einlassen, entdecken bald, daß der äußere Schein trügt. Sein warmes Herz und sein warmer Körper können nichts an der Tatsache ändern, daß er kalte Füße hat.

Wie fühlt man sich in seiner Haut? Nachdem die meisten Männer keine Scheu haben, in Therapiesitzungen und Interviews offen zu sprechen, können wir Ihnen eine ziemlich genaue Vorstellung davon vermitteln. Auf den Punkt gebracht, kriegt ein Mann wahrscheinlich schon Schweißausbrüche, wenn Sie das Wort *Nähe* nur erwähnen. Das Problem hat mit Abgrenzung zu tun. Je näher sich Menschen in einer Beziehung kommen, desto mehr verwischen sich die Grenzen der Persönlichkeit. Sie werden durchlässiger – und für Männer ist dieser natürliche Vorgang ein Problem. Jetzt werden wir Sie bitten, etwas Schwieriges zu tun. Stellen Sie sich vor, die Probleme, die Sie mit Männern hatten, seien gar nicht *Ihre* Probleme gewesen. Frauen – wir alle – sind so daran gewöhnt, uns selbst die Schuld zu geben und Männer zu beschützen, daß wir unseren Verstand total umstülpen müssen, um die Sache überhaupt einmal von einem anderen Standpunkt aus zu sehen. Aber es läßt sich lernen. Deshalb möchten wir, daß Sie bei der Lektüre dieses Buches einige Ihrer stärksten Instinkte bekämpfen. Wir möchten, daß Sie anfangen, Männer – und sich selbst – auf eine völlig neue Art zu sehen.

Sehen Sie ihn mit dem Verstand, nicht mit dem Herzen

Wenn ein Mann kalte Füße hat, sollte eine Frau zuerst einmal auf Abstand gehen und die Lage kühl analysieren. »Frauen denken oft mit dem Herzen«, »Die Liebe wird's schon richten«, sagen wir, oder: »Es hat mich einfach umgehauen!« Wenn Sie erst einmal eingesehen haben, daß Männer erziehungsbedingt annehmen, Frauen wären auf der Welt, um ihre Bedürfnisse zu stillen, und daß Männer in ihren Wunschträumen Frauen häufig nur als unerschöpfliche Quelle sexueller Appetithäppchen sehen, dann werden Sie auch begreifen, wie gefährlich es ist, Beziehungen zu blauäugig zu sehen oder sie Ihren Instinkten anzuvertrauen. Heutzutage heißt Liebe, auch den Verstand zu benutzen, nicht nur das Herz. Selbst wenn, besonders wenn es Sie umgehauen hat, müssen Sie einen Mann immer noch ohne rosa Brille sehen. Wenn Sie das nicht tun, werden Sie nur sehen, was Sie sehen wollen – nicht, was wirklich da ist.

18

Wonach man Ausschau halten soll

Es ist relativ einfach, Männer mit kalten Füßen zu erkennen, wenn man einmal weiß, wonach man Ausschau halten muß. Wenn er zum Beispiel

1. denkt, Sie sind »zu anspruchsvoll«, ja sexuell sogar »zu anspruchsvoll«;
2. denkt, Sie schnüffelten in seinem Leben herum;
3. für alles, das schiefgeht, Ihnen die Schuld gibt;
4. sagt, Sie beeinträchtigten seinen »Freiraum«;
5. sich weigert, Verabredungen im voraus zu planen;
6. sich weigert, Sie beide als Paar zu sehen;
7. sich weigert, über seine Zeit »Rechenschaft abzulegen«;
8. sich seine »Möglichkeiten« offenhalten will;
9. die Beziehung als Klotz am Bein sieht;
10. sauer wird oder sich desinteressiert zeigt, wenn Sie über Ihre Probleme und Anliegen reden;
11. Verabredungen immer vage hält und Sie bezichtigt, »kompliziert« zu sein, wenn Sie ein ernstes Thema anschneiden;
12. Wutanfälle bekommt, wenn es nicht nach seinem Willen geht;
13. erwartet, daß Sie ihn verwöhnen;
14. sich von Ihrem beruflichen Erfolg bedroht fühlt;
15. sofortige Befriedigung zu brauchen scheint (jede Frau, die ihm gefällt, ist als Beute recht);
16. glaubt, daß irgendwo seine »Idealfrau« auf ihn wartet und ihm auch zusteht

– dann sollten Sie genauer hinschauen.

Denken Sie einmal an das Verhalten eines ganz speziellen Mannes: Kommt Ihnen einer der oben genannten Punkte vertraut vor? Damit Sie leichter durchblicken, haben wir die drei Arten von Männern genau beschrieben, die Angst vor Bindungen haben. Wir beginnen mit dem »brauchbaren Mann«, mit dem sich leben läßt (und sogar er hat einige Probleme). Dann gehen wir weiter zum Mann in der Mitte, dem »kurzfristig akzeptablen Mann«. Und schließlich dann zum unbrauchbaren, »nichtsnutzigen Mann«, dem schlimmsten Vertreter seiner Spezies, den man schlicht und einfach vergessen sollte. Eine große Anzahl von Männern, die unter die Kategorie »brauchbar« fallen, können tatsächlich lernen, eine Bindung zu einer Frau einzugehen. Wir werden Ihnen helfen, die Spreu vom Weizen zu trennen.

Vergessen Sie nie: Der Mann, der einfachen Umgang verspricht, kann der Reinfall des Jahres werden. Ein Mann, der allem Anschein nach ein hoffnungsloser Fall ist, kann sich plötzlich entwickeln. Wenn Sie etwas weiter gelesen und die neuen Mittel ausprobiert haben, machen Sie denselben Test noch einmal.

Der brauchbare Mann

»Ich will keinen, der nur brauchbar ist!« sagte eine Frau bei einer Frauenarbeitsgruppe über Nähe-Probleme von Männern. »Ich will einen tollen Mann haben!«

Alle Frauen der Arbeitsgruppe stiegen auf die Barrikaden. Eine richtige Meuterei. Keine wollte einen Mann, der nur... ein Kompromiß war. Was für ein Reinfall!

Und folgendes kam dazu von einem brauchbaren Mann: »Was soll das heißen, ich bin kein toller Typ?« Er fand, diese Bezeichnung würde ihn degradieren. Er würde sich schließlich nach allen Kräften bemühen, Verantwortung zu übernehmen und eine Bindung einzugehen. Und wir würden immer noch sagen, er wäre den Ansprüchen nicht gewachsen! »Sie beurteilen Männer nach weiblichen Normen«, argumentierte er. »Wollen Sie, daß Männer wie Frauen sind?«

Frauen sind in der Tat Experten auf dem Gebiet der Nähe. Wir haben es als kleine Mädchen schon auf den Knien unserer Mütter gelernt und durch unser ganzes gesellschaftliches Umfeld. Später haben wir dann diese

Fähigkeiten in unseren Beziehungen vervollkommnet. Unglücklicherweise sind Männer heutzutage, wenn es um Nähe geht, gerade noch »brauchbar«. Und zwar aus dem erschreckend einfachen Grund, daß es ihnen nie jemand besser beigebracht hat. Ein Mann kann also ein erstklassiger Bergsteiger, Koch oder Universitätsprofessor sein; aber was Nähe und emotionale Bindung betrifft, kann er Ihnen nicht das Wasser reichen.

Sie haben wahrscheinlich schon viel darüber gelesen, daß Männer sich nicht öffnen können, daß sie ihre Gefühle nicht ausdrücken können. Aber wir reden nicht darüber, *wie* man seine Gefühle ausdrücken kann – wir wollen sagen, daß die meisten Männer einfach keinen Draht für das Emotionale haben. »Sich öffnen« ist nur der erste Schritt. Ein Mann kann sein Herz ausschütten und anschließend sagen, er brauche mehr Freiraum. Das reicht nicht! Er muß lernen, seinen Freiraum zu wahren und gleichzeitig jemandem nahezustehen. Glücklicherweise lernen viele Männer jetzt von Frauen, aber die Frauen sollten keine Wunder erwarten. Geben Sie bei Ihrer Suche nach dem Besten nicht auf, wünschen Sie sich ruhig einen tollen Typen – aber vergessen Sie nicht, daß sogar diejenigen Männer, die wir als brauchbar eingestuft haben, noch einen sehr langen Weg vor sich haben.

Wir sagten der Gruppe, alle Männer hätten Angst vor Nähe, aber diese Angst würde in drei verschieden starken Ausprägungen auftreten. Der brauchbare Mann hat die kleinste Dosis mitbekommen. Er hat Angst vor Freiheitsverlust in einer Beziehung. Die meisten Männer glauben, sie hätten einen Anspruch auf das, was sie von einer Frau emotional fordern – ohne selbst etwas dafür aufzugeben. Etwas aufgeben (zum Beispiel mit anderen Frauen auszugehen), um etwas anderes zu bekommen (eine monogame Beziehung), läßt sie aufbegehren. Die meisten Frauen wissen, daß sie Kompromisse machen müssen. Männer, sogar die brauchbaren, empfinden es als Zumutung.

William sieht seine Vergangenheit romantisch verklärt. Eine Zeit, in der man »nur den Hörer in die Hand nehmen mußte, um eine Frau für die Nacht zu haben«. Dann, während seiner Zeit auf dem College, hatte William ein »persönliches Erwachen«, wie er es nennt. Vielleicht war es auch eine schwere Depression. Er hatte alles erreicht, was er sich vorgenommen hatte – er war beliebt bei den Frauen, ein guter Student und ein ausgezeichneter Tennisspieler. Was blieb da noch? Sechs Monate lang kapselte er sich total ab. Sein einziger Freund war ein sehr intelligenter Schwuler aus einem seiner Kurse. Die beiden unterhielten sich stundenlang über ihre Familien, ihre Gefühle und ihre Probleme.

William widmete seinem Studium mehr Zeit. Er wollte seine berufliche Karriere in New York starten und zog deshalb dorthin. Seinen ersten Job bekam er in einem großen Kaufhaus. »Ich war Hahn im Korb«, sagte er und lachte. »Ich hatte freie Auswahl unter den Frauen, die dort arbeiteten!« Aber nach seinem seelischen Waterloo im College waren Williams Beziehungen menschlicher, weniger oberflächlich. Zum ersten Mal blieb er mit einer Frau ein Jahr zusammen – mit einer gescheiten, attraktiven Frau, die schließlich sehr von ihm abhängig wurde. »Sie wollte mehr von mir, als ich ihr geben konnte«, sagte William. »Ich hab' mir von Frauen immer genommen, was ich brauchte. Ich war nicht glücklich darüber, aber ich habe Schluß mit ihr gemacht. Für mich war diese Beziehung ein Versuchsballon. Ich wollte mich nicht für längere Zeit binden.«

In den nächsten zwei Jahren spielte William nur. »Die Beziehungen, die ich hatte, waren rein sexuell«, sagte er. »Aber das habe ich mir nie eingestanden. Ich hatte nie das Gefühl, Frauen hätten Erwartungen. Aber vielleicht habe ich mich einfach blind gestellt, weil es mir lästig war.«

Dann lernte er Marie kennen. »Sie war lustig, attraktiv und gescheit«, sagte er. »Sie war zwar nicht die schönste Frau, mit der ich je zusammen war, aber ihre Energie...«

William wußte, daß er Marie wirklich mochte. Aber er wußte auch, daß ihn das sehr beunruhigte. »Ich treffe mich auch noch mit vielen anderen Frauen«, sagte er ihr. Er warnte sie auch davor, seinetwegen mit jemand anderem Schluß zu machen. Sie schliefen auch nicht miteinander – und das hatte es bei William noch nie gegeben. »Wenn man jemanden von Anfang an nur unter dem sexuellen Aspekt sieht«, sagte er, »sind die Möglichkeiten sehr beschränkt.« Irgendwie spürte William, daß es da noch andere Möglichkeiten gab, und die wollte er nicht aufs Spiel setzen.

Ein paar Monate später machte Marie mit ihrem Liebhaber Schluß und konzentrierte sich stärker auf William. William traf sich immer noch mit anderen Frauen – bis zu dem Tag, an dem sie ihm klipp und klar sagte: »Sie oder ich.«

William wand sich wie ein Aal. Dann sagte er: »Da muß ich erst mal drüber nachdenken!«

Mit Marie zusammenzusein bedeutete eine Riesenumstellung für ihn. Männer reagieren instinktiv auf die bloße Vorstellung von Monogamie mit: au! Es heißt, zumindest am Anfang, viel zuviel aufgeben. Frauen tut Monogamie nicht weh – im allgemeinen haben sie nichts dagegen, nur mit einem Mann zusammenzusein und sich über den guten Fang zu freuen. (Seltsamerweise macht es den Männern nichts aus, bei Geschäften Kompromisse zu schließen. Dagegen sind emotionale Kompromisse für sie harte Brocken).

Aber William ging in sich. Keine Frau hatte je so etwas zu ihm gesagt. Maries Worte hatten plötzlich alles klargemacht. Seine »anderen Frauen« waren es nicht wert, Marie zu opfern.

War es die Sache tatsächlich wert? Absolut, sagte uns William. Und wie ging die Geschichte weiter? »Es vergeht kein Tag, an dem ich mich nicht von einer anderen Frau angezogen fühle – im Büro, auf einer Party, auf der Straße – aber dabei bleibt es dann auch«, sagte er. »Die anderen Frauen aufgeben, das war wie mit dem Rauchen aufhören: hart, aber das Beste, was ich je gemacht habe.«

Aber dann wollte Marie mehr. Sie gaben zuviel Geld für Taxis aus und schlugen sich die Nächte um die Ohren. Warum konnten sie nicht einfach zusammenziehen? Das warf William erneut um. Es war ihm gerade erst gelungen, eine eigene Wohnung zu finden, was für ihn, wie er sagt, ein Symbol seiner Unabhängigkeit und seines beruflichen Erfolges war. Und allein die Tatsache, seinen eigenen Freiraum zu haben, war ungeheuer wichtig – er bekam schon allein bei dem Gedanken Schweißausbrüche, ständig mit Marie zusammenzusein, ohne einen Fluchtort zu haben.

Der entscheidende Unterschied zwischen William und vielen anderen Männern ist, daß er trotz seiner kalten Füße zweimal Kompromisse gemacht hat. Es gilt als männliches Vorrecht (speziell das eines jungen, attraktiven Mannes wie William), sich mit sexuellen Appetithäppchen vollzustopfen, bis er nicht mehr kann. Es gehört auch zu den Vorrechten der Männer, Freiraum zu haben. Aber bei Marie hatte William nicht das Gefühl, eingesperrt zu sein. Der zeitliche Ablauf entsprach zwar nicht seinen Vorstellungen, aber seine Beziehung zu Marie ging vor.

Wir erzählten William, er würde sich schon dadurch von anderen Männern, die wir interviewt haben, unterscheiden, daß er unbekümmert eine feste Beziehung einging. Aber die Rolle, die Marie dabei spielte, war ausschlaggebend. »Sie wußte, was sie wollte, und sagte es auch«, erzählte uns William. »Ich hatte ungeheuren Respekt vor ihr – ihr Entschluß, all diese Sachen auszusprechen, erforderte viel mehr Mut als jede meiner Entscheidungen. Sie hat mir geholfen, mich zu entscheiden. Danach war sie noch anziehender für mich.«

Marie erwartet wie die meisten Frauen, die zu uns kommen, mehr von einer Beziehung als je zuvor. Und warum auch nicht? Sie hat viel zu bieten – und viel zu verlieren, wenn sie sich mit weniger zufriedengibt.

Es ist für die meisten Frauen (uns selbst eingeschlossen) sehr beunruhigend, wenn uns klar wird, daß sie keinen Mann kennenlernen werden, für den Nähe selbstverständlich ist. Frauen sind ja schon enttäuscht, wenn man nur den Gedanken vom »brauchbaren« Mann erwähnt. Dazu fiel uns der Begriff von der »brauchbaren« Mutter ein. Dieses Konzept wurde in den fünfziger Jahren von dem englischen Psychoanalytiker Donald Winnicott entwickelt. Er beschrieb die Rolle der Mutter auf eine neue Art: Ein Kind kann eine Mutter haben, die im Grunde genommen alles für das Kind tut, aber trotzdem nicht perfekt ist. Ein Kind braucht keine ideale Mutter, um glücklich und gesund heranzuwachsen, behauptet Winnicott. Es braucht lediglich eine Mutter, die annähernd gut genug, also brauchbar ist.

Männer sind weder perfekte Engel noch perfekte Ungeheuer – sie sind irgendwo dazwischen. Die brauchbaren Männer können Beziehungen eingehen – selbst wenn sie Probleme haben, eine Beziehung zu leben. Sie geben ihre Freiheit vielleicht nicht gern auf, versuchen vielleicht auch, alle nach ihrer Pfeife tanzen zu lassen, und sie fordern vielleicht auch viel Aufmerksamkeit, ohne die entsprechende Gegenleistung zu erbringen. Der brauchbare Typ ist kein Heiliger.

Aber alles in allem respektiert er die Frauen. Seine Selbsteinschätzung und Sicherheit erlauben es ihm zuzugeben, daß er Probleme hat. Er reagiert nicht gleich allergisch, wenn er sich entschuldigen, Kompromisse machen oder Verantwortung übernehmen soll.

Lenny erzählte uns folgende Geschichte über sich: Er und Michelle wollten zu Hause zusammen zu Abend essen. Nach der Arbeit besorgte Lenny in einem chinesischen Restaurant in der Nachbarschaft etwas zu essen. Er hatte sich schon den ganzen Tag auf diesen Abend allein mit Michelle gefreut. (Beide arbeiteten oft so lange, daß sie selten zusammen essen konnten.) Zu Hause angekommen, deckte er schwungvoll den Tisch und wollte gerade die Kerzen anzünden, als das Telefon klingelte.

Etwas irritiert nahm Lenny ab. Es war ein dringender geschäftlicher Anruf für Michelle.

Lenny hätte am liebsten den Anrufer auf morgen vertröstet – er war nun an der Reihe mit Michelle, und er war wichtiger als das Geschäft –, aber er wußte, das war unfair. Also ging er ins Schlafzimmer, um ihr zu sagen, daß da ein Anruf für sie sei. Er hatte eigentlich erwartet, sie würde sich verleugnen lassen, und war wütend, als sie sofort zum Telefon ging. Ein paar Minuten strich er um sie herum. »Mach schnell«, murmelte er, und dann, nach zehn Minuten, machte er ihr verzweifelt Zeichen. Aber sie winkte ab.

Lenny wanderte stocksauer in die Küche. Irgendwie mußte er sie dazu kriegen, ein schlechtes Gewissen zu haben, fand er. Sie hatte kein Recht, ihre Geschäfte zum Abendessen mit nach Hause zu bringen. Dann wurde Lenny mit einem Mal klar, daß er wie ein kleines Kind schmollte. Er nahm ja immer geschäftliche Gespräche zu Hause an, egal, was gerade los war. Er war es einfach gewöhnt, daß sich Michelle seinen Bedürfnissen anpaßte. Beschämt packte er das Essen aus und deckte den Tisch mit zwei Tellern und den besten Weingläsern. Als alles bereit war, hatte Michelle ihr Gespräch beendet. Sie kam ins Eßzimmer, Lenny zündete die Kerzen an. »Und«, sagte er, »alles o. k. mit Evans' Buchhaltung?« Und er hörte sich ihre Schilderung mit echtem Interesse an.

Lenny ist ein Typ, der brauchbar ist, selbst wenn es für ihn nicht immer leicht ist, die Tatsache zu akzeptieren, daß Michelle ihr eigenes Leben hat und er bei ihr nicht immer an erster Stelle steht. Im Grunde genommen erwartet er, daß alles nach seiner Nase geht, und Kompromisse fallen ihm schwer. Er genießt es, mit einer unabhängigen, beruflich erfolgreichen Frau zusammenzusein, aber er muß die Vorstellung begraben, daß das eine Frau ist, die nur für ihn da ist. Lenny wurde, wie alle Männer, in dem Glauben erzogen, Frauen würden sich ihm anpassen. Er wird vielleicht versuchen, mit der alten Masche durchzukommen, wird dabei aber Schwierigkeiten haben, weil Michelle es nicht zulassen wird. Und er weiß, daß er, wenn sie das täte, sowieso nicht richtig glücklich mit ihr wäre. Vor Michelle war er mit einer Frau zusammengewesen, die ihm meistens seinen Willen gelassen hatte. Verglichen mit ihr ist Michelle »ein harter Brocken«, sagt Lenny. »Sie kann sehr schwierig sein, und sie läßt sich nicht so leicht etwas sagen. Das gefällt mir besser als eine Frau, die sofort kapituliert, wenn man mit den Fingern schnippt.«

Wieso ist ein brauchbarer Mann nicht so ängstlich wie andere Männer? Bei einer Auswahl von Männern dieser Kategorie entdeckten wir, daß die brauchbaren Typen und ihre Mütter im allgemeinen einen gesunden Respekt füreinander hatten. Als Kind fühlte sich dieser Junge von seiner Mutter beschützt und versorgt, wußte aber auch, wie er sich vor ihr schützen konnte. Er hatte einen gut entwickelten Sinn für Privatsphäre – seine eigenen Grenzen waren klar umrissen. Der Vater stand ihm meistens nicht sehr nahe, aber der brauchbare Typ nahm ihn nicht als Vorbild für männliches Verhalten. Im Gegenteil: Wenn er spürte, daß seine Mutter einsam und unerfüllt war, fühlte er mit ihr. Als Erwachsener kann dieser Mann dann mit Frauen fühlen und sieht sich nicht bedroht – er wird eine Frau nicht als Klammeraffen oder Eindringling in seine Privatsphäre sehen.

Um noch einmal auf die Frage des brauchbaren Typen zurückzukommen: »Beurteilen Sie Männer nicht nach weiblichen Normen?« In einiger Hinsicht schon. Es gibt keine geschlechtslosen oder neutralen Normen. Und bis vor kurzem wurden Frauen, so wie Männer, nach männlichen Normen beurteilt. Jetzt behaupten wir, daß viele Männer von Frauen lernen können, wie man mit Nähe positiv umgehen kann. Und daß »Freiheit« tatsächlich gegen etwas viel Besseres eingetauscht werden kann.

Der kurzfristig akzeptable Mann

Dieser Typ Mann unterscheidet sich von der ersten Kategorie durch ein warmes Herz und (sehr) kalte Füße. Das hervorstechendste Merkmal dieses »mittleren Typs«: Er ist zwar fähig, eine Beziehung zu haben, aber unfähig, sich zu binden. Die Vorstellung, mit einer Frau eine enge Beziehung zu haben, ist für ihn verlockend, aber auch erschreckend. Er hat eine doppelte Portion Angst mitgekriegt. Mehr noch als den Verlust seiner Freiheit fürchtet er den Verlust seiner Identität – wenn er einer Frau näherkommt, hat er das Gefühl, er verliere einen Teil seines Ichs.

Nähe zu einer Frau jagt ihm Kälteschauer über den Rücken. Wenn er etwas aufgeben soll im Austausch für eine Beziehung, fühlt er sich beraubt. In seinen Augen sind Sie ein Eindringling, der sein Territorium besetzt. Das ist der Grund, warum Sie mit ansehen müssen, wie so ein Mann plötzlich mit Siebenmeilenstiefeln vor Ihnen davonläuft. Nehmen wir zum Beispiel an, Sie sind sich nähergekommen – und plötzlich hören Sie zwei Wochen lang nichts von ihm. »Ich brauche mehr Freiraum«, sagt er.

Der »Freiraum« beinhaltet viel mehr als nur seine Wohnung. Sein psychischer Freiraum gerät in Bedrängnis, wenn er eine Beziehung hat. Und er muß eine Frau ständig aussperren, um seine Identität als Mann und Person neu zu bestätigen. Er kann Nähe erreichen, aber nicht ertragen.

Der für kurze Zeit brauchbare Typ ist eine neue Spezies. In der Vergangenheit haben gesellschaftliche Konventionen die Probleme, die viele Männer mit Nähe hatten, kaschiert. Die Gesellschaft lehnte Beziehungen ab, die nicht zur Ehe führten, und wenn ein Mann dann tatsächlich heiratete, dann wurde er als »treusorgender« Ehemann und Vater betrachtet, solange er sich den »Anschein« gab. Diese Rolle verlangte von einem Mann keine wirkliche Nähe – der Schein genügte. Jetzt, nachdem die alten Konventionen über Bord geworfen sind und Männer nicht mehr gezwungen sind zu heiraten, weil es von der Gesellschaft und der Familie erwartet wird, hat dieser Typ Mann kein Motiv mehr zu heiraten. Es ist sogar viel einfacher für ihn, nicht zu heiraten. Früher ging man Beziehungen ein mit dem Ziel der Heirat. Heutzutage haben viele Männer Beziehungen um ihrer selbst willen. Ein Mann kann fünfzehn Jahre oder länger mit verschiedenen Frauen zusammensein, vier oder fünf »tiefere« Beziehungen haben, die er dann abbrechen kann, sobald eine Frau anfängt, von Bindung zu reden. Viele Frauen sagen: »Er wäre toll, wenn ich ihn nur dazu kriegen würde, sich zu binden.« Der große Haken ist das »wenn nur«. Möglicherweise legt er sich ja einmal fest, aber geduldig darauf zu warten ist verlorene Liebesmüh. Da muß man schon andere Saiten aufziehen.

Oft verrät sich ein solcher Typ durch sein Verhalten im Bett. Am Anfang, wenn alles noch »ungefährlich« ist, gibt er viel. Später, wenn man sich näherkommt, zieht er sich zurück – oder wird sogar sadistisch. Viele Männer beschweren sich darüber, daß sie Frauen befriedigen müssen, im Bett oder auch sonst. Und viele wünschen sich insgeheim, daß sich die Frauen nach ihnen richten. Aber durch die sexuelle Revolution haben die Frauen gelernt, ehrlicher mit ihrer Sexualität umzugehen. Bei dieser Kategorie Männer erleben wir eine Reaktion auf das neue Selbstvertrauen der Frauen.

Matthew, so um die Dreißig, ist seit einigen Jahren mit Julie zusammen. Als sie sich kennenlernten, spielte er mit offenen Karten; er hatte schon einige ernsthafte Beziehungen hinter sich, und keine hatte funktioniert. Er wußte, ehrlich gesagt, nicht, was für eine Art Frau er wollte. Aber Julie mochte er sehr gerne, und sie verstanden sich sexuell sehr gut.

Doch jetzt sind sie in einem sexuellen Teufelskreis gefangen. »Wir schlafen miteinander, aber mit Liebe hat das nichts zu tun«, sagt Julie verbittert. »Nur er hat was davon.« Sie fühlt sich benutzt und davon abgestoßen. Sie hat auch schon ein paarmal mit Matthew Schluß gemacht, ist aber nach ein paar Monaten immer wieder zu ihm zurückgegangen. Zuerst war der Sex phantastisch, genau wie am Anfang – aber das war nie von Dauer. Und der ganze Teufelskreis wiederholte sich.

Matthew kann das Problem nicht beim Namen nennen, ist aber sicher, es hat etwas mit Julie zu tun. Zum einen stellt sie »zu viele Ansprüche«, und zum anderen fühlt er sich manchmal von anderen Frauen angezogen. Wenn sie die Richtige für ihn wäre, würde das nicht passieren.

Zuerst glaubte Julie Matthew. »Ich schäme mich«, sagte sie uns, »aber ich stelle wirklich zu viele Ansprüche.« Wir fragten sie, inwiefern sie zu anspruchsvoll gewesen sei. »Möchten Sie, daß er sein Leben total verändert?« fragten wir. »Verlangen Sie von ihm, daß er einen großen Kniefall vor Ihnen macht?« Julie lächelte und schüttelte den Kopf.

Wir fuhren fort: »Wie Sie sagen, wollen Sie doch nur guten Sex mit Matthew! Würden Sie ihn für zu anspruchsvoll halten, wenn er das gleiche von Ihnen verlangen würde?« Julie sah offensichtlich ein, wie einseitig das war. (Wie wir bei unserer Arbeit feststellen konnten, gehört es zu den Strategien der Männer, den Frauen einzureden, sie seien zu anspruchsvoll. Es ist schlicht eine Möglichkeit, eine Frau dazu zu kriegen, ihre Ansprüche zurückzuschrauben. Daß ein Mann so etwas nötig hat, zeigt seine tiefe, instinktive Angst, vor Frauen »zu kapitulieren«.)

Julie kam darauf, daß Matthew immer erst dann glaubte, sie wäre zu anspruchsvoll, wenn sie sich nähergekommen waren. Also sagte sie ihm, er hätte Angst, die Nähe, die sie durch guten Sex erreichten, auszuhalten. Verständlicherweise war Matthew etwas pikiert von dieser Analyse, aber als er sich das Muster ihrer Beziehung genauer anschaute, mußte er zugeben, daß er ständig zwischen Nähe und Abstand hin- und herpendelte.

Hier hätte Matthew die Möglichkeit, eine Bresche zu

Maus spielt. Er ruft Sie zum Beispiel an, verabredet sich und sagt dann die Verabredung wieder ab. Das kann einige Male passieren. Oder er sagt Ihnen vielleicht, nachdem Sie schon einige Zeit zusammen sind, er müßte wirklich mal allein sein. Oder er hätte sich auch mit jemand anderem getroffen. Es schockiert Sie, und Sie fragen sich, was Sie denn getan haben, um ihn zu vertreiben. Aber seine Angst hat ihn im Griff. Ein Mann zum Beispiel hatte eine so starke Bindungsphobie, daß er sich weigerte, seiner Freundin zu sagen, wo sein Büro war! Kurz danach verließ er sie, um allein zu sein – nur allein fühlte er sich wirklich lebendig.

So ein Mann kann vielleicht Ihr Mitleid erregen, denn es ist sehr traurig, wenn ein Mensch solche Angst hat, zu lieben und geliebt zu werden. Aber Sie können ihn nicht ändern. Warten Sie nicht ab, überlegen Sie nicht, und versuchen Sie auch nicht, ihn »aus seiner Schale« zu locken. Er ist ein emotionaler Einsiedler, und es ist besser für ihn, in seiner Rüstung zu bleiben.

Eine dritte Variante dieses Männer-Typs: der schamlose Ausnutzer (auch wenn Sie vielleicht gar nicht gern einen Mann, den Sie kennen, so sehen wollen). Der »Mann für gewisse Stunden« als der kurzfristig brauchbare Typ wird Ihnen in der Regel nicht weh tun – außer Sie lassen es zu. Aber dieser Mann wird Sie belügen und bis zum letzten ausnutzen. Er ist vielleicht am leichtesten daran zu erkennen, daß er andere Leute nur danach beurteilt, wieviel sie ihm nutzen. Er hat seine Angst vor dem Verschlungenwerden auf Ausnutzung umgepolt und ist absolut gewissenlos.

Mark erschien immer gegen drei Uhr früh in Jills Wohnung. Wenn sie vorschlug, er solle doch eher kommen, weil sie oft gleich morgens Besprechungen im Büro habe, dann redete er ihr ein, sie sei verklemmt. Er war meist betrunken oder zugekokst, wenn er zu ihr kam. Sie schliefen dann miteinander, und anschließend schüttete er ihr sein Herz aus. Er verstand es meisterhaft, auf die Tränendrüsen zu drücken. Und er war so of-

schlagen. (Wenigstens ist er bereit, zu reden und seine eigenen Schwierigkeiten zuzugeben.) Es könnte sich aber auch herausstellen, daß er unfähig ist, seine Probleme direkt anzuschauen. Matthew müßte also seine Angst vor Identitätsverlust und Reduzierung der Eigenständigkeit in den Griff bekommen. Um eine tiefere Beziehung mit einer Frau einzugehen, muß ein Mann sich darüber klar sein, wer er ist und daß er nicht von ihr untergebuttert wird.

Julie, und jede andere Frau auch, muß ihrerseits wissen, daß sie die Bresche nicht für ihn schlagen kann. Sie kann aber klar und deutlich ausdrücken, was sie von einer Beziehung erwartet, damit er nicht glaubt, sie wolle ihn über den Tisch ziehen. Sie sollte zum Beispiel nicht zu ihm sagen: »Entweder du wirst ein besserer Liebhaber, oder...«, sondern ihm klarmachen, sie fände es schöner, wenn er mehr Zeit damit verbringen würde, ihren Nacken zu küssen und ihre Schultern und Brüste zu streicheln. Sie sollte ihm erklären, daß sie viel länger als er braucht, um in Fahrt zu kommen. Er findet vielleicht immer noch, daß sie zuviel verlangt. Wenn ja, muß Julie klären, ob sich dies auch in anderen Bereichen ihrer Beziehung widerspiegelt. Manchmal ist die Angst eines Mannes, sich einer Frau gegenüber »gehenzulassen«, im Bett am offensichtlichsten.

Wir sind keine Wahrsager, und wir wissen auch nicht, ob diese Beziehung funktionieren wird. In dem obengenannten Fall muß sich eine Frau mit der Ungewißheit zufriedengeben – zumindest für kurze Zeit. Wenn Matthew weiterhin behauptet, sie wäre zu anspruchsvoll, dann ist das ein sicherer Beweis dafür, daß er es nicht schaffen wird.

Wenn es das erste oder sogar ein zweites Mal passiert, ist es noch nicht unbedingt der Todesstoß. Der springende Punkt ist: Es sollte sich im Lauf der Zeit bessern.

Bei Männern dieser Kategorie kann man sich sehr leicht täuschen. Als Debbie Larry sagte, daß sie ihn liebe, war seine Reaktion: »Ich mag dich sehr, aber ich bin noch nicht bereit, mich festzulegen.« Kurz vor ihrem Geburtstag sagte sie ihm, sie wolle das ganze Wochenende mit ihm verbringen. Larry war das recht, nur, an einem Abend fand eine Party statt, auf die er mit ihr gehen wollte. Debbie weigerte sich – sie wollte das ganze Wochenende so, wie sie es sich vorstellte. Plötzlich steckten sie mitten in einem Machtkampf.

In einer Beratungsstunde sagte sie uns, sie hätte Larry vor die Alternative gestellt: Entweder er verbringt das ganze Wochenende mit ihr, oder er könnte allein zu der Party gehen. »Er hat einfach Angst, sich festzulegen«, sagte sie uns.

Wir sagten: »Moment mal. Wieso glauben Sie, er hätte Angst? Er schließt Sie doch mit ein. Und vergessen Sie nicht, Sie haben ihm das Messer auf die Brust gesetzt, als Sie ihm sagten, Sie würden ihn lieben. Er ist noch nicht so weit wie Sie. Es hat den Anschein, als wollten Sie ihn zwingen zu zeigen, daß ihm etwas an Ihnen liegt, indem er etwas aufgibt, was er wirklich gern tun würde. Er wird sich manipuliert vorkommen.«

»Aber warum soll ich alles so machen, wie er es will? Soll ich nach seiner Pfeife tanzen?« fragte sie.

»Aber das heißt doch noch lange nicht, nach seiner Pfeife zu tanzen, wenn Sie eine Nacht machen, was er will, und eine Nacht, was Sie wollen.«

»Ich glaube, er ist ein Typ, der sich nicht festlegen kann«, sagte Debbie streng.

»Wir glauben nicht, daß Sie dafür irgendeinen Beweis haben«, sagten wir, genauso streng.

Wir waren in einer Sackgasse angelangt. Aber nachdem sich Debbie das alles ein paar Minuten durch den Kopf hatte gehen lassen, begann sie von dem Mann zu erzählen, der sie zwei Wochen vor ihrer Hochzeit hatte sitzenlassen. Bei ihm hatte sie überhaupt keine Ansprüche gestellt. Sie hatte immer nach seiner Pfeife getanzt. Jetzt versuchte sie zu kompensieren – mit etwas zu harten Bandagen. Vielleicht versuchte sie auch, die Beziehung mit Larry zu zerstören, bevor Larry eine Chance hatte, sie zu verlassen, wie damals ihr Verlobter.

Eine Woche später rief uns Debbie an. Ihr ginge es phantastisch, sagte sie. Nach unserem Gespräch sei sie direkt aus unserer Praxis in eine Telefonzelle gegangen und habe Larry angerufen. »Ich sagte ihm, ich hätte mich blöd benommen«, sagte sie. »Ich erzählte ihm, er könne alles vergessen, was ich über mein Geburtstagswochenende gesagt hatte. Er war so verständnisvoll.« Wir waren begeistert! Was genau hatten wir gesagt, daß Debbie um acht Uhr abends in eine Telefonzelle gelaufen war und den Typen, der sich nicht festlegen konnte, angerufen hatte?

Wir hatten sie gefragt, sagte sie, wie sie reagiert hätte, wenn Larry alles nach ihren Wünschen gemacht hätte. Die ganze Zeit, als sie im Aufzug hinunterfuhr, habe sie sich das überlegt. »Ich weiß, es wäre ein mieses Gefühl gewesen«, sagte sie uns. »Ein echter Pyrrhussieg. Ich hatte für nichts und wieder nichts die Beziehung gefährdet.«

Wenn man sich in einer früheren Beziehung die Finger verbrannt hat, ist es sehr wichtig, sich darüber im klaren zu sein, daß man nun wahrscheinlich zu abweisend und mißtrauisch ist und zu voreiligen Schlüssen neigt. Man sollte zwei einfache Regeln beachten: Beim nichtsnutzigen Typ (über den wir als nächstes reden werden), müssen Sie so schnell wie möglich erkennen, was mit ihm los ist, und die Beine in die Hand nehmen. Im Fall des kurzfristig Brauchbaren raten wir Ihnen, die Sache vorsichtig anzugehen. Lassen Sie sich Zeit. Beobachten Sie ihn im Lauf der nächsten zwei bis drei Monate. Ist er mal heiß und mal kalt? Wann und warum? Steigen Sie nicht zu schnell mit ihm ins Bett – werfen Sie ihn aber auch nicht zu schnell wieder raus.

Wenn eine Beziehung Erfolg haben soll, muß das Paar wie die Zahnräder einer komplizierten, aus vielen Einzelteilen konstruierten Maschine zusammenwirken. Wenn das Timing nicht stimmt, wird es Probleme im Getriebe geben, egal, wie gut die Einzelteile der Maschine zueinander passen.

Joan und Keith liefen nicht im gleichen Takt und trennten sich. Keith war von Anfang an Joan gegenüber ehrlich gewesen. Er mochte sie, aber er war einfach noch nicht bereit, sich zu binden. Joan aber wollte ihn unbedingt dazu bringen, sich festzulegen. Also setzte sie ihn unter Druck und hoffte, er würde es sich anders überlegen. Keith wollte ihr nichts vormachen. Also sagte er, er sei vielleicht in fünf bis sechs Jahren soweit, aber jetzt sei es einfach zu früh für ihn. Das kam für Joan, die vierunddreißig war (Keith war neunundzwanzig), nicht in Frage. Also machte sie mit ihm Schluß.

Keith' Fähigkeit zu einer Bindung ist schwer einzuschätzen. Mit neunundzwanzig kann »zu früh« eine Entschuldigung sein. Mit vierunddreißig oder fünfunddreißig ist es auf jeden Fall eine Entschuldigung. Grundsätzlich: Wenn bei einem Mann das Timing nicht stimmt, ist seine Fähigkeit zu einer festen Bindung gleich Null. Wenn also Ihre Zeitpläne nicht übereinstimmen, seilen Sie sich ab. Ein wirklich brauchbarer Typ wird sich binden, auch wenn das Timing für ihn nicht ideal ist.

Joan ist ein typisches Beispiel für die Frauen um die Dreißig, die heiraten und Kinder haben wollen, aber mit Männern zusammen sind, die »noch nicht« bereit sind. Und Frauen, die es hinauszögern, Familien zu gründen, werden of kritisiert – uns wird gesagt, es wäre nicht gerade klug, mit all dem zu warten, bis man in den Dreißigern ist. Vergessen Sie diese Kritik! Alle Untersuchungen auf diesem Gebiet deuten darauf hin: Je älter man ist, wenn man heiratet, desto wahrscheinlicher ist es, daß man verheiratet bleibt. Wenn Sie jung geheiratet hätten, wären Sie wahrscheinlich jetzt schon geschieden und wären alleiniger Ernährer Ihrer zwei oder drei Kinder. Finden Sie, daß das wie ein Katastrophenroman klingt? Sie haben recht. Es ist wesentlich gescheiter, sich erst mal eine berufliche Karriere aufzubauen und herauszufinden, was man eigentlich von einem Mann will, bevor man übereilte Entscheidungen trifft, die man später bereut.

Auch wenn man den Zeitplan eines Mannes – genauso wie den eigenen – nicht ändern kann, ist es doch erlernbar, sie aufeinander abzustimmen, wenn beide dazu bereit sind. Im nächsten Kapitel, in dem wir die fünf Stadien von Bindungen behandeln, werden wir Timing, Kompromisse und kurzfristige Umleitungen besprechen.

Der nichtsnutzige Mann

Dieser Mann ist absolut unfähig, sich zu binden. Er bringt nicht einmal das Wort Beziehung über die Lippen. In einer unserer Arbeitsgruppen erzählte eine Frau von einem Mann, mit dem sie ab und zu ein Wochenende voller Leidenschaft verbrachte. Jedesmal, egal, wie gut es für beide gewesen war, rief er sie dann wochenlang nicht an. »Wenn ich ihn nur dazu kriegen könnte, sich festzulegen«, sagte sie. »Dann wäre alles phantastisch!«
»Aber das geht doch jetzt seit Monaten so«, wandten wir ein. »Offensichtlich kann er sich gar nicht festlegen.«
»Aber er ist so liebevoll, wenn wir zusammen sind!« Sie ließ nicht locker.
»Aber warum ruft er Sie dann nicht an?« fragte eine andere Frau aus der Gruppe.
»Dasselbe habe ich ihn auch gefragt«, erwiderte sie. »Er sagte, es würde ihm leid tun, und dann sagte er – jetzt werden Sie lachen –, er sagte, ›Jungs sind nun mal so‹. «
Alle Frauen im Raum lachten. »Richtig«, sagten wir. »Jungs sind nun mal so, aber Sie wollen schließlich einen erwachsenen Mann!«
Sie lachte auch – aber ihre Augen blitzten vor Wut.
Sich das Gerede eines solchen Mannes anzuhören und es für bare Münze zu nehmen ist ungefähr so, als wenn man der Packungsaufschrift bei den Diätpillen glaubt: »In zwei Wochen um zwanzig Pfund leichter.« Der nichtsnutzige Typ ist gewandt, gutaussehend und ent-

waffnend. Eine Beziehung mit so einem Kerl läuft einfach nicht. Wenn Sie eine Bindung wollen, vergessen Sie, daß Sie dabei überhaupt je an ihn gedacht haben.

Als eine Frau im Scherz vorschlug, die neueste Frauenzeitschrift zu kaufen und die Kolumne »Wie nagle ich einen Mann fest« zu lesen, lachten alle. Mit Recht, weil so ein Vorschlag wirklich ein Witz ist. Der nichtsnutzige Typ wird sich nie festnageln lassen! Es gibt nur zwei Dinge, die Sie bei einem solchen Mann machen können: 1. Gleich auf dem Absatz kehrtmachen oder 2. guten Sex mit ihm haben (aber bitte Safe Sex) und dann auf dem Absatz kehrtmachen.

Der nichtsnutzige Typ hat eine besonders große Portion Angst mitbekommen. Wir nennen es Angst vor dem Verschlungenwerden. Für einen Mann, der im wahrsten Sinn des Wortes Angst davor hat, verschluckt oder bei lebendigem Leib aufgefressen zu werden (so die typischen Formulierungen solcher Männer), ist eine Beziehung gleichbedeutend mit psychischem Tod. Er hat kein Gespür dafür, wo er aufhört und wo Sie anfangen. Der Mann ist durch die Intensität seiner Angst gelähmt – er wird nie in der Lage sein, eine Beziehung mit einer Frau zu haben. Sein Verhalten wird Ihnen immer sagen: »Nein!«

Manchmal würden uns die Frauen am liebsten umbringen, wenn wir sagen, ein Mann tauge nichts. Einen Mann ohne rosa Brille zu sehen kann eine herbe Enttäuschung sein. Es kommt uns hart an, das zu sagen, weil wir spüren, wie gerne diese Frauen glauben würden, daß diese Typen nicht so schlecht sind, wie uns unsere Erfahrung gezeigt hat. Wir waren genauso schockiert wie andere Frauen, wie viele Männer es da draußen gibt, die keine Bindungen eingehen können. Es ist äußerst wichtig für eine Frau, das Verhalten eines solchen Mannes zu erkennen, wenn sie mit möglichst geringen Verlusten von ihm wegkommen will.

Roz wollte einfach nicht wahrhaben, wie Brian in Wirklichkeit war: Sie ignorierte alle Warnzeichen und raste mit Volldampf einer Katastrophe entgegen. Als sie ihn in einer Kunstgalerie kennenlernte, sprudelte sie förmlich vor Aufregung. Brian, ein Mittvierziger, trug an diesem Tag schräge Klamotten – oranges T-Shirt, schwarze Jeans, orange Socken – und wirkte angenehm ausgeflippt. Er war von Anfang an sehr charmant und aufmerksam und hatte sich für den nächsten Abend mit ihr verabredet. Bei ihrem ersten Rendezvous gingen die beiden zum Essen und dann in Brians Wohnung. Roz sagte, sie sei ängstlich und durcheinander gewesen. Sie stand sehr auf Sex (und hatte schon länger keinen Liebhaber mehr gehabt), aber sie wußte auch, daß sie von einem Mann mehr wollte. Neben der Couch sah sie einen Zettel liegen, mit ihrem Namen und denen zweier anderer Frauen. Aber Roz wollte einfach nicht wahrhaben, daß sie nur eine von drei Frauen war, hinter denen Brian her war. Er war den ganzen Abend so aufmerksam gewesen, hatte ihr witzige Geschichten erzählt und Komplimente über ihre ungewöhnliche Halskette gemacht. Ihrer Erfahrung nach waren die meisten Männer zu sehr mit sich selbst beschäftigt, um so etwas zu registrieren.

Roz war inzwischen Feuer und Flamme, aber sie war sich nicht sicher, ob sie schon bereit war, mit Brian ins Bett zu gehen. Wenn das eine wirkliche Beziehung werden sollte, dann war es für Sex noch zu früh. Brian war sehr verständnisvoll, als sie ihm das erklärte, aber als sie ging, bot er ihr nicht einmal an, sie hinunterzubegleiten und ihr ein Taxi zu besorgen. Das machte Roz ein bißchen zu schaffen, aber sie redete sich ein, daß der arme Kerl müde sei.

Nach dieser Nacht war Brian mehr denn je hinter ihr her. Bei ihrer nächsten Verabredung wußte Roz immer noch nicht, ob sie mit ihm schlafen sollte, aber Brian war sehr zärtlich, streichelte und küßte sie sehr lange und ausgiebig. Das überzeugte sie. Natürlich mochte er sie. Sie hatten eine sehr heiße, aufregende Nacht.

Als Roz am Morgen aufstand, saß Brian schon an seinem Schreibtisch und arbeitete. Sie duschte und versuchte, sich möglichst leise und unauffällig anzuziehen. »Rufst du mich bald mal an?« fragte sie nervös. »Klar, bald«, sagte Brian, ohne auch nur hochzuschauen. Aber sein »bald« und ihr »bald« waren Lichtjahre voneinander entfernt. Als vier Tage vergangen waren und er nicht angerufen hatte, geriet Roz in Panik. Warum rief er sie nicht an? Was hatte sie falsch gemacht? Traf er sich mit einer oder mit den beiden anderen Frauen auf der Liste? Als er dann endlich anrief, war sie so erleichtert, daß sie kein Wort darüber verlor, wie sehr er sie verletzt hatte, und lud ihn zu einer Party ein. Brian verabredete sich dort mit ihr – und erschien einfach nicht.

Brian hat nicht nur seine Angst vor sich selbst und der Welt versteckt, er hat sie mit Erfolg zu einem gesellschaftlich anerkannten männlichen Verhalten verfeinert – Brian ist ein Mann für gewisse Stunden. Mit seinem Charme holt er jede Frau aus dem Schlüpfer, im wahrsten Sinn des Wortes. Und er weiß genau, was er sagen oder tun muß. Für ihn ist Charme der Schlüssel zur Macht – das Mittel, mit dem ein verängstigter Mann Frauen beherrschen kann.

Und obwohl Roz das verstand, war sie ihm verfallen. Sie hatte alle Signale mißverstanden, obwohl ein blindes Huhn sie hätte deuten können. »Wenn eine Freundin mir von Brian erzählt hätte, hätte ich ihr gesagt, sie solle ihm sofort den Laufpaß geben!« sagte sie uns. »Er war entsetzlich. Wie konnte ich nur so dämlich sein?«

Sie ist nicht dämlich. Keine von uns ist dämlich. Die Fehler unserer Freundinnen erkennen wir vielleicht sofort. Aber wenn wir selbst betroffen sind, haben wir Scheuklappen vor den Augen. Wir versuchten zusammen mit Roz, die Signale, die sie übersehen hatte, zu finden, damit sie in Zukunft mögliche (und wahrscheinliche) Brians erkennen kann – rechtzeitig.

Leider ist Brian nicht die einzige Erscheinungsform des nichtsnutzigen Mannes. Wir haben noch einen anderen Typ Mann kennengelernt. Er fürchtet sich so davor, aufgesogen zu werden, daß er mit den Frauen Katz und

fen ihr gegenüber! Die meisten Männer sprachen doch nie über ihre Gefühle! Also schlug sie sich mit ihm die Nacht um die Ohren und war hinterher tagelang müde. Aber Mark versicherte ihr immer wieder, er würde sie lieben und er brauche sie so sehr. Seine Habseligkeiten türmten sich in ihrer Wohnung, und schließlich fing er an, dort seine Drogengeschäfte abzuwickeln und auf ihre Kosten Ferngespräche zu führen. Dann erfuhr sie, daß er schon vor Monaten aus seiner Wohnung geflogen war. Offensichtlich hatte er ihre Wohnung als mietfreien Unterschlupf benutzt – und ihr vorgegaukelt, er würde sie lieben. Sie stellte sein Zeug auf die Straße und ließ die Schlösser an der Wohnungstür auswechseln.

Viele Frauen fallen auf solche Brians und Marks herein – und nur allzuleicht gibt man diesen Frauen die Schuld. Alle von uns kennen die alten, abgedroschenen, *falschen* Kommentare: »Sie achtet sich selbst zu wenig, deshalb sucht sie sich immer miese Typen aus...« »Sie hatte einen Mistkerl von Vater, also sucht sie sich wieder solche Mistkerle...« »Im Beruf ist sie clever, aber bei den Männern naiv...« und so weiter und so fort. Aber wir finden es weder seltsam noch selbstzerstörerisch, wenn eine Frau wie Roz auf einen Mann wie Brian fliegt. Vor ungefähr fünf Jahren stellten wir das erste Mal bei unseren Klienten fest, daß die Beziehungen um so verwirrter und verwirrender für die Männer wurden, je intensiver und gleichberechtigter sie sich entwickelten. Wir verstehen also die Frauen sehr wohl, denen es schwerfällt, dieses neue Verhalten zu erkennen.

»Glauben Sie nicht, daß er sich ändern wird?« fragte eine Frau im Hinblick auf einen nichtsnutzigen Mann. Sie waren Geschäftsfreunde, und sie wollte nicht wahrhaben, was los war, als er seine Sekretärin anrufen ließ. Sie wollte einfach nicht einsehen, daß er sich in sein nächstes Abenteuer gestürzt hatte. »Gina«, sagten wir, »Sie haben doch jetzt gerade erfahren, daß dieser Mann nichts taugt. Nehmen Sie, was er bietet – er ist reich, erfolgreich, sieht gut aus, man kann Spaß mit ihm haben.

Sie sollten also die Feste feiern, wie sie fallen, mitnehmen, was Sie können, Spaß haben, sein Spesenkonto plündern – aber machen Sie ja nicht den Fehler, seinetwegen Ihre Pläne zu ändern. Planen Sie keine Zukunft mit ihm, und investieren Sie nichts in ihn. Und machen Sie nie den Fehler, ihn ernst zu nehmen.

»Das will ich nicht hören!« ist oft die erste Reaktion einer Frau. Aber gleichzeitig ist sie auch ungeheuer erleichtert. Es ist immer sehr schmerzlich, eine alte Sehnsucht zu begraben. Eine Frau verliert erst dann ihre Unschuld, wenn sie aufhört, an den Traumprinzen zu glauben, und wenn sie begreift, daß wirkliche Männer nur allzu wirkliche Probleme haben.

Aber die Frauen machen Fortschritte. So hat vor kurzem eine Klientin nur drei Wochen gebraucht, um einen Mann des nichtsnutzigen Typus zu entlarven. Er hatte sie immer um elf Uhr abends nach seiner Arbeit angerufen und ihr zugesäuselt: »Ich möchte dich so gerne sehen.« (Im Klartext: »Ich brauche eine Frau.«) Zweimal pro Woche war sie in ein Taxi gestiegen und in seine Wohnung gefahren.

»Aber das ist eine Unverschämtheit«, sagten wir. »Wie kann er erwarten, daß Sie um elf Uhr nachts aus dem Nachthemd springen und mit dem Taxi durch die halbe Stadt rasen?«

Sie dachte nach. »Wenn er mich sehen will«, entschied sie, »dann kann er sich, verdammt noch mal, zu einer normalen Zeit mit mir verabreden.« Nachdem er dazu nicht imstande war, gab sie ihm den Laufpaß.

Je weniger Frauen sich ein solches Verhalten bieten lassen, desto weniger kommen Männer damit durch. Und wenn ein solcher Mann das nächste Mal in das Leben einer Frau tritt, wird sie gleich beim ersten Mal nein sagen. Der springende Punkt ist: Sie kennt jetzt die drei Kategorien von Männern und kann ihr Verhalten besser deuten. Eines Tages wird sie einen brauchbaren Mann kennenlernen, der fähig ist, sich zu binden. Und sie wird den Unterschied merken.

Sie sollten bei der Lektüre dieses Buches immer daran denken, daß ein Mann seine Angst vor Bindungen nur dann als Problem sehen wird, wenn Sie es so sehen, beim Namen nennen und nicht lockerlassen. Ansonsten wird er Ihnen nur zu gerne die Schuld zuschieben, wenn es nicht funktioniert. Und er wird die Grundzüge Ihrer Beziehung bestimmen.

Ein Mann, der schließlich fähig ist, eine Bindung einzugehen, hat die positiven Seiten für sich selbst erkannt. Dieser Mann wird seine Verletzlichkeit eingestehen. Er kann Verantwortung für sich selbst und für die Beziehung übernehmen und die Herausforderung, die eine gleichberechtigte Frau darstellt, annehmen. Er ist dazu fähig, und er will es so – weil er dadurch weniger ängstlich, weniger einsam und weniger im Konflikt mit sich selbst ist. Wir wollen den Frauen helfen, die Männer zu erkennen, die etwas verändern wollen, weil sie mit ihrem Zustand nicht zufrieden sind, und wollen dann Männern – und Frauen – Methoden aufzeigen, mit denen man etwas verändern kann.

Wonach man Ausschau halten sollte

Typ I: Der brauchbare Mann

Kann mit Nähe umgehen. Legt Wert auf die Beziehung. Zögert vielleicht, sexuell den ersten Schritt zu tun. Kann zu Beginn sogar impotent sein.

Erwartet sehr viel von Ihnen, aber gibt nicht automatisch ebensoviel zurück (wird Sie manchmal als Selbstverständlichkeit sehen).

Kann Kompromisse machen (wird seine Zeit mit Ihnen statt mit seinen Freunden verbringen), wehrt sich aber gegen Freiheitsverlust.

Akzeptiert eine gewisse Verantwortung für die Probleme, die Sie zusammen haben.

Ist eher zurückhaltend; wartet im allgemeinen auf ein Zeichen von Ihnen, ob Sie interessiert sind.

Typ II: Der kurzfristig akzeptable Mann

Sex anfangs toll, wird im Verlauf der Beziehung immer mieser.

Mal heiß, mal kalt. Man weiß nicht, woran man ist.

Eifersüchtig darauf bedacht, seine Unabhängigkeit und private Zeit zu sichern.

Sie passen sich immer seinem Zeitplan an. Gibt Ihnen die Schuld für Probleme.

Hat Angst, bei einer Frau »nachzugeben«.

Zieht sich zurück, gerade wenn es besonders schön war.

Typ III: Der nichtsnutzige Mann

Kann seinen Charme an- und ausschalten.

Dreht am Anfang voll auf.

Phantastischer Sex, aber anschließend keine weiteren Reaktionen (Sie hören eine Woche lang nichts von ihm).

Sagt Sprüche wie: »Jungs sind nun mal so«, wenn Sie ihm Rücksichtslosigkeit vorwerfen.

Er wäre toll, »wenn er sich nur binden könnte« (das »wenn« ist das Hauptproblem).

Was man tun sollte

Typ I: Der brauchbare Mann

Zeigen Sie offen, daß Sie interessiert sind.

Lieben Sie ihn, und erkennen Sie seine Grenzen an.

Bringen Sie ihm bei, daß eine Beziehung aus Nehmen und Geben besteht (siehe siebtes Kapitel: »Beziehungsstrategien«).

Stellen Sie realistische Ansprüche (fordern Sie zum Beispiel mehr Zärtlichkeit beim Sex oder frühzeitige Information, wenn er das Wochenende mit Ihnen verbringen möchte).

Genießen Sie ihn – er gehört zur besten Kategorie von Männern, und er *kann* sich binden.

Typ II: Der kurzfristig akzeptable Mann

Reden Sie über Ihr Liebesleben (unterstreichen Sie Ihre Enttäuschung). Seien Sie wachsam – Sie können es sich nicht leisten, Zeichen seiner ambivalenten Haltung zu übersehen.

Stellen Sie realistische Ansprüche, und beobachten Sie, wie er reagiert. Lassen Sie ihn wissen, daß Sie auch Zeit für sich brauchen.

Schauen Sie ihn sich genau an – nicht nur das, was Sie sehen wollen.

Fragen Sie sich selbst: »Ist diese Beziehung für mich gut genug?« Wenn die Antwort nein lautet, beenden Sie sie. Wenn ja, lesen Sie weiter.

Schalten Sie in der Beziehung auf eine niedrigere Stufe herunter (siehe zweites Kapitel: »Die fünf Bindungsgrade in Beziehungen«). Prüfen Sie, ob Ihnen eine lockere Beziehung genügt.

Typ III: Der nichtsnutzige Mann

Werfen Sie ihn sofort raus.

Oder genießen Sie erst mal phantastischen Sex (aber bitte safe) und werfen ihn dann raus.

Warten Sie bei ihm nicht auf bessre Zeiten – er wird Ihnen nur weh tun.

2

Die fünf Bindungsgrade
in Beziehungen

Nach den drei Typen von Männern und den Gründen für ihr Verhalten wollen wir Ihnen jetzt die fünf Bindungsstufen in Beziehungen aufzeigen. Sie können Ihnen als Anhaltspunkt für Ihre eigenen Beziehungen dienen. Später werden wir dann diese fünf Stufen als Leitfaden für den Aufbau einer modernen Beziehung verwenden.

Warum brauchen wir einen solchen Leitfaden? Weil früher alles viel einfacher war – es gab Regeln, die man befolgen mußte, Männer und Frauen hatten klar definierte Rollen. Sie griffen ineinander wie Puzzlestücke und ergänzten sich bei ihren Schwachstellen. Einer Frau den Hof zu machen verlief in geregelten Bahnen: Zuerst ging man miteinander aus, dann hielt man Händchen, dann gab man sich einen Gutenachtkuß, dann schmuste man (erst über der Gürtellinie, dann vielleicht ein bißchen darunter). Aber man ging nicht »bis zum Letzten«, bevor man nicht sicher im Hafen der Ehe gelandet war. Die Ernsthaftigkeit einer Beziehung ließ sich daran messen, was man tat, und es wurde vorausgesetzt, daß die Ehe das Ziel war.

Aber als Sex nicht mehr gleichbedeutend mit »Eheversprechen« war und Paare schon beim ersten oder zweiten Rendezvous miteinander schliefen, bekamen viele Frauen eine falsche Vorstellung davon, was eigentlich eine wirkliche Beziehung bedeutet. (Meistens war nicht mehr als eine Nacht drin.) Aber sogar heute, im Zeitalter von Aids, wo sich die Leute viel mehr überlegen, mit wem sie schlafen, können wir nicht wieder zurück zur altmodischen Art, jemandem »den Hof zu machen«. Sexuelles Verhalten ist so verwirrend wie eh und je und nach wie vor ein vollkommen unzuverlässiger Gradmesser für die »Ernsthaftigkeit« einer Beziehung.

Wenn eine Beziehung nicht auf ein definiertes Ziel ausgerichtet ist, muß man eigentlich Hellseher sein, um ihre »Ernsthaftigkeit« einzuschätzen. Selbst wenn Heiraten das Ziel ist, gibt das immer noch keine Anhaltspunkte dafür, ob diese Beziehung von Dauer sein wird, insbesondere deshalb, weil Sie wahrscheinlich zwischen Zwanzig und Dreißig nur lockere Beziehungen hatten, um einfach Spaß zu haben. Jetzt ist Ihnen klargeworden, daß der Spaß nur die eine Seite der Medaille ist.

Da die Erfahrungen aus Ihrer Vergangenheit irrelevant geworden sind und die große sexuelle Freiheit aus der Mode gekommen, ja sogar gefährlich geworden ist, brauchen Sie völlig andere Richtlinien, um eine komplexere Beziehung der neuen Art einzuschätzen.

Paarberatung ist sowohl eine Kunst als auch eine Wissenschaft für sich, und am Anfang unserer Praxis machten wir uns nicht die Mühe, unsere Vermutungen in Worte zu fassen. Als wir es dann schließlich taten, sagten wir uns: Ja, wir gehen davon aus, daß Beziehungen nach einem bestimmten Stufen-Schema verlaufen. Nachdem zu einer Beziehung zwei Personen gehören, besteht auch die Möglichkeit, daß diese Leute das Schema unterschiedlich schnell durchlaufen. Wir werden Ihnen diese Phasen jetzt beschreiben und im Anschluß daran zeigen, wie man daran den Grad einer Beziehung messen kann.

Die fünf Bindungsgrade in Beziehungen

1. Lockeres Verhältnis

Hier befinden wir uns am Anfang einer Beziehung. Sie versuchen gerade herauszufinden, ob man mit diesem Mann nur Spaß haben kann oder ob er sich für etwas Ernsteres eignet. Sie versuchen festzustellen, was Sie wollen. Und in diesem Stadium haben die meisten Frauen das Gefühl, die Beziehung am besten im Griff zu haben.

Wenn man ein lockeres Verhältnis hat, sieht man sich in unregelmäßigen Zeitabständen. Wenn Ihnen ein Mann gefällt und Sie sich körperlich von ihm angezogen fühlen, dann machen Sie schnell den Fehler, Lust mit Liebe zu verwechseln. (Wenn Sie das erste Mal mit ihm geschlafen haben, dann liegen Sie vielleicht hellwach im Bett und überlegen sich, wie es wohl wäre, ihn Ihren Eltern vorzustellen, Ihren Freunden... Bald sehen Sie sich schon an seiner Seite zum Altar schreiten.) Männer andererseits machen selten den Fehler, Sex mit Liebe zu verwechseln. Wenn eine Frau es nicht fertigbringt, gern mit einem Mann zu schlafen, den sie nur gelegentlich trifft, ohne gleich weitergehende Hoffnungen zu hegen, sollte sie nicht mit ihm schlafen, bis sie ihn viel besser kennt.

Frauen, die sich schnell emotional engagieren, raten wir, ihre Erwartungen zurückzuschrauben und nicht gleich am Anfang mit jemandem ins Bett zu steigen. Wenn eine Frau schon eine Bindung im Hinterkopf hat, sieht sie vielleicht nur das, was sie sehen will, und nicht, was wirklich da ist. Kein Mann wird wegen Sex eine Bindung eingehen. Typ I wird warten und Sie nicht unter Druck setzen. Er wird Sie nicht unbedingt mehr begehren, weil Sie sich verweigern (der Trick ist zu alt), aber er wird auch nicht die Lust verlieren. Wird es sein Ego verletzen? Vielleicht, aber einen bleibenden Schaden wird er wohl kaum davontragen. Denken Sie immer daran: Wenn Sie nicht die Art Frau sind, die Sex genießen kann, ohne mehr zu wollen, dann lassen Sie es. In diesem Stadium verdient die Sache noch nicht die Bezeichnung »Beziehung«. Es ist einfach noch keine.

2. *Festes Verhältnis*

Nehmen wir mal an, Sie sind über das erste Stadium hinaus. Alle Anzeichen sprechen dafür, daß eine Beziehung entstehen könnte. Jetzt verlassen Sie sich schon ein bißchen mehr auf ihn, erwarten ein bißchen mehr und sehen ihn regelmäßig. Man hat sich, mit anderen Worten, in diesem Stadium einigermaßen aneinander gewöhnt und sich gegenseitig auch außerhalb des förmlichen Rahmens kennengelernt. »Hast du Lust, heute abend noch vorbeizuschauen?« fragen Sie vielleicht. Und dann machen Sie sich beide einen gemütlichen Abend in Ihrer Wohnung, holen sich vielleicht eine Pizza und sehen fern. Oder Sie vertrödeln gemeinsam einen Samstagmorgen, anstatt die Hausarbeit zu erledigen, oder Sie rufen sich gegenseitig untertags an, nur um ein bißchen zu plaudern. In diesem Stadium besteht für eine Frau die Gefahr, der Versuchung zu erliegen, zu schnell zu viel von sich selbst preiszugeben. Wir nennen das den Beichtdrang. Wenn eine Frau glaubt, eine Beziehung würde dadurch schneller in Gang kommen, liegt sie falsch. Wenn Sie den Drang verspüren, alte Geschichten auszukramen (Sie hatten einmal eine Abtreibung oder wogen bis vor sechs Wochen fünfzig Pfund mehr), kämpfen Sie dagegen an – es wird sicher Zeiten und Orte für solche Beichten geben. Aber die zweite Stufe ist dafür nicht geeignet.

Viele Frauen denken schon, eine Beziehung bewege sich ins dritte Stadium, dem der Monogamie, bevor der Mann das Wort überhaupt in seinen Wortschatz aufgenommen hat. Eine Frau wird sich einreden: »Ich schlafe ja nur mit ihm und habe auch kein Bedürfnis, mit anderen zu schlafen, also empfindet er wahrscheinlich genauso.« Weit gefehlt – Monogamie ist für Männer ein Riesenschritt. Selbst wenn er keine andere Frau hat, träumt er doch davon. Er ist noch nicht monogam – er befindet sich noch auf der zweiten Stufe. Monogamie ist etwas anderes als nur der Wunsch, ausschließlich mit einem Menschen zusammenzusein.

Wenn Sie also in diesem Stadium das Gefühl haben, Sie wären bereit für die dritte Stufe, können Sie es vielleicht einmal aussprechen: »Ich möchte etwas in diese Beziehung investieren. Ich möchte, daß wir beide sonst kein Verhältnis haben.« Beobachten Sie seine Reaktion sehr genau. Wenn er sagt: »Das möchte ich nicht«, dann müssen Sie sich hier und jetzt entscheiden, ob Sie diese Beziehung weiterführen wollen. Wenn er noch nicht bereit ist, monogam zu sein, dann gibt es für Sie selbstverständlich keinen Grund, nicht mit anderen Männern auszugehen. Ja, Sie sollten es sogar tun. Sie wissen nicht, wie die Sache ausgehen wird, warum also sollten Sie sich andere Möglichkeiten verscherzen? Vergessen Sie bitte nicht, wir wollen hier keine Lanze für Promiskuität brechen. Sie können natürlich mit so vielen Männern ausgehen, wie Sie wollen, ohne auch nur mit einem zu schlafen. (Und, weil man es gar nicht oft genug sagen kann: falls Sie oder der Mann, mit dem Sie liiert sind, mit mehr als einem Partner Verkehr haben, dann bitte nur Safe Sex!)

3. Monogamie

Monogamie kann ein vager, unausgesprochener und formloser Pakt sein, in den Sie einfach »hineingeschlittert« sind. Auf der ersten Woge der Begeisterung, wenn man jemanden kennengelernt hat, den man mag, kann praktisch jeder zumindest ein paar Monate monogam sein. Dieser Zustand ist meist nicht von Dauer. Sie entdecken vielleicht, daß er mit mehreren Frauen »monogam« ist. Wahre Monogamie dagegen ist ein großer Schritt und bedarf einiger Diskussion. Beide Partner müssen sich zusammensetzen und sich bewußt dazu entschließen, ausschließlich diese eine Beziehung zu haben und nur mit diesem Partner zu schlafen. Wahre Monogamie bedeutet wesentlich mehr, als nur mit einem Menschen zu schlafen. Man beginnt eine Beziehung aufzubauen und zu entwickeln. Eine sichere Methode, wahre Monogamie von falscher zu unterscheiden, ist es, sich anzuschauen, wie konsequent er Sie in sein Leben mit seiner Familie und seinen Freunden einbezieht. Wenn seine Freunde von Ihrer Existenz nichts wissen und er nicht einmal im Traum daran denkt, Sie miteinzubeziehen, wenn er mit ihnen etwas unternimmt, dann können Sie davon ausgehen, daß Ihre Beziehung auf der zweiten Stufe ist. Zu diesem Zeitpunkt sollten Sie beide sich auf das »wir« festgelegt haben, und andere Leute in Ihrem Leben sollten das auch wissen.

4. Monogamie Plus

Sie sind ein Paar und sind sich gegenseitig Rechenschaft schuldig. Sie planen Ihren Urlaub zusammen oder verbringen Feiertage bei Ihren Familien. Einladungen sind an Sie beide adressiert. Freunde laden Sie nur noch zusammen ein, und für Ihre Familien sind Sie ein Paar. Die Leute fragen, wann Sie heiraten werden. Man hat das Gefühl, alle warten atemlos auf das Aufgebot.

In diesem Stadium lernen Sie als Paar zu leben, auch in potentiell schwierigen Situationen. Wenn Sie zum Beispiel mit einem geschiedenen Mann mit Kindern zusammen sind, sollte er Sie jetzt in Unternehmungen mit seinen Kindern einbeziehen, und Sie sollten sich wohl dabei fühlen.

Monogamie Plus ist meist die Stunde der Wahrheit für den Mann mit kalten Füßen. Glücklicherweise werden viele Männer, die dieses Stadium erreichen, gut damit fertig, auch wenn ihnen manchmal nicht ganz wohl in ihrer Haut ist.

5. Zusammenleben

Wir riskieren die Behauptung, daß es das Allerschlimmste sein kann, vor der Ehe zusammenzuleben, wenn Sie wirklich heiraten wollen. Ein Paar kann sich plötzlich in einer gemeinsamen Wohnung wiederfinden, und das aus lauter falschen Gründen, und unabhängig davon, in welchem Stadium sich die Beziehung befindet. Zusammenleben wird heute nur allzu häufig als notwendiges Vorspiel zum Heiraten mißverstanden. Das ist es keineswegs. Es kann sogar ein Riesenfehler sein, mit einem Mann zusammenzuziehen, ohne sich über die Heirat einig zu sein. Wir werden drei Varianten des Zusammenlebens beschreiben, darunter zwei, von denen wir nachdrücklich abraten.

»Er ist gerade mit seinem Jurastudium fertig geworden und hat keine Wohnung.« – »Wir sind sowieso zusammen, warum dann nicht?« Kurzum, Zusammenleben aus praktischen Gründen. Aber Zusammenleben ist eine ernste Angelegenheit. Man sollte da nicht so einfach hineinschlittern oder es einfach dulden.

»Zusammenleben ist ein Experiment... Wir versuchen es mal ein Jahr lang und schauen, ob wir dann auseinandergehen oder heiraten.« Sehr oft ziehen Leute zusammen mit dem Hintergedanken, es wäre eine Vorbereitung für die Ehe. Oder sie wollen herausfinden, ob es als verheiratetes Paar klappen könnte. Wir raten Ihnen, soviel wie möglich herauszufinden, ohne zusammenzuleben. In den meisten Fällen sind es nämlich die Frauen, die dabei den kürzeren ziehen.

»Wir lieben uns und wollen zusammenziehen, aber wir glauben nicht an die Ehe.« In manchen Fällen ist das Zusammenleben, zumindest für eine Person in der Beziehung, von großem symbolischem Wert. Er oder sie hat vielleicht schon eine katastrophale Ehe hinter sich und will dasselbe nicht noch einmal riskieren. Vielleicht sind Sie auch gegen die Heirat als solche. Das kann ein triftiger Grund sein, nicht zu heiraten. Sehr oft bleiben solche Paare genauso lange zusammen, als wären sie verheiratet. Nach einiger Zeit wird das sogar rechtlich anerkannt. Aber diese dritte Situation ist unserer Erfahrung nach sehr selten, und bevor man mit einem Mann zusammenzieht, sollte man ganz genau wissen, aus welchen Gründen man mit ihm zusammenleben will.

Soweit also die fünf Stufen der Bindung. Nun wollen wir Ihnen zeigen, wie Sie feststellen können, in welcher Phase der Beziehung Sie glauben, sich zu befinden, und wo Sie tatsächlich sind. Und auch wie Sie mit einem Mann umgehen, der stur auf, sagen wir, der zweiten Stufe bleibt, wenn Sie die Beziehung schon auf der dritten oder vierten Stufe sehen. Unglücklicherweise können Paare erst zur nächsten Stufe kommen, wenn beide Partner dazu bereit sind. Es ist deshalb von allergrößter Wichtigkeit, zu erkennen, wo Ihre Beziehung tatsächlich steht. Sie wird definiert nach der Stufe des weniger engagierten Partners – in der Regel ist das seine.

Denken Sie daran: Stufen überspringen könnte gefährlich sein. Es ist besser, die Beziehung Schritt für Schritt aufzubauen. Häufig muß man eine Stufe zurückgehen und sie noch einmal durchlaufen. Meist sieht es so aus: Sie sind auf einer Stufe, während Ihr Partner noch auf der vorhergehenden Stufe zögert. Das ist keine Katastrophe – wenn Sie begreifen, was da vorgeht. Es ist für eine Beziehung nicht unbedingt schädlich, wenn man eine Stufe wiederholt. Das heißt noch lange nicht, daß man aufgibt. Ein Schritt rückwärts bringt einen manchmal genau dahin, wo man hin will.

Die Kenntnis der Stufen einer Beziehung im allgemeinen kann Ihnen helfen, den oft unklaren Verlauf Ihrer eigenen, höchst individuellen Beziehung zu durchschauen. Auch wenn jeder Fall anders ist, gibt es doch nur eine begrenzte Anzahl von Stufen, in jeweils verschiedener Ausprägung.

Wir wollen nun die einzelnen Phasen genauer ausführen und Ihnen Hinweise geben, wonach Sie Ausschau halten sollten und was Sie tun können:

Sie befinden sich auf der ersten Stufe einer Beziehung (lockeres Verhältnis), wenn:

1. Sie seit mehreren Monaten miteinander gehen und den Wunsch verspüren, ihn öfter zu sehen;

2. Sie sich seit sechs Monaten treffen, aber Ihre Verabredungen immer in letzter Minute getroffen werden;

3. Sie aufgeregt sind, weil er Sie zu einem großen Betriebsfest eingeladen hat, leider erst am Morgen vor dem Ereignis. Sie vermuten, daß er bloß eine Tischdame braucht;

4. Sie merken, daß die Freitagabend-Verabredungen sich bis Samstag nachmittag hinziehen. (Das bedeutet, Sie machen Fortschritte, auf der ersten Stufe. Sie sind in diesem Stadium noch nicht auf der zweiten!);

5. es im Bett gut läuft (Sie können sich nicht beklagen), aber Sie sich mehr Wärme und persönliches Engagement wünschen;

6. Sie wissen, Sie werden ihn am Wochenende sehen, aber er Ihnen nicht sagt, wann;

7. er Ihnen Blumen ins Büro schickt und dann zwei Wochen lang zu beschäftigt ist, um Sie anzurufen;

8. Sie ihn zwischendurch mal zwanglos treffen wollen, er aber oft keine Zeit hat;

9. Sie eine Beziehung haben, aber weit voneinander entfernt wohnen. Sie warten zwar begierig auf seine Wochenendbesuche, die romantisch und leidenschaftlich sind, aber die Sache stagniert seit zwei Monaten;

10. er Sie unglücklicherweise während der Woche nicht oft sehen kann, aber Sie zu Hause und im Büro einfach mal anruft, um mit Ihnen zu plaudern. (Ebenfalls ein Zeichen, daß Sie sich in Richtung der zweiten Stufe bewegen.)

Auf dem Weg zur zweiten Stufe

Wenn eine Frau über mehrere Monate hinweg regelmäßig mit einem Mann zusammen ist, redet sie sich gerne ein, sie wären auf der zweiten Stufe (festes Verhältnis), obwohl vieles in seinem Verhalten darauf hindeutet, daß er es immer noch als lockeres Verhältnis sieht. Sie sehen sich vielleicht mit gewisser Regelmäßigkeit so ein-, zweimal die Woche – aber eben nicht jeden Samstag. Möglicherweise wissen Sie gar nicht, was er an den Samstagen macht, die er nicht mit Ihnen verbringt. Zu diesem Zeitpunkt bildet sich gerade der Kern einer Beziehung, aber er ist mit bloßem Auge noch nicht zu erkennen. Was können Sie nun tatsächlich in diesem Stadium erwarten? Nicht viel, da ein Mann in diesem Stadium wahrscheinlich ein bißchen hinterherhinkt. Kommt Ihnen das folgende Gespräch bekannt vor?

PETER (Mittwoch morgen beim Gehen): »Hat mir gut gefallen. Wir könnten uns doch irgendwann am Wochenende sehen?«

JOAN: »Hmm, klingt gut. Ich hab' Samstag noch nichts vor. Wie sieht es bei dir aus?«

PETER (sträubt sich): »Ja, also, Samstag weiß ich noch nicht. Ich ruf' dich an.«

JOAN: »Aber ich muß es wissen, weil...«

PETER: »Was soll das Trara? Lassen wir es doch einfach auf uns zukommen.« (Peter geht)

Zu diesem Zeitpunkt haben Peter und Joan ein festes Verhältnis, und sie dachte, sie wären fast auf der dritten Stufe (Monogamie). Auf jeden Fall war sie sicher, daß sie schon seit längerer Zeit auf der zweiten Stufe waren. Aber Peters Verhalten widerlegt das – er wimmelt sie ständig ab, wenn sie versucht, ein paar Tage im voraus zu planen. Sie kennt seine Freunde nicht, er aber bereits einige von ihren. Außerdem hat er sich geweigert, zu ihr ins Büro zu kommen, als sie ihm zeigen wollte, wo sie arbeitet. All das weist darauf hin, daß er sich noch auf der ersten Stufe befindet. Als ihr das bewußt wurde, beschloß sie, ihre Taktik zu ändern:

PETER (als er am Donnerstag darauf Joans Wohnung verläßt): »Ja, also wahrscheinlich sehen wir uns am Wochenende. Ich ruf' dich an. Wir könnten uns den neuen Woody-Allen-Film anschauen.«

JOAN: »Ich hab' eigentlich am Wochenende schon etwas vor. Aber vielleicht ein andermal.«

PETER (verärgert): »Was soll das heißen, du hast schon etwas vor? Es ist doch erst Donnerstag.«

JOAN: »Peter, die meisten Leute planen ihr Wochenende schon ein paar Tage im voraus. Ich überlasse nicht gerne alles dem Zufall.«

Joan machte weiterhin für sich Pläne, um am Wochenende nicht herumzusitzen und auf seine Anrufe zu warten. Zuerst fiel ihr das sehr schwer, weil sie sehr gerne mit Peter zusammen war. Aber schließlich begriff er und rief ein paar Tage vorher an, um sich mit ihr zu verabreden. Natürlich riskierte Joan, daß Peter sie nie mehr anrufen würde, aber wenn immer alles nur nach seinem Gutdünken gehen sollte, war es vielleicht sowieso den ganzen Aufwand nicht wert. Glücklicherweise hat Peter eingesehen, daß Joan nicht immer in letzter Minute verfügbar war. Er wollte regelmäßig mit ihr zusammensein, also ging er zur zweiten Stufe über.

Bei der ersten Stufe ist die Versuchung groß, nachzuforschen, ob der Mann sich auch noch mit anderen Frauen trifft. Erliegen Sie ihr nicht. Es wäre auch falsch, jetzt mit Bekannten über die Beziehung zu reden, außer, es sind wirklich gute Freunde. Viele Frauen erzählen an diesem Punkt allen Freunden und Bekannten, sie hätten ein Verhältnis. Das macht alles nur schwerer, wenn die Sache schiefgeht. Eine Bekannte zum Beispiel bekam eine riesige Pralinenschachtel von einem Mann ins Büro geschickt, mit dem sie ein lockeres Verhältnis hatte. Sie verteilte die Pralinen im Büro und erzählte danach oft von ihm. Wie sich aber herausstellte, verschwand der Typ bald, nachdem die Schokolade gegessen war. Nun hatte sie die unangenehme Aufgabe, allen erklären zu müssen, es sei vorbei (was immer es gewesen war). Wenn man viel über einen Mann redet, erscheint er viel wichtiger, als er in Wirklichkeit ist. Wenn er dann vor der nächsten Stufe aussteigt, haben Sie das Gefühl, Sie hätten versagt, besonders, wenn schon Leute, die Sie nur flüchtig kennen, fragen, was Sie und Ihr »Freund« denn am Wochenende vorhätten.

Das ist ganz bestimmt nicht der richtige Zeitpunkt, ihn

mit der Frage »Ihrer Beziehung« zu konfrontieren. Sie dürfen nicht vergessen, daß es noch gar keine Beziehung ist. Er könnte jetzt schon das Gefühl kriegen, Sie hätten ihn an der Leine. Außerdem sollten Sie genau hinhören, was er sagt. Macht er schon gemeinsame Pläne für die fernere Zukunft? Sagt er, er wüßte schon, was er Ihnen zu Weihnachten schenken will, obwohl es erst Juni ist? Versucht er, frühzeitig mit Ihnen ein Wochenende zu planen (weil er weiß, daß, wenn er zu lange wartet, Sie dann schon ausgebucht sind)? Das sind Merkmale eines brauchbaren Mannes, der vielleicht bereit ist, zur zweiten Stufe zu gehen.

Bevor wir zur nächsten Stufe kommen, möchten wir noch einmal betonen, daß jeder Schritt zur nächsthöheren Sprosse der Beziehungsleiter ein Schritt ins Leere sein kann, wenn der Mann noch nicht zu diesem Schritt bereit ist. Wir müssen immer wieder feststellen, daß Klientinnen zu wenig Geduld für die Entwicklung einer Beziehung aufbringen. Die Frauen von heute glauben oft, alles würde nach ihrem Zeitplan gehen und sie könnten ihr Leben voll kontrollieren. Sie können schließlich im Beruf und auf anderen Gebieten Veränderungen durchsetzen. Warum sollten sie dann nicht eine Beziehung von der ersten Stufe zur zweiten bringen können? Ein Grund dafür wäre zum Beispiel, daß der Mann wahrscheinlich noch nicht dazu bereit ist.

Eine Frau kann die Stufen einer Beziehung schneller und direkter durchlaufen. Ein Mann dagegen kann leicht auf eine frühere Stufe zurückfallen. Männer sind ängstlicher, deshalb brauchen sie etwas länger. Sie bauen einen Verteidigungswall nach dem anderen auf und versuchen, die Tatsache zu verdrängen (manchmal so lange, bis es zu spät ist), daß sie längst tiefer drinstecken, als sie wollten. Jede Frau sollte begreifen, daß hier Unterschiede zwischen den Geschlechtern bestehen. Jeder Mann, sogar der brauchbare, wird sich beim Durchlaufen der Stufen völlig anders verhalten als Sie. Wenn Sie erkannt haben, wo die Beziehung steht, fällt es Ihnen leichter, Möglichkeiten zu erkennen, wie man weiterkommt.

Die zweite Stufe, also das lockere Verhältnis, ist ein sehr rutschiges Pflaster, weil man Sie so leicht mit der dritten Stufe, der Monogamie, verwechseln kann. Es gibt aber viele deutliche Hinweise dafür, daß eine Beziehung erst auf der zweiten Stufe ist, zum Beispiel:

1. Sie schlafen seit mehreren Monaten mit ihm und hatten erst zweimal einen Orgasmus. Sie sagen es ihm, er reagiert nicht.

2. Sie holen ihn im Büro ab, um mit ihm zum Abendessen zu gehen, und erwarten, daß er Sie seinen Arbeitskollegen vorstellt, was er nicht tut.

3. Er lädt Sie in seine Lieblingskneipe zu einer Liveübertragung eines Spitzenspieles ein und überläßt Sie dann Ihrem Schicksal, während er sich mit seinen Freunden amüsiert.

4. Sie möchten in Ihrer Wohnung bleiben, er ist lieber in seiner. Ab und zu läßt er sich bewegen, bei Ihnen zu bleiben, aber nur unter Druck.

5. Ihr Vater liegt im Krankenhaus, und Sie sind niedergeschlagen. Er weiß, wie Ihnen zumute ist, geht aber an diesem Abend trotzdem zum Hockeyspielen.

6. Bevor er Sie kennengelernt hat, hat er mit Freunden für den Winter eine Skihütte gemietet. Er sagt, es wäre schön, wenn Sie mitfahren könnten, fährt aber dann doch an vielen Wochenenden weg und läßt Sie allein. Trotzdem möchte er nicht, daß Sie sich während des Winters mit jemand anderem treffen.

Auf dem Weg zur dritten Stufe

Eine Frau kann sich also nun sehr wohl bewußt sein, auf der Beziehungsleiter eine Stufe weiter zu sein als er und mehr zu erwarten. Leider muß sie dann vermutlich ein paar sehr schwere Entscheidungen treffen.

Amy hatte seit sechs Monaten mit Gary ein Verhältnis. Sie sahen sich immer am Wochenende und einmal während der Woche. Amy gefiel Garys Zuverlässigkeit. Er sagte nie am Freitag eine Verabredung für den Samstag ab. Aber wenn sie sich dann am Freitag *und* am Samstag sahen, geriet er ein bißchen in Panik. Eines Tages sagte er zu ihr: »Das ist keine monogame Beziehung. Ich hab' sonst keine Freundin, aber ich möchte eine haben können. Diese Freiheit brauche ich.«

Wir sagten Amy (obwohl sie das nicht gerne hörte), Gary würde zumindest ehrlich klingen. Sie solle keine voreiligen Entschlüsse ziehen. Kurz darauf sagte er ihr, er würde irgendwann wirklich gerne heiraten und Kinder haben, aber frühestens Mitte Dreißig. Amy wurde ganz traurig. Was sollte sie jetzt tun? Geben Sie ihm sechs Monate Zeit, sagten wir, wenn er mehr Nähe toleriert, können Sie für die Zukunft planen. Wenn nicht, sind die Aussichten schlecht, und Sie sollten vielleicht die Sache beenden.

Wir fanden, Amy müßte akzeptieren, daß die Beziehung erst auf dieser Stufe war, auch wenn ihr das nicht gefiel. Wenn sie versuchte, ihn mit Gewalt auf die nächste Stufe hochzudrücken, wäre er gezwungen, ihr und sich selbst zu beweisen, daß er frei und autonom ist – nicht monogam. Sie mußte sich seinem Tempo anpassen, nicht umgekehrt. Man kann einen Mann nicht zwingen, schneller zu werden. Wenn Ihnen die Sache zu langsam vorangeht und keine Aussicht auf Veränderung besteht, müssen Sie Schluß machen. Aber bevor Sie das machen, sollten Sie sich darüber im klaren sein, daß Sie wahrscheinlich immer mehr Zeit, als Ihnen lieb ist, auf jeder Stufe verbringen müssen. Beobachten Sie erst einmal, ob er sich in der richtigen Richtung bewegt.

Denken Sie auch daran, daß dies nicht der richtige Zeitpunkt ist, um einen gemeinsamen Urlaub vorzuschlagen. Auf dieser Stufe wäre ein Wochenende auf dem Lande angebrachter. Und wenn Sie ein Wochenende zusammen verbracht und sich toll amüsiert haben, dann sind Sie immer noch kein »Paar«. Sie sind zwei Leute, die einander mögen und die Spaß miteinander haben – also ein Fall für die zweite Stufe.

Den Übergang zur dritten Stufe zu finden ist sehr schwer, weil mehr dazu gehört als nur sexuelle Treue. Von der zweiten Stufe zur Monogamie ist es ein mindestens ebenso großer Sprung wie von der vierten Stufe zur fünften, nämlich zum Zusammenleben, und es kann ein ebenso großer Fehler sein. Die Entscheidung eines Mannes, nur mit einer Frau zu schlafen, mit anderen Worten, eine tiefe und feste Beziehung aufzubauen, ist mit dem Entzug einer schweren Droge gleichzusetzen – er muß wirklich wissen, was er tut, und es auch tun wollen. Ein Mann sollte sich das sehr genau überlegen und sich selbst vor diesem Entschluß auf Herz und Nieren prüfen. Wenn er das Gefühl hat, unter Druck zu stehen, gibt er vielleicht nach, aber es wird nicht von Dauer sein.

Haben nur Männer Schwierigkeiten mit der Monogamie? Natürlich nicht. Auch Frauen müssen sicher sein, ob sie zu diesem Schritt bereit sind. Das Alter spielt dabei eine große Rolle. Wenn man mehrere Jahre lang lockere Verhältnisse mit verschiedenen Männern hatte, sehnt man sich wahrscheinlich nach einem Menschen, und nicht nach noch mehr lockeren Verhältnissen. Sie wissen ziemlich genau, was Sie an einem Mann mögen und was nicht, und Sie möchten Ihre Zukunft planen. Nehmen wir jetzt einmal an, Sie sind seit mehreren Monaten mit einem Mann zusammen und könnten sich eine Zukunft mit ihm vorstellen. Sie spüren, daß es eine »echte« Beziehung ist, also ein Geben und Nehmen. Das war bis jetzt das Ziel Ihrer Wünsche. Sie wollen zwar jetzt noch nicht heiraten, aber Sie wollen eine festere Beziehung. Wenn er genauso empfindet, dann sind Sie beide bereit für eine monogame Beziehung.

Wenn Heiraten wirklich Ihr Ziel ist, dann ist es jetzt sehr schwierig, den Gedanken nicht weiterzuspinnen. Aber wenn Sie mit diesem Mann über die Zukunft sprechen, dann raten wir Ihnen, das Gespräch allgemein zu halten. Sie müssen ihn erst noch besser kennenlernen. Nehmen wir mal an, Sie gehen zusammen spazieren und sehen ein Paar mit einem Baby. Er schüttelt sich und sagt: »Ich möchte nie Kinder«, oder er bemerkt vielleicht: »Ich möchte auch irgendwann Kinder.« Jetzt wissen Sie etwas mehr über ihn – Sie sollten auf diesem Weg herausfinden, ob er die Zukunft genauso sieht wie Sie. Möchte er lieber in der Stadt oder in einem Vorort wohnen? Was für berufliche Pläne hat er? Wenn Sie eines Tages heiraten wollen (wenn auch nicht unbedingt ihn), haben Sie keine Angst, das zu sagen. Jeder sollte jetzt soviel wie möglich über den anderen erfahren.

In diesem Stadium entdeckt der Mann vielleicht plötzlich, »daß es ernst wird«. Beim kurzfristig interessanten Typ leidet erst mal der Sex darunter. Typ III flirtet möglicherweise bei einer Party auf Teufel komm raus mit einer anderen Frau oder hat sogar eine Affäre. Ihr vorher so aufmerksamer und zärtlicher Liebhaber zuckt zurück, wenn Sie auf der Geburtstagsparty seines besten Freundes nach seiner Hand greifen. Oder er könnte sagen: »Hol's dir selber«, wenn Sie ihn bitten, Ihnen ein Stück Geburtstagskuchen zu bringen. Er kann auf alles, was auch nur im entferntesten nach Besitzergreifen riecht, mit Knurren reagieren.

Aber selbst wenn ein Mann des II. Typs in Panik gerät, sollten Sie es nicht auch tun. Sie sollten solche Sachen einfach ignorieren, wenn sie nicht zur Regel werden. Auf keinen Fall dürfen Sie sich selbst die Schuld daran geben. Sie müssen sich bewußt werden, daß es sein Problem ist. Er will sich nur selbst bestätigen, daß er immer noch sein eigener Herr ist, obwohl er wirklich »engagiert« ist. Er kann sich nicht so leicht binden wie Sie. Sein Verhalten ist nur ernst zu nehmen, wenn es zur Regel wird. Fühlen Sie sich nicht verletzt, seien Sie genauso kurz angebunden wie er, oder ignorieren Sie es einfach, wenn er ab und zu um sich schlägt. Sollte dieses Verhalten andauern, versuchen Sie, mit ihm darüber zu reden.

Es darf Sie aber nicht überraschen, wenn er sich weigert, zu reden. Er merkt vielleicht gar nicht, daß er sich gegen die Nähe, die eine Beziehung bedeutet, auflehnt. Wahrscheinlich will er überhaupt nicht ernsthaft darüber sprechen, weil er Angst hat, er könnte seine Gefühle offenbaren. Die folgende Liste kann Ihnen zeigen, ob Sie auf der dritten Stufe festsitzen und mit dem nächsten Schritt noch warten müssen:

1. Sie haben seit einiger Zeit nicht mehr miteinander geschlafen und auch darüber geredet, aber es ist keine Besserung in Sicht.

2. Wenn Sie zusammen das Wochenende verbringen, ist alles wunderbar, und wenn Sie zurückkommen, streiten Sie.

3. Immer, wenn Sie ein Problem der gemeinsamen Beziehung zur Sprache bringen, redet er Ihnen ein, Sie würden überreagieren.

4. Plötzlich hapert's beim Sex. Er ist nicht dran interessiert, oder er ist interessiert, aber nur an seiner eigenen Befriedigung.

5. Wenn Sie etwas mit ihm besprechen wollen, hört er zwar zu, versucht aber, Ihnen einzureden, es wäre Ihr Problem.

6. Sein Mietvertrag läuft in sechs Monaten aus, und er geht auf Wohnungssuche. Er schlägt Ihnen vor, Sie sollten mitkommen, um ihn zu beraten, was er – nicht Sie beide – brauchen wird.

7. Ihnen wird klar, daß Ihre Beziehung nicht das Gelbe vom Ei ist, aber mit ihm zusammenzusein ist besser, als allein zu sein.

Auf dem Weg zur vierten Stufe

Der Übergang zur vierten Stufe (Monogamie Plus) kann leichter sein als die früheren, da einer den anderen mehr und mehr in seinen Alltag mit einbeziehen kann. Jetzt zeigt eventuell der Mann vom Typ II sein wahres Gesicht. Sie sind seit sechs Monaten monogam, und es findet ein Betriebsfest statt. Wenn er Sie nicht dabeihaben will, sind Sie einfach noch nicht auf der vierten Stufe!

Ein Mann kann Sie vor den Kopf stoßen, indem er Sie plötzlich von Sachen ausschließt, die Sie seit Monaten zusammen gemacht haben. Er will Sie zum Beispiel nicht zu einem Klassentreffen mitnehmen. Er möchte diesen Teil seines Lebens nicht mit Ihnen teilen. Vielleicht lädt er Sie auch nicht zum Weihnachtsessen seiner Familie ein, obwohl Sie schon öfter bei Familienfeiern dabei waren. Oder er mäkelt plötzlich an Ihnen rum und kritisiert Charaktereigenschaften, die er vorher ganz bezaubernd fand. Es gibt sehr feine Unterschiede zwischen der dritten und der vierten Stufe. Wenn Sie Ihre Beziehung in der folgenden Liste wiedererkennen, dann sind Sie noch nicht auf der vierten Stufe gefestigt, sondern bewegen sich noch auf einer der vorhergehenden:

1. Sie haben vor, zusammen nach Italien zu fahren. Plötzlich werden die Telefonate mit ihm verkrampft. Er glaubt, er habe momentan zuviel Streß in der Arbeit, und überlegt, ob er die Reise nach Italien nicht verschieben soll, bis er alleine eine Geschäftsreise dorthin machen kann.

2. Er fand immer toll, daß Sie auf Partys so aus sich herausgehen. Jetzt wirft er Ihnen vor, Sie wären zu laut.

3. Er beschwert sich mit einemmal über die Anrufe Ihrer Mutter, obwohl er sonst immer gerne ein kleines Schwätzchen mit ihr gemacht hat, bevor er Ihnen den Hörer gab.

4. Sie hören zufällig, wie er am Telefon zu einem Freund sagt: »Natürlich kann ich dich am Freitag treffen. Mein Gott, wir sind doch schließlich nicht *verlobt* oder so was.«

5. Wenn Sie sich mit seinem Freund unterhalten und von Ihrem Urlaub im nächsten Sommer auf der Hütte,

die beide gemeinsam haben, reden, bekommt er einen abwesenden Blick und wechselt das Thema.

Von der dritten Stufe (Monogamie) ist der Schritt zur vierten (Monogamie Plus) für eine Frau viel einfacher als für einen Mann, weil diese Stufe ein ernsthaftes Engagement bedeutet. Viele Paare lassen die fünfte Stufe (Zusammenleben) einfach aus und gehen direkt in die Ehe. Sie müssen sich bewußt sein, daß es für die Frage, ob Sie zur nächsten Beziehungsphase kommen oder nicht, keine Rolle spielt, wie lange Sie monogam gewesen sind. Es hängt alles davon ab, auf welcher Stufe der Mann steht, dieses Kriterium entscheidet.

Sandra hatte seit fünf Jahren ein Verhältnis mit Terence. Sie war leitende Angestellte einer Werbeagentur in St. Louis, Terence freischaffender Werbetexter. Sie hatten sich kennengelernt, als Sandra ihm einen Auftrag vermittelte. Für Sandras Freunde war es eigentlich klar, daß Terence unfähig war, sich fest zu binden. Sie versuchten immer wieder, sie davor zu warnen, ihre Erwartungen zu hoch zu schrauben.

Terence kam mit Sandra bis zur dritten, der Monogamie-Stufe (zumindest sexuell), aber ließ sie nie im voraus wissen, ob sie sich sehen würden. Er nahm sie nie zu Familienfeiern mit und brüskierte sie oft vor Freunden. Aber Sandra gab nicht auf. Sie liebte Terence von ganzem Herzen und glaubte, Liebe könnte jeden Menschen verändern.

Als dann schließlich der fünfte Jahrestag ihrer Beziehung kam und er »zu beschäftigt« war, um mit ihr zu feiern, wurde Sandra klar, daß sie mit einem Mann zusammen war, der sich nie fest binden würde. Er war ja nicht einmal fähig, nett zu ihr zu sein. Sie entschied sich, wieder zur ersten Stufe, zum »lockeren Verhältnis«, zurückzukehren. Sie wollte neue Leute kennenlernen und ihre Freunde wissen lassen, daß sie bereit war, neue Bekanntschaften zu machen. Die Rückkehr in die Welt der Singles machte ihr angst, besonders wegen der grassierenden Geschlechtskrankheiten und Aids. Aber sie wußte, daß ihr keine andere Wahl blieb. Sie verließ sich von nun an nicht mehr auf Terence, und er registrierte den Unterschied in ihrem Verhalten: Sie fragte nicht mehr, wann sie sich treffen würden und hatte auch oft schon Pläne fürs Wochenende, wenn er anrief.

Sandra verabredete sich ein paarmal mit anderen Männern. Fazit: katastrophal bis schlichtweg langweilig. Dann ging sie eines Abends zu einer Party, und eine ihrer Freundinnen stellte ihr einen Mann vor, den sie schon seit längerer Zeit für Sandra im Auge gehabt hatte – Rodney. Er gefiel Sandra auf Anhieb, aber sie wollte sich keine zu großen Hoffnungen machen. Als er um ihre Telefonnummer bat, bevor sie die Party verließ, war sie fast sicher, er würde nicht anrufen. Aber er rief an, und sie verabredeten sich für das kommende Wochenende zum Abendessen. Als Rodney sie abholte, überreichte er ihr eine einzelne Rose. Sandra war so verblüfft, daß sie mit offenem Mund dastand. Wie oft hatte sie Terence Winke mit dem Zaunpfahl gegeben, daß sie gerne Blumen bekommen würde. Er hatte ihr noch nicht mal ein paar Blümchen im Wald gepflückt. Und jetzt gab ihr dieser Typ schon bei der ersten Verabredung eine Rose! Wie sich herausstellte, war das ein gutes Omen. Rodney und Sandra verstanden sich auf Anhieb. Er war aufmerksam und rücksichtsvoll und nach einiger Zeit ein guter und sensibler Liebhaber. (Sandra entschuldigte sich später, weil sie die Rose angestarrt hatte, und erzählte Rodney, warum sie so überrascht gewesen war. Rodney konnte nicht fassen, daß ein Mann fünf Jahre mit einer Frau zusammen war, ohne ihr Blumen zu schenken!)

Aber das Interessanteste an Sandras Fall ist das Verhalten von Terence, nachdem sie nicht mehr zur Verfügung stand. In der ersten Zeit mit Rodney traf sie sich gelegentlich noch mit ihm. Es fiel ihr schwer, diesen Mann einfach aus ihrem Leben zu streichen, und er tat ihr auch ein bißchen leid. Aber je mehr sie sich von Terence zu-

rückzog, desto verbissener verfolgte er sie. Das vorange-
gangene Weihnachten hatte sie vergeblich versucht, ihn
dazu zu kriegen, den Weihnachtsbaum in ihrer Wohnung zu schmücken, und er war einfach auf der Couch
liegen geblieben und hatte ferngesehen. Dieses Mal rief
er sie vier Wochen vor Weihnachten an, um sie zu einem
Weihnachtskonzert einzuladen. Sie sagte, sie habe keine
Zeit, weil sie mit ihrem neuen Bekannten etwas anderes
vorhabe. Er rief sie mehrmals täglich im Büro an, so daß
sie sich schließlich von ihrer Sekretärin verleugnen lassen mußte. Den Vogel schoß er an ihrem Geburtstag ab.
Sie bekam einen riesigen Blumenstrauß und öffnete den
Umschlag in der Annahme, er wäre von Rodney. Er war
von Terence! All die Jahre hätte sie so gerne Blumen von
ihm bekommen. Und jetzt, nachdem er sie verloren
hatte, jetzt schickte er sie.
Das alles war sehr verwirrend und frustrierend für Sandra. Sie wußte aber, daß er sich nur so verhielt, weil sie
nicht mehr zu haben war. Jetzt war sie eine Herausforderung! Und sobald sie sich wieder mit ihm einlassen
würde, wäre alles wieder beim alten. Sie war stocksauer,
weil er versuchte, sie mit solchen Mitteln zurückzulok-
ken, und besonders, weil sie genau wußte, er würde sie
dann doch wieder genauso schlecht behandeln wie zuvor. Aber dafür war sie nun doch zu vernünftig, und außerdem hatte sie sich in Rodney verliebt. Terence jagte
noch einen Monat hinter ihr her. Schließlich rief er eines
Abends an und machte ihr einen Heiratsantrag. Sandra
hatte zwar wieder Mitleid mit ihm, aber sie war sich der
Hintergründe seiner fast krankhaften Jagd nach ihr bewußt. Sie sagte ihm, sie würde Rodney heiraten und er
solle sie nicht mehr anrufen. Mittlerweile ist sie mit Rodney verlobt, und es hat den Anschein, als würde diese
Beziehung von Dauer sein.

Wenn Sie mit einem Mann liiert sind, der Sie schlecht behandelt, kann es für Sie noch schwerer sein, aus dieser
Beziehung auszusteigen, weil Ihre Selbstachtung auf

dem Nullpunkt ist. Es ist schwierig klarzusehen, wenn man jemanden liebt, selbst wenn alle Ihre Freunde andeuten (oder es Ihnen direkt ins Gesicht sagen), daß der Typ nichts taugt. Führen Sie sich Sandras Geschichte vor Augen, wenn Sie mit einem Mann festsitzen, der gerade so eben auf der dritten Stufe ist und nicht im Traum an die vierte denkt.

Auf dem Weg zur fünften Stufe

Diese Stufe, die letzte Stufe vor der Ehe, bedarf ebenfalls einer besonderen Betrachtung. Bis vor einigen Jahren war Zusammenleben ein Ausdruck für die freie Gesinnung eines Paares. Wenn man in »wilder Ehe« zusammenlebte, setzte man sich offen über einige der zentralen Moralvorstellungen der Gesellschaft hinweg. Besonders für die Frau war das sehr befreiend. Sie konnte damit sich und der Welt zeigen, daß sie Sex ohne Trauschein haben konnte. Zum ersten Mal hatten Frauen eine Wahlmöglichkeit.

Heutzutage ist es schon ein bißchen komplizierter. Zusammenleben ist nicht mehr gleichbedeutend mit sexueller Befreiung. Jetzt bedeutet es meistens, daß Paare verschiedene Erwartungen haben. Man kann zum Beispiel mit sechsundzwanzig in ein Zusammenleben »hineinschlittern«. Aber mit dreißig hat es dann schon eine andere, größere Bedeutung für Sie erhalten.

Wir sind dabei auf einen Trend gestoßen, den wir das »Wall-Street-Syndrom« nennen. Zwei Leute, die beide anspruchsvolle Berufe haben, teilen sich Wohnung und Bett, aber lange Arbeitszeiten und Karrierestreben führen dazu, daß nachts nichts läuft. Ein Paar, das schon seit über einem Jahr zu uns in die Beratung kommt, lebt zusammen in einem kleinen Appartement. Nach außen hin haben sie einen »richtigen« gemeinsamen Haushalt: Sie teilen das Geld, das Geschirr, die Möbel und die Wäsche. Sie erfüllen alle Kriterien, die für ein Paar gelten.

Doch der Schein trügt. Sie fand nämlich, daß sie mehr als nur einen Hausgenossen wollte, und brachte ihn dahin, in eine Partner-Therapie zu gehen. Sie hat allmählich begriffen, daß die gegenwärtigen Bedingungen ihrer Beziehung für ihren Mitbewohner ideal sind (er ist nicht einmal mehr ihr Liebhaber, Sex versickerte vor fast einem Jahr im Sand). Sie gibt aber auch zu, daß sie die Realität verdrängt. Selbst wenn er sich weigert, ihr seine Freunde oder Geschäftskollegen vorzustellen, will sie der Wahrheit nicht ins Auge schauen. Warum? Weil diese Frau Angst hat vor »besitzergreifenden« Männern, die sie »beherrschen« und versuchen könnten, ihr die Unabhängigkeit zu rauben. Ihr Alptraum von der braven Hausfrau im Reihenhaus macht sie blind gegenüber der Tatsache, daß sie mit einem Mann zusammen ist, der praktisch überhaupt keine Nähe zu einer Frau ertragen kann. Sollte dieses Paar zusammenleben? Auf keinen Fall. Sie sollten wahrscheinlich nicht mal miteinander ausgehen.

Manchmal ziehen Leute zusammen, um festzustellen, ob sie heiraten sollen oder nicht. Bei einem solchen »Experiment« ist meist die Frau das Versuchskaninchen. Margaret hatte erst seit acht Monaten mit Charles ein Verhältnis, als sie beschlossen, zusammenzuziehen. Jetzt wohnen sie schon seit einem Jahr zusammen, und er weiß immer noch nicht, ob er sich trennen soll oder heiraten will. Aber sein Verhalten verrät ihn. Wenn zum Beispiel Gäste zum Essen da sind, redet er gerne über seine – nicht ihre gemeinsamen – Reisepläne für den folgenden Winter, und Margaret sitzt daneben und kommt sich vor wie ein Dienstmädchen. Lassen Sie sich nicht von einem Mann immer wieder hinhalten, wenn Sie über Ihre Zukunft entscheiden wollen. Wenn er sich nicht festlegen kann, bevor Sie einziehen, dann kann er es erst recht nicht, nachdem er Ihre Haare im Waschbecken gesehen hat. Diese Haare – oder was immer es sein wird – werden ihm Gründe genug geben, nein zu sagen, wenn er nein sagen will.

Mit vierunddreißig und nach einigen Jahren in der vierten Beziehungsphase (Monogamie Plus) gab Jessica George sechs Monate Zeit, sich für oder gegen die Ehe zu entscheiden. Nicht nur ihr Alter hatte sie zu diesem Ultimatum getrieben. Jessica hatte sich sehr mit Georges Tochter aus seiner früheren Ehe angefreundet. »Ich habe eine Beziehung zu dir und Emily«, sagte sie ihm. »Es wird höchste Zeit, Klarheit zu schaffen.« Als sie bei George und Emily einzog, war die Hochzeit für den nächsten Herbst schon festgesetzt.

Wir empfehlen Ihnen sogar, nur dann mit einem Mann zusammenzuziehen, wenn Sie beide vorhaben, innerhalb eines Jahres zu heiraten – falls Sie achtundzwanzig Jahre oder älter sind. Sonst vergeuden Sie vielleicht zuviel wertvolle Zeit, in der Sie andere Leute kennenlernen könnten, und müssen vielleicht drei, vier, fünf oder mehr Jahre später entdecken, daß der brauchbare Typ, mit dem Sie zusammengezogen sind, sich in einen Abenteurer verwandelt hat und sich strikt weigert, Sie zu heiraten.

Wenn ein Partner schon eine fürchterliche Ehe samt Scheidung hinter sich hat, erfordert die Geschichte vermutlich besondere Geduld und besonderes Verständnis. Larry hatte eine katastrophale Ehe durchgemacht und war jetzt allergisch gegen alle »Symbole« einer Ehe. Trotzdem liebte er Ruth, mit der er seit drei Jahren zusammenlebte. Ruth jedoch war sechsunddreißig und wollte Kinder. Aber alles, was nach Ehe roch, ließ ihn zur Salzsäule erstarren. Wir wiesen ihn darauf hin, daß sie beide eine stärkere Bindung hatten, als viele verheiratete Paare, die zu mir in die Beratung kamen. Aber für Larry war das Wort »Ehe« ein rotes Tuch. Ihre Beziehung sei doch wunderbar, wie sie war, meinte er. Ehe ist keine Notwendigkeit, wenn ein Paar sich auch ohne Heirat tief verbunden fühlt. Und im Fall von Ruth und Larry ist Zusammenleben nicht unbedingt ein Hindernis für eine spätere Ehe.

Aber im allgemeinen sollte man, bevor man beim anderen einzieht, das Thema Ehe besprochen haben, das heißt, daß man heiratet (und das in allernächster Zukunft). Zusammenleben darf kein »Experiment« sein. Wenn Sie einfach aus Bequemlichkeit zusammenziehen wollen, ist das in Ordnung, wenn Sie dann auch nicht mehr erwarten.

In der folgenden Liste finden Sie einige Situationsbeschreibungen. Bevor Sie bei ihm einziehen, überlegen Sie, ob Ihnen davon etwas bekannt vorkommt:

1. Alle Ihre Bekannten fragen ständig, wann Sie heiraten, aber Sie haben Ihre Pläne gemacht und sich geeinigt, es niemandem zu erzählen, bis es soweit ist. (Das ist ein guter Grund, um zur fünften Stufe zu gelangen.)

2. Wenn Sie zusammen in Urlaub fahren, streiten Sie immer, wieviel Zeit für Schaufensterbummel oder fürs Museum angesetzt wird. Sie werden sich nie einig und können dem anderen auch keinen Freiraum lassen.

3. Für den Fall, daß Sie tatsächlich zusammenziehen, plant einer von Ihnen, seine eigene Wohnung zu behalten.

4. Er hat gesagt, falls Sie zusammenziehen, können Sie Ihre Möbel nicht mitnehmen, weil sie nicht zu seiner Einrichtung passen.

5. Sie sind verliebt, Sie sehen es als feste Beziehung. Aber die Ehe scheint Ihnen beiden zu konventionell. (Wieder ein guter Grund, um zur fünften Stufe aufzusteigen.)

6. Sie führen sehr genau Buch, wer wem wieviel Geld schuldet. Sie haben eine funktionierende monogame Beziehung, aber noch kein echtes Teilen.

7. Wenn Sie zusammenleben, werden Sie beide Ihre eigenen Wege gehen. Sie werden wahrscheinlich nicht sehr oft abends aufeinander warten oder zusammen essen.

8. Sie leben seit sechs Monaten zusammen, aber er hat

es immer noch nicht geschafft, Ihren Namen auf den Briefkasten zu kleben oder seinen Freunden zu erzählen, Sie würden jetzt zusammenleben. (Sie leben vielleicht körperlich zusammen, was aber nicht heißen muß, daß er sich auf die fünfte Stufe festlegen läßt.)

Sie können anhand der fünf Stadien einer Beziehung feststellen, an welchem Punkt Ihre Beziehung ist. Wenn Sie auf seine Stufe zurückgehen, können Sie Ihr Verhalten ihm gegenüber überdenken.

Im dritten Kapitel werden wir untersuchen, wie eine Frau die Schuld auf sich nimmt, wenn eine Beziehung sich nicht weiterentwickelt. Wir werden zeigen, wie das Ihre Chancen verschlechtert, zur nächsthöheren Stufe zu gelangen. Und wir werden Ihnen zeigen, wie Sie lernen können, die Fallstricke dieser selbstschädigenden Einstellung zu umgehen.

Die fünf Bindungsgrade in Beziehungen

Stufe:	Beschreibung	Ideale Zeitspanne	Grad der Bindung/ Verpflichtung	Empfohlenes Verhalten
1. Lockeres Verhältnis	Sie sehen sich nicht regelmäßig. Sie sollten sich langsam darüber klarwerden, was Sie wollen und was für Gefühle Sie ihm entgegenbringen.	1 bis 4 Monate	keine	Sie sollten besser nicht miteinander schlafen, wenn Sie das Gefühl haben, Sie engagierten sich dadurch zu schnell. Fragen Sie ihn nicht direkt, ob er auch noch mit anderen Frauen zusammen ist. Zu diesem Zeitpunkt sollten Sie Ihren Freunden noch nicht zu viel von diesem Mann erzählen. Dämpfen Sie Ihre Erwartungen.

Stufe:	Beschreibung	Ideale Zeitspanne	Grad der Bindung/Verpflichtung	Empfohlenes Verhalten
2. Festes Verhältnis	Sie lernen sich allmählich besser kennen und wissen, daß Sie sich mögen. Sie haben sich einander besser angepaßt. Sie sehen sich regelmäßiger (rufen sich zum Beispiel an, um zu plaudern, verabreden sich spontan).	2 bis 4 Monate	Sie wissen, daß Sie sich mögen, aber es besteht noch keine feste Bindung. Sie können auch noch mit anderen ausgehen.	Unterdrücken Sie den »Beichtdrang« (Sie glauben, Sie verlieben sich, Sie haben gerade eine Abtreibung hinter sich usw.).
3. Monogamie	Zu diesem Zeitpunkt bauen Sie eine echte Beziehung auf und haben beschlossen, nur noch miteinander zu schlafen. Ein günstiger Zeitpunkt, um zu überprüfen, wie	6 bis 12 Monate	Das ist die erste Stufe einer festen Beziehung.	Beobachten Sie, wie oft er Sie in Aktivitäten seiner Familie und seiner Freunde mit einbezieht. Das ist ein großer Schritt für einen Mann. Also keine Panik, wenn er klei-

	seine Werte und Ziele sich mit den Ihren vertragen. Sie lernen beide, wie der andere wirklich ist.			nere Rückfälle hat (ruft ein- oder zweimal nicht an, wenn er soll; kommt ab und zu zu spät; es vergehen ein paar Wochen, in denen Sie sich nicht oft sehen).
4. Monogamie Plus	Sie beziehen sich gegenseitig in Ihr Leben ein. Sie sind ein Paar und fühlen sich dabei wohl. Sie fahren zusammen in Urlaub. Sie haben seine Familie und Freunde kennengelernt und er Ihre. Die Leute fragen Sie, wann Sie heiraten.	6 Monate bis 2 Jahre	Auf dieser Stufe wird es ernst – viele Paare gehen von dieser Stufe direkt zur Ehe über.	Dieser Punkt ist oft der schwierigste für den Mann mit kalten Füßen. Wenn er sich plötzlich zurückzieht, über längere Zeit seinen »Freiraum« beansprucht oder Sie feststellen, daß sich sein Verhalten Ihnen gegenüber entscheidend verändert, nehmen Sie das als Warnung. (Hilfreiche Vorschläge finden Sie im siebten Kapitel: »Beziehungsstrategien«.)

Stufe:	Beschreibung	Ideale Zeitspanne	Grad der Bindung/Verpflichtung	Empfohlenes Verhalten
5. Zusammen-leben	Sie leben als Paar zusammen, und andere Leute betrachten Sie als praktisch verheiratet.	6 Monate bis 1 Jahr	Kann enorm variieren: von praktisch null (»praktische Gründe«) bis zu einer wirklich festen Bindung. Wenn Sie beide von der Ehe nichts halten, könnte diese Stufe die feste Beziehung bedeuten.	Viele Paare ziehen zusammen, heiraten aber trotzdem nicht – Zusammenleben ist nicht notwendigerweise der Auftakt zur Ehe. Hüten Sie sich vor dem Wall-Street-Syndrom: Paare, die zwar zusammen wohnen, sich aber nie sehen, weil ihre Terminkalender es nicht erlauben. Machen Sie das Zusammenleben nicht zu einem »Experiment«. Wenn Sie heiraten wollen, sollte ein gemeinsamer, fester Zeitplan bestehen.

3

*Der Hang zur Selbstbezichtigung
und wie man ihn los wird*

»Erwarte ich von Männern zuviel?« – »Stelle ich zu viele
Ansprüche?« – »Bedränge ich ihn zu sehr?« – »Hab' ich
was Falsches gesagt?« – »Was hab' ich falsch gemacht?«
Wir nennen dies das »Was-hab'-ich-falsch-gemacht-
Syndrom« (weibliche Klienten drücken es auch anders
aus, wie zum Beispiel: »Im Zweifelsfall bin ich schuld«
oder »Tut mir leid, alles meine Schuld«). Wie wir es auch
immer nennen mögen, es wird von der Mutter auf die
Tochter übertragen, als gehöre es zur Erbmasse. Was natürlich nicht stimmt. Selbstbezichtigung ist eine anerzo-
gene Haltung, und man kann sich davon befreien – sobald man begreift, worum es geht.
Nina ist neunundzwanzig und Filmproduzentin. Ihr Job
ist es, zu Drehorten zu fliegen und Werbespots zu machen. Für sie ist es ganz normal, aus der offenen Tür eines Hubschraubers zu hängen, um Aufnahmen von
Dreharbeiten zu machen. Sie verdient fast hunderttau-
send Dollar im Jahr, und sie hat gerade die erste Rate für
eine Eigentumswohnung bezahlt.
Nina geht viel aus, meistens mit Männern, die sie bei der
Arbeit kennenlernt. Aber nun wird es für sie langsam ein
bißchen ernster. Sie möchte eine festere Verbindung mit
einem Mann, möchte eine Familie und ein gemütliches
Zuhause. Leider hat sie bisher noch niemanden kennengelernt, der es genauso ernst meint wie sie.

Aber dann kommt Jack. Er ist warmherzig und lustig, Nachrichtenredakteur beim Fernsehen und dreiunddreißig Jahre alt. Er liebt seine Arbeit genauso wie Nina die ihre. Er ist groß, schlaksig und bewegt sich mit einer lässigen Eleganz. Sie war sicher, daß er in der High-School Basketball gespielt hatte. (Als sie ihn einmal darauf ansprach, lachte er und fragte sie, wie sie das erraten hatte. »Du hast mich aber genau angeschaut«, sagte er.) Beide haben sehr ausgeprägte Meinungen, und sie streiten viel. Aber keiner läßt sich vom anderen unterkriegen.

Nina und Jack sind sich sexuell und intellektuell ebenbürtig. Es knistert zwischen ihnen. Aber sie vertrödeln auch gern einmal einen Tag, essen stundenlang zu Abend oder bleiben am Sonntagmorgen einfach im Bett.

Nachdem sie einige Monate zusammen sind, stürzte sich Nina beruflich in ein großes Projekt. An einem Arbeitswochenende im Büro ruft sie Jack an und fragt ihn, ob er ihr ein paar belegte Brote zum Mittagessen bringen könnte, um ein Picknick auf dem Dach zu machen. Aber Jack lehnt ab, da es nicht in seine Pläne für den Tag paßt. Während Nina allein an ihrem Schreibtisch ein Sandwich ißt, ist sie froh, daß sie unabhängig genug ist, keinen Mann zu brauchen, der sich um sie kümmert. Dann fragt sie sich, warum sich Jack nicht ein bißchen angestrengt hat. Trotz ihres verrückten Terminkalenders kümmert sie sich immer um ihr gemeinsames Abendessen. Warum hat sie immer Zeit zum Kochen und für ihn? Er erzählt stundenlang von seinen Problemen in der Redaktion, aber wenn sie ihre Probleme erwähnt, kriegt er ganz glasige Augen. Und obwohl er sagt, er würde ihren beruflichen Erfolg respektieren, fragt er sie nie nach ihrer Arbeit und fühlt sich immer zurückgesetzt, wenn sie geschäftlich verreisen muß. Erwartet sie zuviel von ihm?

Als der Streß bei ihrer Arbeit zunimmt, bittet sie Jack, ein paar Besorgungen für sie zu erledigen und spät nachts

Abendessen für sie beide zu machen. Jack ist nach einigem Hin und Her einverstanden, aber nach einem Tag schmeißt er das Handtuch. Als sie ihn deswegen anschreit, ist er auch noch schockiert. Warum in aller Welt ist sie bloß so sauer auf ihn? »Du bist einfach zu anspruchsvoll«, sagt er und zieht sich zurück. Für ihn will sie entschieden zu viel.

Aber jetzt hat Nina Angst vor ihrer eigenen Courage bekommen. »Ich stelle zu hohe Ansprüche«, denkt sie. »Es muß meine Schuld sein.« Aber im Grunde ihres Herzens ist sie wütend. Warum gibt sie sich selbst die Schuld? Er ist schließlich derjenige, der sie im Stich gelassen hat! Warum also gibt Nina sich selbst die Schuld? Eigentlich lautet die Frage: Warum geben sowohl er als auch sie ihr die Schuld? Die Antwort ist in der Vergangenheit zu suchen.

Ein Blick zurück ins Jahr 1954: Susan und Henry, Ninas Eltern, verlieben sich, heiraten und kaufen ein kleines Haus in einem Vorort. Als Susan schwanger wird, feiert sie die Erfüllung ihres großen Traums: eine Familie.

Jeden Tag steigt der Brötchenverdiener Henry in den Pendlerzug, um ins Büro zu fahren. Und als das Baby auf der Welt ist, entdeckt Susan, wie sehr sie es genießt, Mutter zu sein. Zusammmen schaffen Susan und Henry ein warmes und gemütliches Nest. Sie mögen zwar jung sein – erst Mitte Zwanzig –, aber sie sind verantwortungsvolle Erwachsene, die mit anderen Mitgliedern der Gemeinde eine solide, sichere Welt aufbauen wollen, die ihre Kinder dann übernehmen können.

Ein paar Jahre später: Susan ist immer öfter frustriert, weil sie nie ihren Verstand gebrauchen muß. Wird sich das jemals wieder ändern? Sie will es sich zwar nicht eingestehen, aber allmählich kommt ihr ihre Ehe und ihr Leben langweilig und festgefahren vor. Sie wird wieder schwanger.

Henry genießt es, der Alleinversorger der kleinen Familie zu sein. Da Susan ihm loyal den Rücken stärkt, fühlt er sich stark und männlich, und er ist auch noch auf einen wesentlich höheren Posten befördert worden. Aber manchmal fühlt sich Henry eingezwängt und ruhelos – besonders jetzt, wo ein zweites Kind unterwegs ist. Dann bekommt er wieder ein schlechtes Gewissen. Natürlich sagt er nichts zu Susan. Ihr gegenüber wirkt er verschlossen und abwesend, und sie denkt wehmütig an die früheren Zeiten, als sie sich so nahestanden.

»Was kann ich tun, um das zu ändern?« geht es Susan ständig durch den Kopf. Henry zuliebe strampelt sie sich ab, um die »perfekte« Frau, die »perfekte« Mutter und die »perfekte« Hausfrau zu werden. Sie ist immer geduldig und wird nie wütend. Ihre eigenen Bedürfnisse stellt sie immer zurück.

Nachdem Nina als zweites Kind zur Welt gekommen ist, kauft Henry für die Familie ein größeres Haus und ein größeres Auto. Er ist ein Mustergatte – oder so scheint es zumindest. Er mäht im Sommer den Rasen und schaufelt im Winter den Schnee weg. Er betrügt Susan nicht, hat aber inzwischen ein Doppelleben – er kauft »Männerzeitschriften« und malt sich Phantasien aus – als toller Hecht mit zahllosen Freundinnen, die ihm alle hörig sind. In Wirklichkeit hat er das Gefühl, ständig unter Druck zu stehen. Geld, Häuser, Autos... es ist doch schließlich seine Pflicht, die Brötchen zu verdienen, oder? Er träumt davon, daß es ihm eines Tages irgendwie gelingen wird, die Ketten der Ehe zu sprengen und ein »freier« Mann zu werden.

Jahre später, nachdem Nina und ihr Bruder das Nest verlassen haben, hat Henry eine Affäre mit einer Frau, die um die Hälfte jünger ist. Susan kommt dahinter. Da reicht Henry die Scheidung ein, überläßt ihr das Haus und das Auto und zahlt ihr eine große Abfindung.

Susan ist schockiert und am Boden zerstört. Sie sitzt ohne jegliche Berufsausbildung in ihrer blitzblanken Küche. Ich verstehe es einfach nicht, denkt sie immer wieder. Irgend etwas muß sie falsch gemacht haben. Und wie konnte Henry sie nur verlassen? Sie hatten eine Ehe, sie hatten Kinder... woran hatte sie es denn fehlen lassen? Was hatte sie falsch gemacht?

Das »Was-hab'-ich-falsch-gemacht-Syndrom« reicht zurück bis zu dem kleinen netten Haus in jener ruhigen Vorortstraße vor mehr als dreißig Jahren. Wenn man sich vorstellt, wie eine Frau wie Susan plötzlich alleine und verlassen in ihrer Küche sitzt und sich selbst die Schuld am Ende ihrer Ehe gibt, dann kann man sich auch erklären, warum ihre Tochter Nina heute Schuldgefühle hat, obwohl sie weiß, daß es Unsinn ist. Wenn man versteht, warum ein Mann wie Henry sich wie ein Arbeitstier vorkam und sich nach »Freiheit« sehnte, dann versteht man auch, warum Jack heute glaubt, er würde viel zuviel aufgeben, wenn er sich an eine Frau bindet.

In den zehn Jahren vor Susans und Henrys Ehe, also während des Zweiten Weltkriegs, verdienten viele Frauen ihr Geld auf traditionell von Männern besetzten Arbeitsplätzen in der Fabrik. Aber als die Männer von den Kriegsschauplätzen in Europa und Japan zurückkamen, glaubten diese Frauen, es wäre ihre Pflicht, wieder ihre Rolle am häuslichen Herd zu übernehmen. In den fünfziger Jahren, nach den Erschütterungen des Krieges, galten Ordnung und Stabilität als erstrebenswerte Ziele. Um sich nach dem Krieg zurechtzufinden, wurden traditionelle Werte wie die Familie und klar definierte Rollen für Frauen und Männer in den Vordergrund gestellt.

In den fünfziger Jahren wurde das »Zuhause« großgeschrieben und nahezu religiös verherrlicht als Tempel der Sicherheit, Wärme und Liebe in einer dunklen und Angst einflößenden Welt. Und Frauen, die ein bißchen Unabhängigkeit gekostet hatten, wurden belehrt, daß für sie die Rolle als Mutter und Hüterin des heimischen Herdes die eigentliche weibliche Glückseligkeit bedeute, während die Männer für Geld und Beruf zuständig waren.

Wir finden heutzutage diese Rollen starr, unnatürlich und einengend, ja ausgesprochen erdrückend; für un sere Eltern waren nach dem Krieg aber Regeln, Rollen und fester Rahmen sehr angenehm. Erst in den späten sechziger und frühen siebziger Jahren rebellierten die Frauen und weigerten sich, sich in eine einzige, noch dazu geringer bewertete Rolle im Leben pressen zu lassen.

Nina hat heute Möglichkeiten, von denen ihre Mutter nicht einmal träumen konnte. Sie hat eine eigene Wohnung, macht Karriere und genießt sexuelle Freiheit. Sie ist unabhängig, sie möchte eine gleichberechtigte Beziehung mit einem Mann – eine Beziehung zwischen zwei unabhängigen Leuten, die sich gegenseitig unterstützen und gleichberechtigt sind. Nicht so wie ihre Eltern. Der Himmel bewahre... dann würde sie lieber Single bleiben.

Aber Nina ist immer noch die Tochter ihrer Mutter. So glaubt sie, es sei wahrscheinlich besser, zum Beispiel weniger anspruchsvoll oder reizbar zu sein. Aber im Gegensatz zu ihrer Mutter weiß Nina eigentlich, daß das Unsinn ist. Und da ist noch etwas, worin sich diese Tochter – und all die Töchter traditionell denkender Mütter – völlig von ihnen unterscheiden. Als Nina wegen ihrer Beziehung zu Jack zu uns kam, erkannten wir gleich einige uns wohlvertraute Verhaltensweisen: Wir wissen, daß man so sehr gewöhnt sein kann, für sich selbst zu sorgen, daß man ein paar wichtige Signale einfach übersieht. Wenn Jack eine Arbeit nicht übernehmen will, wenn sie ihn darum bittet, dann läßt sie es dabei bewenden. Auch wenn sie merkt, daß sich das Muster wiederholt, er also kaum bereit ist, etwas für sie zu tun oder einmal an sie als Paar anstatt nur an sich selbst zu denken, dann möchte sie es erst mal verdrängen. Eine Einflüsterung aus längst vergangener Zeit erwacht wieder in ihr: »*Ich* muß daran schuld sein.«

Nachdem wir mit Nina gesprochen hatten, drängten wir sie, das nächste Mal Jack mitzubringen. Irgendwie hatten wir den Eindruck, daß Jack ein Mann vom Typ II sei – bestimmt kein hoffnungsloser Fall, aber definitiv ein

Typ, der alles nur nach seinen Bedingungen akzeptiert und erwartet, daß sie hinter ihm aufräumt. Dieses Paar war nicht auf der gleichen Stufe. Sie waren zwar monogam, aber Jack lehnte Verantwortung ab. War er fähig, den Schritt von der dritten Stufe zur vierten, also Monogamie Plus, zu machen?

Nina und Jack gingen uns nicht mehr aus dem Kopf. Immer wieder mußten wir daran denken, wie oft eine von uns mitten in der Nacht wegen des Babys hatte aufstehen müssen, weil ihr Mann zu müde war – egal, was für einen schweren Tag sie hinter sich hatte. Und die andere erinnerte sich daran, wie sie ihre ganze Doktorarbeit heimlich geschrieben hatte, damit es ihr Mann nicht mit ansehen mußte. Sie hatte solche Schuldgefühle wegen der Anforderungen, die ihre Arbeit an ihn stellte. Und weil es so vielen Frauen, die zu uns kommen, genauso geht, überlegten wir uns, warum sich besonders Frauen so von der Verantwortung erdrücken lassen.

Verantwortung zu tragen hat durchaus auch einige Vorteile: Wenn man für eine Beziehung verantwortlich ist, hat man sie unter Kontrolle. Das gibt einem das Gefühl von Macht. Das Traurige daran ist nur, daß man sie nicht hat – man ist nur der Lastesel. Man verbringt schlaflose Nächte und ist sich selbst im Weg, wenn man etwas erledigen will. (Die Doktorarbeit im Schrank zu schreiben ist der Sache bestimmt nicht zuträglich.)

Warum machen wir das also? Weil es weniger schmerzhaft erscheint, als einzusehen, daß ein Mann sich verändern muß. Das macht uns nur angst. Es liegt bei ihm, ob er sich ändert oder nicht, und meist haben wir das deprimierende Gefühl, daß er es nicht tut. Der Gedanke allein ist schon erschreckend. Also fragen wir uns lieber: »Was habe ich falsch gemacht?« oder »Wie kann ich nur alles richtig machen?«.

Aber je mehr Verantwortung Sie übernehmen, desto weniger wird er übernehmen. Die Buchautorin Barbara Ehrenreich spricht von einem Phänomen, das sie die »männliche Revolution« nennt – den Aufstand der Männer gegen die alte Brötchenverdiener-Rolle, der schließlich zu einer Haltung völliger Verantwortungslosigkeit geführt hat. Gleichzeitig wurden die Frauen überverantwortlich.

Was uns beunruhigt, ist, wie viele Therapeuten diesen unguten Zustand stillschweigend billigen, ja sogar die Sache noch verschlimmern. Manche konservative Therapeuten würden sagen, Nina habe eine krankhafte Neigung, sich »ungeeignete« Männer zu suchen, und sie sollte in jahrelanger Psychotherapie versuchen, ihr »Problem« aufzudecken. Andere konservative Therapeuten, die mehr auf Paare ausgerichtet sind, würden ihr wohl raten, sich zurückzuhalten und nicht so hohe »Ansprüche« an Jack zu stellen. Dann wäre sie für ihn wieder interessant. Der Tenor ist: Paßt euch an! Erwartet nicht zuviel von einem Mann, wenn ihr ihn »kriegen« wollt. Die Therapeuten stoßen somit in dasselbe Horn wie die Männer, wenn sie sagen, das Verlangen der Frauen nach mehr sei pathologisch. Aber warum ist das Verlangen der Frauen nach mehr pathologisch, das der Männer nach weniger aber nicht?

Sie haben wahrscheinlich schon viele Bücher gelesen, in denen steht: Klar, der Typ hat Probleme – aber Sie können nicht erwarten, daß er sich ändert! Wenn sich jemand ändern muß, Nina, dann schon du. Diese Einstellung ist pures Gift: Weil Nina eine Frau ist, wird angenommen, daß sie mehr in eine Beziehung investiert hat und deshalb auch mehr Verantwortung zu übernehmen hat. Der Ausgangspunkt der Therapeuten ist eindeutig: Man kann nicht viel von Männern erwarten. (Was für eine Abfuhr für die Männer!)

Eine Frau wie Nina sollte in ihrer Annahme, daß Ansprüche gerechtfertigt sind, rückhaltlos unterstützt werden – und wir versuchen, unseren Klientinnen diese Unterstützung zu geben. Frauen müssen Ansprüche an Männer stellen. Wenn sie das nicht tun, werden sich Männer nie ändern und auch nie gleichberechtigte Partner in einer Beziehung werden.

Hat Nina wirklich einen Hang zu »Problem-Männern«? Nein. Aber sie kann tatsächlich hintereinander an drei, vier oder mehr geraten – und es wäre immer noch nicht ihre Schuld. Wenn wir so viele Männer dieser Art sehen, dann widerspricht es jeglicher Vernunft, zu glauben, daß die Ninas dieser Welt sie sich aussuchen. Die schlichte Wahrheit ist, daß Frauen nur das finden können, was es zu finden gibt.

Das »Was-hab'-ich-falsch-gemacht-Syndrom«

Dieses Syndrom bringt Frauen in keinster Weise weiter! Wenn eine Frau, die ihre fünf Sinne beisammen hat, darüber nachdenkt, sagt sie sich: »He, Moment mal, ich hab' doch gar nichts falsch gemacht.« Man kann die Zeitspanne, die man sich an diese erste Reaktion klammert, geradezu als Maßstäbe dafür nehmen, wie klar unser Kopf ist. Aber keine Angst, wenn Sie vielleicht glauben, Sie hätten eine »Ich bin schuld«-Neurose. Die meisten Frauen legen sie erleichtert ab, sobald eine andere Frau, meist eine Freundin, die Sache in Frage stellt.

Hier ein paar typische Beispiele für die Schuldreaktionen der Frauen der achtziger Jahre. Sie können diese Liste sicher noch erweitern:

1. *»Ich stelle zu hohe Ansprüche.«*
Wenn ein Mann etwas will und Sie darum bittet, würden Sie ihm dann vorwerfen, er sei zu anspruchsvoll? Nein! Er ist ja ein selbstsicherer, starker Typ, der weiß, was er will.

Laura hat Angst, sie könnte schon zuviel verlangen, wenn sie Jason fragt, was er an den Abenden macht, die er nicht mit ihr verbringt. Von dieser Frage fühlt sich Jason »bedrängt«. Aber sie bedrängt ihn ja gar nicht, sie will ihm nur näher sein.

Jason ist ein Kind der fünfziger Jahre. Sein Vater war wie Henry ein überlasteter Mann im grauen Flanellanzug, der sich gegen Verantwortung auflehnte und Beziehungen aus dem Weg ging. Der moderne Mann möchte eine Frau um sich haben, wenn er es will, und sie wieder weg haben, wenn er genug hat – die Sehnsucht seines Vaters, auf deren Verwirklichung dieser aber kaum zu hoffen wagte.

In Wirklichkeit glaubt Laura gar nicht, sie würde Jason bedrängen. Sie waren in ihrer Beziehung auf der zweiten Stufe gewesen (festes Verhältnis), aber Laura war schon zur dritten Stufe, zur Monogamie, weitergegangen und hatte Jason hinter sich gelassen. Sie trifft sich mit keinem anderen Mann, ohne zu wissen, ob dasselbe für ihn gilt. Ein weiteres Problem: Jason haßt es, im voraus zu planen – auch wenn es nur für das nächste Wochenende ist. Laura redet sich ein, Jason möchte sich einfach nicht fest-legen, oder er habe zu viele andere Interessen. Aber manchmal kommen ihr doch Zweifel, ob er nicht nur Angst vor Nähe hat.

Dieser Gedanke erschreckt sie, und so versucht Laura manchmal, sich einzureden, Jason werfe ihr mit Recht vor, zu anspruchsvoll zu sein. Wenn sie ihm dann zu-stimmt, daß die Probleme in ihrer Beziehung auf einem Fehler von ihr beruhen, fühlt sie sich ihm näher. Wenig-stens sind sie sich dann einig, wer schuld ist! Aber dieses Gefühl der Nähe ist nie sehr beständig.

Laura muß erkennen, daß sie gegenwärtig nicht auf der-selben Stufe stehen. Jason ist wahrscheinlich noch nicht bereit, den Sprung in die Monogamie zu machen. Laura sollte realistisch sein und wieder daran denken, sich mit anderen Männern zu treffen, da es sinnlos für sie ist, mo-nogam zu sein, ohne zu wissen, ob er es auch ist. Aber sie kann trotzdem fordern, daß er Verabredungen mit ihr im voraus plant.

Was heißt eigentlich »zu anspruchsvoll«? Wenn eine Frau von einem Mann erwartet, er solle alles nach ihren Vorstellungen machen, dann fordert sie zu viel. Aber das ist, offen gesagt, höchst selten. »Ansprüche stellen« ist nach wie vor ein Vorrecht der Männer. Die Frauen werden zwar hartnäckiger, aber wenige fühlen sich wirklich wohl dabei, wenn sie Ansprüche stellen. Wir versuchen, Frauen zu helfen, die Haltung zu ihren Ansprüchen zu finden, bei der sie sich wohl fühlen.

Wie so viele unter uns »anspruchsvollen« Frauen stellt Nina (von der am Anfang dieses Kapitels die Rede war) große Erwartungen an Männer und Beziehungen. Sie ist gefühlsbetont und temperamentvoll und will von Jack viel Zuneigung, Zeit und Energie. Sie hat eine ziemlich genaue Vorstellung von einer leidenschaftlichen, engagierten Beziehung. Realistisch gesehen wird sie nicht alles bekommen können. Aber das Wichtigste ist, daß sie den Wunsch überhaupt spürt – sie ist lebenslustig und vital! Warum also sollte sie sich nicht eine gleichberechtigte, intensive und aufregende Beziehung wünschen? Was ist falsch daran, das alles zu wollen? Wir würden diesen Teil unseres Ichs nicht unterdrücken und würden auch Ihnen keinen solchen Rat geben.

Es ist völlig in Ordnung, um etwas zu bitten, etwas zu verlangen, sich einzusetzen für etwas, das man möchte. Nina will emotional von einer Beziehung doppelt soviel wie ihre Mutter. Die Kehrseite der Medaille ist, daß Nina mehr Enttäuschungen und Frustrationen erleben wird als jemand, der nicht soviel will. Trotzdem sollte sie es nicht unterdrücken.

Aber wenn Männer Frauen sagen, sie wären zu anspruchsvoll, bedeutet das meistens nur, daß die Frau mehr will, als der Mann zu geben bereit ist. Männer geben Frauen das Gefühl, sie wären zu anspruchsvoll, weil dies ein heikler Punkt für sie ist. Wieder ist es beim Mann die Angst vor Identitätsverlust. Je mehr er einer Frau geben soll, desto weniger hat er selbst (glaubt er zumindest). Nach unserer Erfahrung mit Paaren sagt ein Mann einer Frau, sie sei zu anspruchsvoll, wenn er ihr eigentlich bedeuten will, sie solle doch den Mund halten. Und es wirkt immer, es ist eine schnelle und einfache Art, eine Frau in die Knie zu zwingen. Und die Männer wissen das. »Ich möchte nicht, daß er glaubt, ich wäre verzweifelt oder nörglerisch«, denkt sich die Frau. »Ich halte wohl besser den Mund.« So kann der Mann erleichtert aufatmen, denn die Schuld ist von seinen Schultern genommen.

Jack hält Nina für zu anspruchsvoll, obwohl ihr Verlangen absolut legitim ist. »Wenn eine Frau mich um etwas bittet, erstarre ich zur Salzsäule«, erzählte er uns, als er mit Nina in die Praxis kam. »So bin ich eben.«

»Ziemlich verrückt, es immer als Anspruch auszulegen, wenn Nina um etwas bittet«, lautete unsere Antwort. »Sie werden ihr nie etwas geben, um das sie bittet, weil Ihre Reaktion immer sein wird: ›Geht nicht! Wenn sie mich um etwas bittet, kann ich's ihr nicht geben.‹ Und wenn sie den Mund hält, bekommt sie es erst recht nicht. Sie hat keine Chance.«

Jack wurde nachdenklich. »Ich weiß, daß es irgendwie komisch ist«, gestand er. »Kaum will sie etwas, will ich es ihr nicht geben. Es ist ja fast schon pervers.«

Es könnte sich herausstellen, daß Jack tatsächlich pervers genug ist, sich nicht ändern zu wollen. Aber es war auf jeden Fall schon ein gutes Zeichen, daß er schlucken konnte, was wir ihm zu sagen hatten, ohne es gleich kategorisch abzustreiten. Ein Mann wird nicht aufhören zu sagen: »Du stellst zu viele Ansprüche.« Wenn Sie einmal verheiratet sind, heißt das dann: »Du nörgelst immer an mir rum.« Ein Ehepaar wird zum Beispiel in einigen Punkten, wie Haushalt, Kochen und Einkaufen, Absprachen treffen. Es wird eine Menge Versprechungen geben. Dann hält er seinen Teil des Paktes nicht ein (er möchte einfach, daß Sie alles machen), und Sie erinnern ihn an die Abmachung. Und er erwidert: »Du hackst dauernd auf mir rum!« Wieder haben Sie keine Chance. Wenn Sie nichts sagen, bekommen Sie Magenschmerzen. Wenn Sie etwas sagen, kriegt er Zustände.

2. *»Ich bin zu aggressiv.«*

»Findest du nicht, du bist zu aggressiv?« wurde eine Frau von ihrer Freundin gefragt, nachdem sie und ihr Mann gestritten hatten. »Klar bin ich aggressiv. Na und?« erwiderte sie. Sie können diese Frau aggressiv, furchteinflößend, arrogant und herrschsüchtig schimpfen oder was Ihnen sonst noch an abschätzigen Bezeichnungen einfällt. Sie ist dennoch eine normale Frau mit einem gesunden Instinkt und Selbsterhaltungstrieb. Sie kämpft, wenn sie wütend ist.

Judys Freund Frank studiert tagsüber an einer Fachschule für Pharmazie und muß am Abend lernen. Bevor er schlafen geht, ruft er sie an. Für ihn ist es eine Belohnung, aber Judy braucht ihren Schlaf. Wenn sie mit Frank reden will, muß sie sich Streichhölzer unter die Lider klemmen. Sie wird allmählich sauer, denn er tut nur, was ihm paßt, obwohl sie auch den ganzen Tag schwer arbeiten muß. Aber sie sagt nichts, weil Frank so »sensibel« ist und sie ihm nicht weh tun will. Und wenn sie etwas sagte – würde er sie dann nicht penetrant finden?

Mit passivem Verhalten erreichen Sie nichts. Und außerdem ist es nicht Ihre Aufgabe, das Ego eines Mannes zu schützen. Judy, die in allen anderen Lebensbereichen stark und selbstbewußt ist, wird irgendwann in die Luft gehen. Bevor es zu spät ist – und solche Kleinigkeiten können sehr leicht das Faß zum Überlaufen bringen –, sollte sie Frank sagen: »Schau, diese nächtlichen Anrufe passen mir einfach nicht. Ich rede gerne mit dir, aber wir müssen uns auf eine bessere Zeit einigen.« Frank mag vielleicht sensibel sein, aber es wird ihn nicht gleich umhauen. Im Gegenteil – wenn man in einer Beziehung Bedingungen stellt, härtet es beide ab. Ein brauchbarer Mann wird ganz sicher die Herausforderung annehmen.

3. »Ich bin zu kratzbürstig.«

Als Nina Jack anschrie, reagierte er damit, sie eine Kratzbürste zu nennen. Das haute sie total von den Socken. Kommt es Ihnen auch manchmal so vor, als finde ein Mann mit fast unheimlicher Sicherheit Ihre empfindlichen Stellen heraus? Wir haben den gleichen Eindruck. Wenn man Ihnen sagt, Sie wären kratzbürstig, bekommen Sie das Gefühl, Sie seien mies und negativ und wahrscheinlich auch eine Männerfeindin. Auf jeden Fall wird damit unterschwellig angedeutet, Sie seien unweiblich. Weiß er, was er Ihnen antut? Nein, er versucht nur, sich zu verteidigen. Er sagt Ihnen so etwas nicht, um Ihnen das Rückgrat zu brechen. Er will nur selbst gerade dastehen.

Das Problem ist nicht Ihre Wut, sondern die Tatsache, daß Männer es hassen, wenn Sie wütend werden. Als Kind war ein Mann vielleicht verängstigt und verschreckt, wenn seine Mutter zornig wurde. Später erschüttert ihn dann eine wütende Frau bis in die Grundfesten seiner Welt. Eine Frau spürt wahrscheinlich unbewußt sein Bedürfnis, beruhigt zu werden, und sie wird instinktiv aufhören wollen, ihn aufzurütteln.

Bei unserer Arbeit mit Paaren stellen wir immer wieder fest, daß Frauen, wenn sie zu weinen beginnen, in Wirklichkeit wütend sind. Kaum fängt eine Frau zu weinen an, werden wir hellwach und vermuten, daß sie zornig ist. Wir sagen dann: »Sind Sie wirklich traurig? Wir glauben, daß es etwas anderes ist.« Und es funktioniert immer: Die Frau wird nun offen über ihre Wut reden – sie brauchte nur ein bißchen Unterstützung.

Wenn Nina auf Jack wütend ist, weil er sie emotional nicht unterstützt, indem er ihr nicht mehr gibt und nicht auf ihre Bedürfnisse eingeht, dann überkommt sie dieselbe Enttäuschung, die Millionen von Frauen empfinden. Ihre Wut ist gerechtfertigt. In unserer Gesellschaft dürfen Frauen weinen, aber nicht wütend werden. Was jede Frau mit gesunden Instinkten in Fahrt bringen sollte.

Führen Sie sich einfach mal vor Augen, wie oft Sie in den letzten Wochen traurig oder verletzt waren. In Wirklichkeit waren Sie wahrscheinlich wütend. In einer unserer Gruppentherapien erzählte Lynn, ihr Boss würde sich Provisionen zuschanzen, die eigentlich ihr zustanden. Aber sie hatte so große Angst, die Beherrschung zu verlieren und ein »streitsüchtiges Weib« genannt zu werden, daß sie es ihm lieber durchgehen ließ. Interessanterweise waren es die Männer, die sie drängten, ihn zur

Rede zu stellen. »Er betrügt dich, zeig ihn an!« Die Frauen dagegen versuchten, einen Weg zu finden, wie man es ihm »auf nette Art« sagen könnte.

Für Frauen sind Beziehungen äußerst wichtig. Dr. Carol Gillingen von der Harvard University entdeckte bei ihrer Forschungsarbeit mit Kindern, daß Mädchen ein Spiel unterbrechen, wenn sich persönliche Differenzen abzeichnen. Jungen dagegen hören zu spielen auf, wenn jemand die Regeln verletzt. Lynn ist immer noch das kleine Mädchen auf dem Spielplatz. Sie schützt die Beziehung zu ihrem Boss, anstatt sich zu wehren.

Unsere ganze Gruppe unterstützte sie in ihrer Wut (»Er war nie dein Freund«, sagten wir. »Er hat dich um dein Geld betrogen!«), und schließlich schrieb sie ihrem Boss einen deutlichen Brief. Wir feierten das mit einer Party für Lynn, denn mit ihrer gut gezielten, treffend ausgedrückten Wut hatte sie so ihr Ziel erreicht.

4. »Ich hab etwas Falsches gesagt im Bett . . . beim Essen . . . auf der Party . . . am Telefon . . .«

Etwas Falsches gesagt zu haben ist ganz bestimmt nicht der Grund für seine kalten Füße!

Als Nancy Bill bei einer Party kennenlernte, hing der Himmel voller Geigen. Er hatte an diesem Abend noch eine Verabredung, aber er schlug vor, sie könnten doch zusammen hingehen. Schon im Taxi zu Nancys Wohnung fielen sie übereinander her. »So etwas ist mir noch nie passiert«, stammelte sie zwischendrin. »Mir auch nicht«, sagte er ganz außer Atem, und gab ihr noch einen langen, leidenschaftlichen Kuß und versprach, sie am nächsten Tag anzurufen.

Sie hörte nie wieder etwas von ihm.

Sie hatte es vermasselt. Sie hatte ihn abgeschreckt oder etwas Falsches gesagt. Aber was? Er war doch Feuer und Flamme gewesen, genau wie sie.

Ein Mann lernt Sie kennen und findet alles wunderbar. Man fällt in einen überschwenglichen Freudentaumel, ist überwältigt von der Aussicht auf Genuß und Erfüllung. In Gedanken überspringen Sie vielleicht die verschiedenen Stufen einer Beziehung und sehen sich schon die Hochzeitseinladungen verschicken. Für Sie ist es ein Anfang, für ihn schon das Ende. Es sind so viele Gefühle auf ihn eingeprasselt, daß seine Angst, verschlungen zu werden, übermächtig wird und er sich abseilt. Diesen Mann nur als nichtsnutzig zu bezeichnen wäre stark untertrieben. Sein Leben besteht wahrscheinlich nur aus einer schnellen Nummer nach der anderen. Wir erleben immer wieder, daß weibliche Klienten in diese Situation geraten. Aber selbst wenn es Ihnen mehr als einmal passiert, ist es noch lange nicht Ihre Schuld.

Am Anfang ihrer Beziehung rief Don Deidre Montag abends an, um sich mit ihr für den folgenden Samstag zu verabreden. Dann kam er einmal erst Donnerstag dazu, sie anzurufen. In der nächsten Woche rief er überhaupt nicht an, und in der Woche darauf wartete er wieder bis Donnerstag. Deidre dachte, sie würde verrückt. »Stimmt irgend etwas nicht?« fragte sie. »Hab' ich etwas falsch gemacht?«

Don wollte das Gefühl haben, ihm stünden noch alle Möglichkeiten offen. Der Wunsch »Ich möchte sie anrufen« war zu »Ich muß sie anrufen«, also zur Routine geworden. Für den Mann mit kalten Füßen ist jede Routine, selbst eine, die ihm gefällt, nach einiger Zeit eine Last. Seine Angst vor Identitätsverlust, seine Angst, Teile seines Ichs aufzugeben, kam wieder durch. Wenn dieser Mann das Gefühl hat, er »müßte« oder »sollte« etwas für eine Frau tun, dann regt sich der Geist seines Vaters in ihm – jener Mann, der sein ganzes Leben lang der »Sklave« von Frau und Familie gewesen war. »Ich werde nie so werden wie mein Vater«, schwört er sich.

Und im Grunde genommen hält er es für sein gutes Recht. Zu den Zeiten von Dons Vater wurde eine »Bindung«, sprich Ehe, als der Einstieg des Mannes in das Leben der Erwachsenen gesehen. Heute kann ein Mann es als sein »gutes Recht« betrachten, unverheiratet, ohne Verpflichtungen und ungebunden zu bleiben, solange es ihm paßt. Nachdem das Leitbild vom Brötchenverdiener zum alten Zopf geworden ist, sehen wir nun, wie schwierig es geworden ist, eine neue Art der Bindung zu begründen und eine neue Art von Beziehung zu formen.

Don ist ein typisches Beispiel für den kurzfristig reizvollen Typ II. Er ist hin und her gerissen zwischen dem Wunsch nach Freiheit und dem Bedürfnis, Deidre möglichst nahe zu sein. Sie sollte genau beobachten, was er macht. Sie könnte versuchsweise zu ihm sagen: »Schön, dann ruf mich eben nicht an«, oder vorschlagen, man sollte sich abwechselnd anrufen. Kriegt er dann noch kältere Füße? Deidre macht es sich nur selbst schwer, wenn sie denkt, sie habe etwas »Falsches« gesagt oder getan. Sie sollte sich fragen: »Was sagt seine Reaktion über ihn aus? Warum hat er wegen des Anrufs am Montag so komisch reagiert?« Man kann Dons, Jacks und anderer Männer Ängste nicht über Nacht heilen, indem man das »Richtige« sagt. Sie hatten schon kalte Füße, bevor sie Deidre und Nina kennenlernten – dafür gibt es keine Wunderdroge. Aber es kann eine ungeheure Hilfe bedeuten, sein Verhalten kühl zu betrachten und sich selbst nicht immer die Schuld zu geben.

5. »Ich bin nicht sexy genug.«

Eve hat schwarze Haare, hohe Wangenknochen und volle, sinnliche Lippen. Sie könnte gar nicht schöner und begehrenswerter sein. Alle finden das, außer ihr Liebhaber Bill. Bills »Traumfrau« war dunkel, feurig und spanisch. Und mit Eve war er nur ein einziges Mal wirklich glücklich, nämlich als sie braungebrannt aus Florida zurückkam. Sie sagte: »Da war ich endlich so, wie er es wollte. Wenigstens, solange die Bräune anhielt.«

Bill fand, er müßte sich weiter umschauen, weil Eve nicht sexy genug war. Seine Eltern hatten ihn sehr verzogen. Für sie war er der Nabel der Welt. Folglich glaubte er natürlich, nur das Beste wäre für ihn gut genug. Schon am Anfang der Beziehung setzte Bill seine Spielregeln fest: Er wollte keine Bindung. Aber wie Eve so treffend sagte: »Er wollte lediglich alle Vorteile einer festen Beziehung. Ich sollte für ihn dasein und seine Bedürfnisse erfüllen.«

Für die Tatsache, daß ihre sexuellen Beziehungen nicht gerade umwerfend waren, gab Eve sich die Schuld. Sie war offensichtlich nicht sexy genug. »Es kam mir einfach nicht in den Sinn«, sagte sie, »daß er sexuelle Probleme haben könnte. Ich dachte immer, alles würde gut werden, wenn ich nur die richtige Figur und das richtige Gesicht hätte.«

Wir sagten Eve, daß in dem Moment, in dem sie das Gefühl habe, sie müßte ihre Figur oder so etwas verändern, bei ihr ein Warnlicht aufleuchten sollte. Wenn ein Mann glaubt, Sie wären nicht »richtig«, so wie Sie sind, dann ist etwas faul. Tatsache ist, daß es, selbst wenn Eve sich in Bills spanische Traumfrau verwandeln könnte, schiefgehen würde. Er hätte sich dann wahrscheinlich auf Blondinen verlegt. Für einen Mann mit kalten Füßen wird keine Frau je toll genug sein, denn, um es mit den Worten eines Mannes auszudrücken: »Um die Ecke wird immer eine noch schönere Frau warten.« Lassen Sie nicht zu, daß Sie sich wegen einer solchen Bemerkung zweitklassig vorkommen. Das Ganze ist nicht Ihr Problem. Aus ihm spricht die Angst, nicht der Sexualtrieb.

Bill war ein Mann vom Typ III, den man schon auf Kilometer riechen konnte. Mittlerweile hat Eve das auch erkannt. Aber damals hatte er bei ihr einen wunden Punkt, nämlich ihre Sexualität und ihr Äußeres, getroffen. Hier war sie verletzbar, und er wußte das. Eine Frau erzählte uns, ihr Liebhaber habe ihr gesagt, ihre Beine wären zu dick. »Der hat vielleicht Nerven!« sagten wir ihr. »Wie kann er so über Ihre Beine reden! Haben Sie ihm seine Fehler vorgeworfen?« Sie lachte und sagte: »Natürlich nicht.« Kritik an Ihrem Körper ist für einen Mann eine Möglichkeit, Sie runterzumachen und in den Griff zu kriegen. Er gibt Ihnen damit das Gefühl, minderwertig zu sein.

Manchmal kann man einen Mann durch einen Schock

dazu bringen, sein Verhalten zu ändern. Ein Mann sagte zu seiner Freundin, sie sollte sich die Brust vergrößern lassen. Sie erwiderte: »Schön, mach ich. Aber nur, wenn du dir deinen Penis vergrößern läßt.« Nachdem er den Schock überwunden hatte, sagte er ihr, ihm wäre klargeworden, daß er kein Recht habe, so etwas von ihr zu verlangen, wenn er nicht selbst bereit sei, sich unters Messer zu begeben.

Frauen sind unglaublich verletzbar und sensibel, was ihr Gesicht und ihren Körper betrifft. Und diesen wunden Punkt scheinen die Männer mit untrüglicher Sicherheit zu finden. Wenn Eve auf ihre Beziehung zu Bill zurückschaut, dann sieht sie, daß ihr Sexualleben deshalb so mies war, weil Sex für ihn gleich Bindung war. Wie Sie im vierten Kapitel sehen werden, kann das sexuelle Verhalten eines Mannes, gelinde ausgedrückt, bescheiden werden, sobald er Ihnen näherkommt. Da er sich seinen Bindungsängsten nicht stellen will, zieht er vielleicht über Ihren Busen oder Ihre Beine her, um ein Schlupfloch zu finden.

6. »*Ich erwarte zuviel.*«
Überlegen Sie einmal, was Sie von Ihren Freundinnen erwarten: Bestätigung, Unterstützung, Zuverlässigkeit, Nähe. Warum sollten Sie nicht von einem Mann dasselbe erwarten und sogar bekommen?

Wenn Oliver krank wird, sitzt Felicia mit Hühnersuppe und Aspirin an seinem Bett. Wenn er einen schlechten Tag in der Arbeit gehabt hat, läßt sie alles stehen und liegen, um ihm zuzuhören und ihn zu trösten. Wenn sie krank wird, muß sie froh sein, wenn er sie anruft. Sie ist immer für ihn da. Warum kann er nicht auch für sie dasein?

Soll man in einer Beziehung überhaupt Kompromisse machen? Wir glauben fest, daß es sinnvoll ist, einige Dinge aufzugeben. Zum Beispiel muß man nicht immer recht behalten. Wir beide können uns gut daran erinnern, wie wir in den ersten Jahren unserer Ehen wegen jeder Kleinigkeit auf die Barrikaden gingen. Jetzt überlegen wir uns besser, ob es einen Streit wert ist. Eine Frage, die wir uns häufig stellen, lautet: »Geht's auch ohne das?«

Felicia sollte nicht bereit sein, ohne die emotionale Unterstützung zu leben, die sie von Oliver verlangt. Wenn er sie ihr nicht geben kann, muß sie ihn vielleicht aufgeben. Wir stellen immer wieder fest, daß Kompromisse machen in einer Beziehung bedeutet, daß ein Mann seinen Willen durchsetzt. Frauen sind nicht mehr so sehr gezwungen, Kompromisse einzugehen, wie zu jener Zeit, als es der Lebensinhalt einer Frau war, zu heiraten. Wenn sie nicht zurücksteckte, mußte sie die erschreckende Möglichkeit in Betracht ziehen, daß niemand sie heiratet. Jetzt sind die Frauen stark genug, um in einer Ehe ihre Forderungen zu stellen, oder sie bleiben eben Single.

Wenn Sie in einer schlechten Beziehung Kompromisse machen, verachten Sie sich danach vielleicht selbst. Sie haben ja nicht mal die Hoffnung auf eine gute Beziehung, weil Sie in eine schlechte verwickelt sind. Die Frau von heute will nicht mehr auf Teufel komm raus einen Mann, sondern eine gute Beziehung. Viele populäre Ratgeber schreiben, daß Frauen die Männer nicht zu kritisch anschauen sollten. Setzen Sie die rosa Brille auf – und schon ist er gar nicht so schlecht. Wenn ein Mann nur ein bißchen lebendig ist, packen Sie schnell zu. Wen schert es schon, wenn Sie sich selbst total umkrempeln müssen, um ihn zu kriegen?

Wir raten Ihnen, die besagte rosa Brille schnellstens wegzuwerfen. Sie hat schon zu viele Frauen blind gemacht. Unserer Meinung nach liegen Welten zwischen der Beziehung zweier Menschen, in der für beide Seiten positive Lebensformen ausgehandelt werden, und einer Frau, die sich einredet, mit weniger zufrieden zu sein.

7. *»Ich bin zu gescheit.«*

Von Marlene wird erwartet, daß sie ihren Kopf im Büro läßt. Ihr Freund Dennis hört nicht gerne, daß sie ihr Boss in der Bank vor versammelter Mannschaft lobt. Er verträgt es nicht, wenn sie auf Parties seine Meinung anzweifelt. »Ich bin für Gleichberechtigung in Beziehungen«, sagt er ohne eine Spur von Ironie. »Aber Frauen müssen immer daran denken, wie zart das männliche Ego ist.« Frauen haben auch Egos. Was passiert mit Marlenes Ego, wenn sie es »um der Beziehung willen« unterdrückt?

»Ich freue mich über deine Beförderung. Aber wenn wir mit Freunden ausgehen, stehe ich schlecht da, wenn du darüber redest.« Wenn Sie sich so etwas immer wieder anhören müssen, streichen Sie den ersten Teil des Satzes ruhig durch. Er dient nur zur Beruhigung. Im zweiten Teil zeigt er seine wahren Gefühle.

Wollen Sie einen Mann, der verlangt, daß Sie weniger sind, als Sie sind? Wenn Sie heiraten und Kinder bekommen, möchte er dann vielleicht auch, daß Ihre Tochter ihre Talente unterdrückt? Offensichtlich fühlen sich viele Männer von den beruflichen Erfolgen ihrer Frauen bedroht. Der brauchbare Typ gibt das vielleicht zu – aber er wird das Problem seiner eigenen Unsicherheit zuschreiben, nicht Ihrem Verstand. Ein Typ, der nichts taugt, wird an Ihren Erfolgen herummäkeln. Aber brauchen Sie ihn wirklich, um Sie runterzumachen?

8. *»Ich bin keine richtige Frau.«*

Wenn Sie es wären, wüßten Sie, wo seine Socken sind. Sie würden ab und zu für ihn kochen. Sie würden ihm mit einem Jubelschrei die gesamte Hausarbeit abnehmen, obwohl sie den ganzen Tag hart arbeiten müssen. Sie würden versuchen, mehr als perfekt zu sein: tagsüber eine tüchtige, vielbeschäftigte Karrierefrau und in Ihrer »Freizeit« eine treusorgende, feminine Frau. Frauen mit beruflicher Karriere bekommen manchmal Angst, sie würden die feminine Seite ihrer Persönlichkeit opfern. Das macht sie angreifbar, und der Mann kann einmal mehr Druck ausüben.

Weiß er, wo Ihre Socken sind? Kocht er für Sie? Machen Sie die Hausarbeit lieber als er? Ein Mann will umsorgt sein – Sie aber auch. Viele Frauen schrecken davor zurück, die Rolle der treusorgenden Gefährtin aufzugeben. Sie befürchten, daß es dazu keine Alternative gibt und daß die Beziehung auseinandergehen könnte, wenn sie nicht mitspielen.

Nicht notwendigerweise. Rachel, eine vielbeschäftigte Werbeberaterin, ist mit Will verheiratet. Sie haben einen dreijährigen Sohn namens Jerry. Vor einiger Zeit bekam Rachel Depressionen und kam mit Will zu uns. Sie hatte Schuldgefühle, weil sie soviel Zeit in der Arbeit verbrachte und meinte, trotzdem eine perfekte Mutter und tolle Ehefrau sein zu müssen. Wir sagten ihnen, sie beide müßten Jerry gewisse Grenzen setzen. Ein Dreijähriger dürfe kein Tyrann sein. Und außerdem sollte Will seinen Anteil an der Hausarbeit übernehmen. Rachel versuchte, alles zu sein: wunderbare Mutter, ideale Ehefrau und beruflich erfolgreich. Das ist sie natürlich auch. Sie glaubt es nur selbst noch nicht ganz.

Rachel war sofort bereit, ihre Schuldgefühle für ihr Nichtperfektsein über Bord zu werfen. Nachdem sie mit Jerry strenger geworden war, legten sich ihre Depressionen, und nach einigen Monaten war die Therapie für das Paar abgeschlossen. Will lernte, daß die Verantwortung für die Erziehung des Kindes ebenso bei ihm wie bei Rachel lag, und das Paar konnte gemeinsam einiges ändern. Frauen brauchen für so etwas sehr viel Unterstützung, weil sie ständig mit Ratschlägen bombardiert werden, wie man noch besser allein mit beruflichen und Beziehungsproblemen fertig wird. In einem Artikel der *New York Times* stand, wie Frauen zu Hause und in der Arbeit Erfolg haben können. Mit keinem Wort wurde erwähnt, daß die Männer einen Teil der Hausarbeit übernehmen müßten. Die Rolle der Männer wurde einfach totgeschwiegen.

Warum sind es immer die Frauen, die alles tun müssen, wenn sie alles haben wollen? Rachel wollte eigentlich gar keinen Haushalt führen und Jerry allein erziehen. Sie hatte bloß Angst, eine »echte« Frau würde es so machen.

Zu den Zeiten ihrer Mutter machte eine perfekte Frau und Mutter alles, was Rachel tat – aber sie hatte nicht auch noch nebenher einen Beruf. Superfrau zu sein ist Superunsinn, solange Männer sich ihres Teils der Verantwortung entziehen.

Die meisten Frauen wissen sehr wohl, daß die Frage »Was hab' ich falsch gemacht?« falsch ist. Man hat uns gedrillt, brave kleine Mädchen zu sein, und so ist da immer dieses kleine Stimmchen, das uns ins Ohr flüstert: »Was habe ich falsch gemacht?« Nina hört ihre Mutter Susan. Sie hören Ihre Mutter. Unsere Aufgabe ist es, Nina und all den Frauen, die zu uns kommen oder unser Buch lesen, zu zeigen, daß diese Stimme nicht die Ihre ist. Um die Stimme Ihrer Mutter endgültig zu vertreiben, müssen Sie sich mit Gewalt losreißen. Die Frauen heute müssen sich tatsächlich viel stärker von ihren Müttern lösen, als das früher der Fall war.
Dieser Vorgang ist sehr schmerzhaft. Wenn Sie sonst kein Vorbild haben, bekommen Sie vielleicht das Gefühl, in einem Vakuum zu sein. Und deshalb brauchen Frauen, die viel von einer Beziehung erwarten, gute, tatkräftige Unterstützung, um zu fordern, zu tun und zu kriegen, was sie wollen. Wir sind nicht der Meinung, Therapeuten sollten sich neutral verhalten. Wir entwikkeln neue Methoden, mit denen wir Frauen helfen können, alte Muster zu durchbrechen und neue, bessere Beziehungen zu Männern zu haben. Wir fordern heraus, unterstützen, beraten und machen Vorschläge. Frauen brauchen für diese Übergangszeit Vorbilder, die ihnen helfen, die Kluft zu überwinden. Wir sind dabei nicht neutral und werden es auch nie sein.
Alleinstehende Frauen sind heute mit besonderen Problemen konfrontiert und stehen vor schwierigen Entscheidungen. »Ich möchte keinen Traumprinzen«, sagte eine unserer Klientinnen. »Ich möchte einen Mann, der mich auf allen Gebieten reizt – sexuell, intellektuell und emotional. Ich würde mich selbst verleugnen, wenn ich

mit einem Mann zusammen bin, den ich nicht respektiere. Dann bleibe ich lieber allein.« In dem Maße, in dem Frauen stärker und sachlicher werden, was Beziehungen angeht, nähern sich ihre Einstellungen denen vieler Männer: Heiraten heißt, zu viel aufgeben. Diese Haltung ist für Frauen sehr schwer, aber wir wünschen uns, daß Frauen das Beste wollen und sich nicht mit weniger zufriedengeben.

Nina kam mit Jack noch einmal zu uns. Bei dieser Sitzung erzählte sie, es wären die Kleinigkeiten, die ihr am meisten zu schaffen machten. Sie mußte immer noch Einladungen und die gemeinsamen Abendessen organisieren, und Jack weigerte sich, Dinge zu tun, die ihm nicht in den Kram paßten.

Jack seufzte. »Wenn du lächelst, bist du so süß, und ich schaue dich so gern an. Aber wenn du sauer bist, würde ich am liebsten davonrennen.«

Wir mußten alle bei dem Gedanken lachen, Jack sei nur in die Therapie gekommen, weil er insgeheim gehofft habe, Nina würde dadurch wieder die »süße kleine Frau«. Männer hassen es, wenn Frauen wütend werden, aber sie mögen auch keine Frauen, die auf sich herumtrampeln lassen! Frauen sollten selbstbewußt, unabhängig, erfolgreich sein – und süß (zu ihnen), und zwar von morgens bis abends. Jack war ein wandelnder Widerspruch. War ihm das überhaupt klar? Nicht ganz.

Nina erinnerte Jack daran, daß sie immer das Abendessen für ihn fertig hat, wenn er nach Überstunden bei ihr vorbeikommt. Aber als sie an einem großen Projekt gearbeitet hatte und jeden Abend todmüde nach Hause gekommen war, hatte er nicht einmal den kleinen Finger gerührt, um ihr zu helfen. »Verstehst du denn nicht«, sagte sie, »daß ich mir das auch wünsche von dir, wenn ich viel zu tun habe?«

Jack dachte nach. Sollten Frauen die ganze Alltagsarbeit in einer Beziehung machen? Er wußte, daß das unfair war, aber zuzugeben und zu akzeptieren, daß es nicht immer nach seinem Kopf gehen konnte, fiel ihm schwer.

Paare müssen sich in ihrer Beziehung aufeinander abstimmen, was für Jack neu war. Nina dagegen wußte, daß sie das wollte, war sich aber nicht sicher, wie sie es erreichen konnte.

Kurz darauf sagte Jack: »Wenn ich mit einer nicht so unabhängigen, anspruchsloseren Frau zusammen wäre, wäre alles viel einfacher – aber langweilig.«

Kurz vor Ende der Sitzung holte Jack tief Luft, als ob er zu einem Sprung ins kalte Wasser ansetzen wollte, und sagte: »Na schön, wenn du Überstunden machst, mache ich Abendessen.«

Nina lachte. »Es wäre toll, wenn du immer das Abendessen kochst.«

»Jetzt mach aber halblang!« protestierte er.

Und wir lachten alle, aber mit dem Gefühl, daß Jack begriffen hatte, ein bißchen Verantwortung könnte nicht schaden.

Das war ein guter Anfang.

Es gibt tatsächlich Männer, die die Herausforderung einer Frau annehmen können. In den nächsten Kapiteln werden wir uns mit den sexuellen und gesellschaftlichen Merkmalen des Mannes mit kalten Füßen befassen.

Wenn Sie sich einige der folgenden Fragen stellen, dann sind Sie wahrscheinlich ein Opfer des »Was-hab'-ich-falsch-gemacht-Syndroms«. Versuchen Sie, Ihre Beziehung noch einmal mit mehr Distanz zu sehen, und konzentrieren Sie sich dabei auf sein und Ihr Verhalten:

- Bin ich zu anspruchsvoll?
- Bin ich zu aggressiv?
- Bin ich zu kratzbürstig?
- Hab ich etwas Falsches gesagt im Bett... beim Essen... auf der Party... am Telefon?
- Bin ich nicht sexy genug?
- Erwarte ich zuviel?
- Bin ich zu gescheit?
- Bin ich eine »richtige« Frau?

4

Kalte Füße, heiße Frauen

John rutscht verlegen auf seinem Stuhl hin und her. »Ich bin mit einer wirklich tollen Frau zusammen«, sagt er und verstummt.

Dann fährt er fort: »Das Problem ist... Sex. Sie... sie schreit immer so im Bett.« Ein betretener Blick. »Ich mag das nicht«, fügt er hinzu.

»Das ist aber komisch«, sagen wir, »weil es sich so anhört, als würde sie wirklich gerne mit Ihnen schlafen.«

»Ja, vielleicht«, sagt er zögernd. »So habe ich das noch nicht gesehen. Na ja, hat mich ganz schön runtergeholt.«

John hatte sich eine Vorstellung zusammengebastelt, wie Frauen sich beim Sex »zu verhalten haben«. Wenn eine Frau nicht in seine Vorstellung paßte, fand er sie nicht mehr attraktiv und konnte es nicht mehr genießen, mit ihr zu schlafen.

John ist Unternehmer, und so kamen wir auf die Idee, an seinen Geschäftssinn zu appellieren. »Wenn Sie über ein Geschäft verhandeln, und Ihr erster Plan funktioniert nicht, ist das schon das Ende?« fragten wir. »Versuchen Sie dann nicht, eine andere Möglichkeit oder eine bessere Lösung für alle zu finden?«

Zuerst lachte John bloß, dann sagte er: »Natürlich, es gibt immer mehrere Möglichkeiten.«

»Wenn Sie es im Geschäft machen können«, sagten wir,

»dann können Sie es auch im Bett. Da gilt das genauso.«

Für den Fortgang der Geschichte gibt es zwei Möglichkeiten:

Das traurige Ende: Als John das nächste Mal zu uns kommt, spricht er wieder über Allison. Jetzt ist er abgeschreckt, weil sie sich angeblich bei einer Party zu sehr aufgespielt hat, als sie einer Gruppe von Leuten die Vor- und Nachteile ihres Jobs erklärte. Wir sagten John, er würde Allison wieder kritisieren, weil sie seinen Vorstellungen, wie eine Frau sein sollte, nicht entspreche. Dasselbe leidige Thema wie letzte Woche. John schaut uns verständnislos an und schüttelt den Kopf.

Das glückliche Ende: John hat sich alles durch den Kopf gehen lassen und hat sich für die Vorstellung sexueller Vielfalt erwärmt. Er versteht, daß Allison zwar nie seinen speziellen Vorstellungen von einer sexy Frau entsprechen wird, sie aber sexy auf ihre eigene Art ist. Die echte Allison erwies sich sogar als viel aufregender als seine Phantasie von einer ruhigen, gefügigen Frau, die im Bett und auf allen anderen Gebieten seinen Vorgaben folgt. Was ist schon eine Phantasievorstellung, verglichen mit einer richtigen Frau, die so leidenschaftlich reagiert? John kann dieser aggressiven, unabhängigen Frau ein gleichwertiger Partner sein – sexuell und auch sonst.

Ein Mann des brauchbaren Typs wird es mögen, wenn eine attraktive Frau ihm sagt, was sie mag und ihn wissen läßt, daß es ihr gefällt. Aber viele Männer werden – zumindest zuerst – erwarten, daß Frauen ihren privaten Phantasien entsprechen. Wir haben entdeckt, daß Männer mit ernsthaften Bindungsproblemen Frauen wollen, die Sex mögen (solange sie keine Ansprüche stellen) und sexuell aktiv sind (solange es in der Art ist, wie er es erwartet). Wenn eine Frau so reagiert, wie es *ihr* gefällt, dann zieht sich dieser Mann wahrscheinlich zurück. Wenn im Bett nicht alles so läuft, wie er sich das vorstellt, hat er das Gefühl, er verliere die Kontrolle. (Und seine Vorstellungen sind vielleicht genau das Gegenteil von Johns Wünschen. Er erwartet vielleicht, daß eine Frau sich im Bett die Seele aus dem Leib brüllt – »alle meine Frauen drehen im Bett total durch« – und ist enttäuscht, wenn sie es nicht tun.) Ein Mann erzählte uns, er hätte seine Freundin gebeten, doch seine Lieblingsphantasie mit ihm durchzuspielen. Aber es sei ein totaler Reinfall gewesen. Sie sollte mit schwarzen Strumpfhaltern und Strümpfen unter dem Mantel in seine Wohnung kommen und ihn verführen. Aber sie hatte sich einen schwarzen BH, einen Unterrock und auch noch einen Slip angezogen – was nicht zur Phantasie gehörte. Schon stimmte es nicht mehr. Als sie selbst etwas zu seiner Phantasie beitrug, hatte er nicht mehr die Kontrolle darüber, und alles zerplatzte wie eine Seifenblase. Er sagte, er könnte es nicht einmal ertragen, sie wiederzusehen.

Wenn eine Frau reagiert oder mitmacht, wie es ihr paßt, muß ein Mann einsehen, daß sie schließlich ein eigenständiger Mensch ist und daß das, was sie erleben werden, genauso ihre Sache ist wie seine. Wir möchten betonen: Die meisten Männer haben zwar einen Wunschtraum, aber einige, wie zum Beispiel John (der sich für das Happy-End entschieden hat) können ihn zugunsten der Realität aufgeben.

Im großen und ganzen fällt Männern eine solche Umstellung schwer. Die Psychoanalytikerin Dr. Ethel S. Person spricht dabei vom Mythos der allzeit verfügbaren Frau. In diesem männlichen Wunschtraum sind Frauen zum Sex bereit, wenn ein Mann nur mit dem Finger schnippt, und existieren nur, um Männer auf genau die Art zu befriedigen, die sie wollen. Dieser Mythos hat etwas mit Macht und Kontrolle zu tun. Als Junge ist ein Mann gegenüber seiner Mutter machtlos. Später dreht er mittels sexueller Wunschträume den Spieß um: Er ist mächtiger, er kontrolliert, was läuft.

Eine verheiratete Frau setzt sich jeden Abend ein Pessar ein, für den Fall, daß ihr Mann mit ihr schlafen möchte. Es gefällt ihm, daß sie immer bereit und verfügbar ist (auch wenn ihr gar nicht danach ist). Er hat das Sagen. Der Wunsch der Machtausübung ist ein Zwillingsbruder des Wunsches der ständigen Verfügbarkeit. Als Ethel S. Person Männer nach ihren sexuellen Wunschträumen fragte, entdeckte sie, daß erstaunlich viele davon träumen, eine Partnerin zu quälen oder sie zu zwingen, sich sexuellen Praktiken zu unterwerfen. Frauen sprachen praktisch nie von solchen Wunschträumen. Es existiert eine klare Verbindung zwischen sadistischen sexuellen Wunschträumen und Schwierigkeiten mit Nähe. Die Angst vor Nähe oder der Macht einer Frau erweckt in manchen Männern den Wunsch, Frauen zu beherrschen und zu unterwerfen.

Die Wünsche der Männer nach Macht und Kontrolle über Frauen reichen weit zurück. In den fünfziger Jahren beschwerten sich viele Männer, ihre Frauen wären frigide. Aber die Frauen hatten mit den Männern unbewußt einen Pakt geschlossen – wenn sie sich sexuell passiv verhielten, standen ihre Männer gut da. Ein Mann konnte sich beklagen, seine Frau würde »bloß daliegen«, und sich selbst als unersättliche Sexmaschine sehen. Fragte man ihn, was seine Frau tun könnte, um im Bett attraktiver zu werden, dachte er nur an sich selbst. »Mir einen blasen« war der häufigste Wunschtraum. In den fünfziger Jahren machten »brave Mädchen« so etwas nicht. Man wollte nicht einmal das Wort in den Mund nehmen. Nach der sexuellen Revolution machten »brave Mädchen« das, und, was noch wichtiger war, sie verlangten es auch von den Männern. Plötzlich war die Rede von mehr, als die Männer eigentlich wollten.

Sie hatten nicht damit gerechnet, daß Frauen, wenn sie anfangen, an Sex Gefallen zu finden, auch sexuelle Forderungen stellen könnten. Das wichtigste Ergebnis der sexuellen Revolution ist, daß Frauen eine bessere Einstellung zu ihrem Körper und zum Sex haben. Sie wissen, was sie mögen und was sie nicht mögen. Ein brauchbarer Typ genießt die Tatsache, daß er sich nicht den Kopf zerbrechen muß, wie eine Frau zum Orgasmus kommt. Er will und erwartet auch, daß sie es ihm sagt. Trotzdem haben viele Männer Probleme mit Frauen, die wissen, was sie mögen, und das auch verlangen. Und das sind jene, die mit Frauen als selbständigen Menschen nichts zu tun haben wollen. Für diese Männer sind sexuelle Ansprüche gleichbedeutend mit emotionalen Ansprüchen. Sie fühlen sich von den sexuellen Forderungen einer Frau an die Wand gedrückt.

Das traurigste Ergebnis dieser Entwicklung müssen wir uns ständig in unseren Sprechstunden anhören, nämlich, daß bei Männern mit kalten Füßen emotionale Nähe bedeutet, daß der Sex schlechter wird. Jetzt, nachdem Männer offensichtlich bekommen haben, was sie wollten – sexuell aktive Frauen –, jetzt ziehen sie sich zurück!

Ein Mann mag sich sexuell rar machen oder vielleicht sogar sadistisch werden. Das geschieht meist unbewußt. Er merkt gar nicht, daß er eine Frau hinhält und demütigt. Das Schlafzimmer wird zur Arena, in der ein Kampf um Macht und Kontrolle ausgetragen wird.

Ein Fall von Haßliebe

Mythos oder Tatsache: Männer mögen keine »sexuell aggressiven Frauen«. In Wahrheit hat der Mann mit kalten Füßen eine Art Haßliebe zu ihnen. Die Bezeichnung hat einen sehr negativen Beigeschmack: Eine aggressive Frau ist unnatürlich, unweiblich – sie macht zu viel Krach! Wenn eine Frau aggressiv ist, ist sie selbst schuld, wenn die Männer abgeschreckt werden. Zu uns kommen immer wieder Frauen, die man vielleicht als sexuell aggressiv abstempeln könnte, die wir aber als sexuell positiv bezeichnen würden. Es sind Frauen, die sexuell den ersten Schritt machen und die ohne Scham genießen.

Manche Frauen blühen sexuell auf, wenn sie mehrere Liebhaber haben. Wir haben jedoch festgestellt, daß für die meisten Frauen (insbesondere im Zeitalter von Aids) sexuelle Freiheit guten Sex in einer guten Beziehung bedeutet. Männer hingegen sehen sexuelle Freiheit als Gelegenheit, verschiedene Partner zu haben und ganz locker von einer Frau zur anderen zu wechseln.

Für Männer, die sich durch emotional und sexuell gefestigte Frauen bedroht fühlen, ist es leichter und weniger beängstigend, ein bewegliches Ziel zu sein als eine feste Zielscheibe. Gerade sexuell und emotional gefestigte Frauen bekommen oft das Gefühl, daß ein Mann sich überfordert fühlt, wenn sie zu gut im Bett sind.

Unserer Meinung nach sind viele Frauen von heute verwirrt und betroffen, weil sich da anscheinend ein männlicher Rückzug oder eine männliche Verweigerung abzeichnet. Wenn eine Frau einem Mann sagt, sie möchte mehr gestreichelt und geküßt werden, kann sich ein Mann vielleicht verweigern oder ihre Bitte ignorieren. Nehmen wir an, er war bisher immer offen und sinnlich im Bett. In letzter Zeit jedoch waren sie sich näher gekommen und öfter zusammen gewesen. Wenn sie jetzt im Bett etwas Besonderes will, hat er das Gefühl, sie versuche, »die Macht an sich zu reißen«. Und je enger die Beziehung wird, desto größer wird die Angst, sie würde in all seinen Lebensbereichen die Macht übernehmen. Er flüchtet vor ihrem Selbstbewußtsein und unterstellt ihr vielleicht, sie wäre »zu anspruchsvoll«, und wird möglicherweise versuchen, durch unpersönliches »Bumsen« Abstand zu schaffen.

Ein Mann, dessen Freundin gerade befördert worden ist und eine Gehaltserhöhung bekommen hat, durch die sie ihm beruflich erheblich überlegen ist, kann sie durch sexuelle Verweigerung bestrafen. Es ist sehr wahrscheinlich, daß er gar nicht merkt, was er tut. Ein Mann sagte zum Beispiel einer unserer weiblichen Klienten, sie wäre für ihn »nicht mittelmäßig genug«. »Ich brauche jemanden, mit dem ich mich nicht messen muß«, sagte er. »Ich brauche gar keine so tolle Frau.« Gleichzeitig wurde ihre sexuelle Beziehung unpersönlich und oberflächlich. Tatsache ist, daß heutzutage viele Frauen finanziell und beruflich sehr erfolgreich sind. Die Männer können sich nicht mehr länger darauf verlassen, daß sie »mittelmäßig« oder »gefügig« sind. In vielen Bereichen der Beziehung hat sich das Gleichgewicht der Kräfte verlagert – und einige Männer versuchen mit dem Druckmittel Sex verzweifelt, »verlorenen Boden« wiederzugewinnen.

Bei unserer ersten Sitzung deuteten Kate und Bill sexuelle Probleme an. Schließlich fragten wir direkt: »Wie ist Ihr Sexualleben?«

»Schrecklich!« sagte Kate sofort.

Und dann erzählte Bill ihre Geschichte. Sie hatten sich bei der Produktion eines Dokumentarfilms getroffen. Für Bill war es Liebe auf den ersten Blick gewesen. Sie war seine Traumfrau – klein, dunkel, voller Energie und brillanter Einfälle. Er mußte sie einfach kennenlernen. Auch Kate war interessiert. Ihr gefiel Bills ruhige, intensive Art, und sie hatte das Gefühl, wenn er sich mit einer Frau einlasse, dann meine er es ernst. Es entwickelte sich ein Verhältnis. Ein paar Monate später zog Bills Zimmergenosse aus, und sie beschlossen, zusammenzuziehen. Einen Monat später begann er, sich sexuell zurückzuziehen. »Ich wurde kalt, wenn sie heiß wurde«, sagte er. Er konnte Zuneigungsbezeugungen in der Öffentlichkeit plötzlich nicht mehr ertragen. »Dieses ekelhafte Herumgegrapsche« nannte er es, wenn Kate bloß Händchen halten wollte! Dann erzählte Kate weiter. Sie sagte, wenn sie dann höchst selten einmal miteinander schliefen, wäre es ein unpersönliches Herumgebumse gewesen, was sie verabscheute. Ihre Schlußfolgerung war: Wenn er sich so verhielt, mußte er sie ja wohl verabscheuen.

Nach einigen weiteren Sitzungen und nachdem wir festgestellt hatten, daß sich Bill nicht nur sexuell verweigerte, sondern praktisch überhaupt nicht mehr mit Kate redete und ständig allein mit seinen Freunden unterwegs war, schlugen wir vor, er solle ausziehen. Offensichtlich hatte das Paar viel zu schnell mit der fünften Stufe, dem Zusammenleben, begonnen, und Bill reagierte jetzt mit sexueller Verweigerung. Eine vorsichtige Rückkehr zur dritten Stufe (Monogamie) schien uns am vernünftigsten.

Beide schauten zuerst uns an, dann den Partner. Bill schluckte nervös, Kate zupfte an einer Haarsträhne. Offenbar wußten sie nicht, ob sie jetzt Angst oder Erleichterung empfinden sollten. Dann sagten wir ihnen, wir fänden, sie sollten sich weiterhin treffen. Aber die Kombination von emotioneller und sexueller Nähe habe Bill vermutlich überfordert. Er habe instinktiv versucht, sich durch sexuelle Verweigerung abzuschotten. Wir waren jedoch nicht der Meinung, er wolle Kate bewußt runtermachen oder habe endgültig die Lust verloren. »Ich bin da zu tief reingerutscht«, sagte er einmal und erhellte damit die Situation. Kate war die Frau, die er wollte, aber als er bekam, was er wollte, machte es ihm angst. Wir wollten abwarten, ob sich etwas besserte, sobald Bill mehr Freiraum hatte.

Aber Bill schüttelte den Kopf. »Nein, das kann ich nicht glauben«, sagte er. »Ich hab' noch nie sexuelle Probleme gehabt! Gut, ich glaube, ich bin tatsächlich zu früh eingezogen. Wenn mein Mitbewohner nicht ausgezogen wäre, hätte ich vielleicht gewartet. Könnte sein, daß Kate und ich verschiedene Zeitpläne haben.«

Wir hatten das Gefühl, Bill war ein Mann des II. Typs, der es schaffen könnte. Keine Spur von Verachtung, er liebte Kate wirklich. Jetzt fühlte er sich von der Tatsache erniedrigt, daß der Sex schlechter geworden war. Aber wir hatten das Gefühl, es könnte auch wieder besser werden. »Geben Sie dieser Beziehung ein bißchen Zeit und Raum«, sagten wir. »Schauen wir, was in den nächsten Monaten geschieht.«

Wie wir später hörten, ging Bill in der Nacht, in der er auszog, in einen Laden, kaufte Schlagsahne, und sie hatten den schönsten Sex seit Monaten. In den darauffolgenden Wochen waren Kate und er sehr deprimiert und traurig. Jedem fehlte der andere, und sie fanden es schwer, sich ein paar Tage lang nicht zu sehen. Aber ihre sexuelle Beziehung war weiterhin gut. Bill war zwar traurig, aber da er Kates Bett verlassen und in sein eigenes gehen konnte, wann er wollte, hatte er seinen gesicherten Freiraum und seine Abgrenzung. Solange Kate etwas entfernt und nicht ständig verfügbar war, bedrohte sie auch nicht sein wackliges Selbstbewußtsein.

Obenauf bleiben

Bis vor kurzem war Impotenz das einzige »sexuelle Problem«, das einen Mann bewegen konnte, in Therapie zu gehen. Jetzt entdecken wir bei unseren Klienten eine völlig neue Ebene sexueller Probleme. Sie betreffen nicht mehr so sehr die Art und Weise, wie Männer funktionieren oder was sie sexuell leisten, sondern beziehen sich mehr darauf, wie sie sich verhalten. Es geht um Macht und Kontrolle, wenn der Mann versucht, bei einer Frau, von der er sich sexuell angezogen fühlt, »obenauf« zu bleiben.

Als Charles, ein Fotograf um die dreißig, und Natascha, eine etwas jüngere Lehrerin, das erste Mal zu uns kamen, spürten wir sofort, daß ihre Probleme tiefer verwurzelt waren, als sie zu wissen schienen. »Als ich Natascha kennenlernte, war sie die Frau meiner Träume«, erzählte uns Charles in der ersten Sitzung. »Sie ist eine engagierte Frau, eine echte Freundin und sehr attraktiv.« Aber alles, was er uns anschließend schilderte, strafte seine Worte Lügen. Als sie das erste Mal miteinander schliefen, hatte Charles ein aufwendiges Verführungszenario aufgebaut: Abendessen, Wein, Kerzenlicht. Er sagte, er habe vorgehabt, Natascha zu »erobern«. Als sie ihm verkündete, sie wolle die Nacht mit ihm verbringen, war Charles enttäuscht und wütend gewesen. Warum? Weil sie ihm den Wind aus den Segeln genommen hatte und er sie nicht mehr erobern konnte. Wenn Natascha bereitwillig ihrer eigenen Verführung zustimmte, war die Spannung weg.

111

Nach dieser wenig glorreichen Premiere schraubte Charles seine Ansprüche an Natascha hoch. Sie sollte sich im Bett völlig passiv verhalten, damit er seine aggressivsten Phantasien ausleben konnte. Und wenn sie es je wagte, ihm zu sagen, was sie wollte, wurde er wütend. Natascha haßte diese Spielchen. Sie blieb nur bei Charles, weil sie sich ansonsten so gut ergänzten. Sie war eine sehr resolute Frau und brachte immer alles zu Ende, was sie einmal angefangen hatte. Sie war auch bereit, für diese Beziehung zu kämpfen. Aber sein sexuelles Verhalten war ihr ein Rätsel – in dieser verhängnisvollen ersten Nacht hatte sie schlicht und einfach geglaubt, er wäre »befreit« und mochte »aggressive« Frauen und wollte das, was sie unter einer gleichberechtigten sexuellen Beziehung verstand.

Charles sagte uns, er habe immer geglaubt, er wäre unfähig, eine gute Beziehung zu einer Frau zu haben. Er sei Isolation und Einsamkeit gewohnt. Als er jedoch Natascha, seine »Traumfrau«, kennenlernte, habe er sich selbst beweisen wollen, daß er zu einer Beziehung fähig sei. Aber er habe sofort versucht, den »Herrn im Haus« zu spielen – wenn er das nicht sein könnte, dann sei sie vielleicht eine Nummer zu groß für ihn.

Das war eine echte Sackgasse. Wir gaben den beiden die strikte Anweisung: keinen Sex, weil wir der Meinung waren, ein neuer Anfang sei nötig.

Die sexuellen Probleme von Charles waren aber so gravierend, daß sogar eine kurze Sexpause seine Ängste und Phantasien nicht mindern konnte. In ihrer Verzweiflung machte Natascha einen unbefriedigenden »Kompromiß«. Charles konnte sich, während sie miteinander schliefen, einen Porno auf Video anschauen. Das gab ihm genügend Abstand von Natascha, und er hatte nicht das Gefühl, sie würde ihn überwältigen und verschlingen.

Vielleicht denken Sie, es falle uns schwer, Mitgefühl mit einem Mann zu haben, dessen größter sexueller Wunschtraum es ist, die Frau, die er liebt, zu fesseln und

zu erniedrigen. Wir versuchen, uns in ihn hineinzuversetzen, indem wir uns vor Augen führen, was einen
Mann formt. Charles' Vater war ein unbelehrbarer Haus-
tyrann, der seine unterwürfige, von Platzangst geplagte
Frau herumscheuchte. Charles verabscheute seinen Vater wegen seines widerwärtigen Verhaltens, teilte aber
trotzdem dessen Verachtung für seine Mutter. Charles
lernte von seinem Vater, Männlichkeit sei gleichbedeutend mit rücksichtsloser Aggression gegen Frauen. Als
Erwachsener versuchte er, das Muster zu durchbrechen,
indem er sich eine Frau wie Natascha suchte, die als un-
abhängige Karrierefrau das krasse Gegenteil seiner Mutter war. Dann hatte er jedoch das Bedürfnis, Natascha
ebenso hilflos wie seine Mutter zu machen.

Charles' Ängste waren längst nicht auf das Schlafzimmer begrenzt. In Wahrheit hatte er Angst, ein Schwäch-
ling und von Natascha abhängig zu sein. Viele Männer
fürchten insgeheim, daß Frauen, die finanziell und beruflich erfolgreich sind, ihnen tatsächlich den Rang ablaufen können. Diese Angst gibt manchen Männern das
Gefühl, zu klein, zu schwach und zu unfähig zu sein. Sie
versuchen, sich selbst »Stärke« einzureden, aber diese
»Stärke« bleibt nur allzu durchsichtig. Tief in seinem In-
neren ist Charles völlig verängstigt.

Natascha mußte sich entscheiden, ob sie weiter für diese
Beziehung kämpfen wollte oder nicht. Wir wußten, daß
sie deswegen nachts nicht schlafen konnte. Sie kam mit
dunklen Ringen unter den Augen zur Therapie und
hatte abgenommen. Wir spürten, daß sie am liebsten
von uns eine Entscheidung hören wollte. Und dann rief
sie uns eines Tages mit tränenerstickter Stimme an und
fragte, was sie tun sollte. Wir erklärten ihr so schonend
wie möglich, daß wir das nicht sagen konnten. »Therapie hat den Zweck, Ihnen ausreichende Informationen
zu liefern, damit Sie Ihre eigene Entscheidung fällen
können. Wir glauben, Sie haben bereits alle nötigen Informationen.«

Sie legte nicht gleich auf, wohl weil sie noch mehr hören

wollte. Aber wir schwiegen, denn uns war klar, daß sie noch nicht bereit war, die Beziehung aufzugeben.

Sechs Monate später rief uns Natascha wieder an. Sie war nun selbst zu der Überzeugung gekommen, daß der Preis für die Beziehung totale Unterwerfung unter Charles wäre. Der Preis war ihr zu hoch, und sie verließ ihn.

Wir hoffen immer, daß eine Frau, wenn sie erst einmal die richtigen Informationen hat, einen Risikofall erkennen und so schnell wie möglich das Weite suchen kann. Das ist gerade in der heutigen Zeit wichtig, da das Bedürfnis eines Mannes, die Oberhand zu behalten, zur Frage von Leben und Tod werden kann: Es wäre äußerst gefährlich, zu vergessen, daß wir in einer Zeit leben, in der Sex den Tod bedeuten kann.

Da Jake sexuell sehr aktiv war, wollte Sara ihn bitten, Kondome zu benützen, wenn sie miteinander schliefen. Jake war außer sich. Nur Schwächlinge verwenden Kondome, sagte er. Und außerdem fand er es stimulierend, daß sie jederzeit schwanger werden konnte. Als Sara darauf bestand, sagte er, sie wolle ihn kastrieren. Das traf sie. Für einen Moment fragte sie sich, ob das der Fall sei. Nein, darauf würde sie nicht reinfallen. Er versuchte lediglich, ihr den Schwarzen Peter zuzuschieben.

An diesem Abend gab Sara Jake ein Kondom, sobald sie im Bett waren. Jake wandte sich ab und begann zu schlafen. Am nächsten Morgen bat er sie, ihm einen zu blasen, nur ganz kurz – und dann ejakulierte er plötzlich in ihren Mund. Voller Wut und Empörung mußte Sara feststellen, daß Jake jedes Mittel recht war, um kein Kondom benützen zu müssen. Noch schlimmer als die Angst vor Geschlechtskrankheiten war Jakes Weigerung, ihre Wünsche zu respektieren. Selbst wenn er der Meinung war, ihre Ängste seien völlig unbegründet, hatte er ihr doch gezeigt, daß nur sein Vergnügen für ihn wichtig war. Jake ist ein Mann des hoffnungslosen III. Typs – also Hände weg.

Im Zeitalter von Aids sollte jede Frau Kondome dabeiha-

114

ben, wenn sie mit einem Mann schlafen will, dessen sexuelle Gepflogenheiten und Abenteuer sie nicht kennt. Für die meisten Männer bedeutet sexuelle Freiheit mehrere Partner, es ist also für eine Frau lebenswichtig, realistisch zu sein. Ein neuer Liebhaber kann mit unzähligen Frauen geschlafen haben, und wenn Sie mit ihm schlafen, schlafen Sie in gewissem Sinn mit allen. Deshalb ist jeder Mann, der sich weigert, ein Kondom zu tragen, schlichtweg ein Typ, von dem man die Finger lassen sollte. Punktum. Entweder macht er es nicht, weil Sie ihn darum bitten (er findet Sie zu »anspruchsvoll« oder mag sich nicht »verpflichtet« fühlen, Ihnen einen Gefallen zu tun). Oder er glaubt, einem Mann wie ihm kann nichts passieren.

Für ihn bedeutet die Einwilligung, ein Kondom zu benutzen, Kapitulation im sexuellen Spiel. Für ihn ist Sex wirklich ein Spiel – ein Machtspiel. Viel wichtiger als Ihre Gesundheit ist für ihn, den Mythos seiner Stärke aufrechtzuerhalten. Man sollte auch nicht vergessen, daß viele Männer Aids mit Homosexualität in Verbindung bringen. Ihre Bitte um ein Kondom kann verborgene Ängste und Zweifel an seiner Männlichkeit auslösen. Wenn die Frage heißt: Ihr Leben oder sein Ego – dann ist die Antwort klar.

Die sexuelle Revolution ist für uns Frauen gelaufen – die Männer aber begreifen es erst jetzt allmählich. Und es wird nicht leicht sein. Für Männer bedeutet es, den alten Wunschtraum von der allzeit verfügbaren Frau aufzugeben. In den fünfziger Jahren war es nur eine Phantasie, und falls ein Mann sie überhaupt auslebte, dann mit einer »schlechten« Frau. Durch die sexuelle Revolution konnten die Söhne dieser Männer nach Lust und Laune diesen größten Wunschtraum der Männer voll ausleben. Ein Mann sagte: »In meinen Wunschträumen bin ich ein Zuhälter, um dessen Gunst Scharen toller Frauen buhlen.« Im wirklichen Leben ist dieser Mann glücklich verheiratet und immer treu! Ein anderer, glücklich verheirateter Mann der brauchbaren Kategorie, der gerne das

Rumbumsen gegen Sicherheit, Liebe und Beständigkeit eingetauscht hat, träumt immer noch mit Wehmut von den guten alten Zeiten und sagt: »Ich bin nicht auf eine bestimmte Frau scharf. Es ist nur die Vorstellung, ich könnte mit beliebig vielen Frauen jederzeit schlafen.« Aber mittlerweile gibt es immer mehr Frauen, die keine Lust auf »kurze Nummern« haben. Frauen haben die sexuelle Revolution hinter sich gelassen und stecken mitten in der Beziehungsrevolution. Das hat vielleicht nicht denselben Knalleffekt, aber es ist der nächste Schritt – und es gibt kein Zurück.

Das sexuelle Minenfeld

Beim Sex lösen sich individuelle Abgrenzungen auf. Der brauchbare Mann weiß, daß das nur auf Zeit ist. Andere Männer bekommen Angst. Glücklicherweise sind die meisten nicht so krankhaft ängstlich wie Charles oder Jake. Meist werden Sie mit ambivalenten Gefühlen zu kämpfen haben. Dagegen gibt es Mittel und Wege. Wir werden jetzt eine ganze Palette von Verhaltensweisen im Bett besprechen, damit Sie feststellen können, ob und wieviel Angst ein Mann vor Bindung hat.

Wenn ein Mann mit Ihnen schlafen will, Sie aber nicht mit ihm, versucht er Ihnen vielleicht einzureden, Ihr Sexualtrieb wäre »zu schwach«. Walter will jede Nacht Sex, und weil seine Frau Sally das nicht will, redet er ihr ein, ihr Sexualtrieb sei nicht normal (sie ist »nicht sexy genug«). Er meint, für ihn sei es gut, Spannung durch Sex abzubauen, und für Sally müßte das gleiche gelten.

Schließlich rebellierte Sally. Sie hatte sich »verpflichtet« gefühlt, mit ihm zu schlafen, und jetzt war es ihr manchmal sogar zuwider. Wutentbrannt sagte sie zu Walter, er könnte doch genausogut masturbieren.

Walter war überrascht: »Wäre es dir nicht lieber, wenn ich mit dir schlafe, statt zu masturbieren?«

»Nein«, sagte sie. »Nicht, wenn es so weitergeht wie bisher.«

Nach einiger Überlegung sah Walter ein, daß das, was für ihn so gut war, für Sally furchtbar war. »Na ja«, erwiderte er auf ihren Vorschlag. »Ich bin zwar nicht wild drauf, aber okay – wenn es sein muß.«

Sobald Sally der sexuellen Tretmühle entkommen war, bekam sie auch wieder Lust auf Sex. Sie wurde sogar selbst aktiv. Zum ersten Mal begannen sie beide, Körper und Empfindungen des anderen zu begreifen und zu schätzen. Ein brauchbarer Typ wie Walter kann der Meinung sein, Ihre Bedürfnisse wären mit seinen identisch. Er muß vermutlich auch erst einmal begreifen, daß Sie nicht verpflichtet sind, all seine Bedürfnisse zu erfüllen, und daß Sie nicht genau so empfinden wie er. Wenn Sie ihn aber damit konfrontieren, wird er wahrscheinlich erkennen, daß es da ein paar Unterschiede geben kann.

Im Gegensatz zu Walter wird ein echter Vertreter der nichtsnutzigen Spezies Sex zum Abbau seiner Spannungen benützen, ohne sich drum zu scheren, wie Sie empfinden. Er glaubt einfach, er habe ein Recht auf Sie, und versucht obendrein, Ihnen Schuldgefühle einzureden, wenn Sie nicht wollen. Er schaltet auf stur und will nicht darüber reden. Trotzdem sind viele Männer nach anfänglichem Sträuben bereit, darüber zu sprechen.

Heute, da Frauen sich offen zu ihrer Sexualität bekennen, kann ein Mann mit kalten Füßen sagen, sie sei zu anspruchsvoll. Sagen Sie einem Mann, Sie wollten mehr »Vorspiel«, und schauen Sie, was passiert. Mit den traurigen Ergebnissen einer solchen Bitte könnten wir Bücher füllen. Es kann passieren, daß Sie ihm sagen, Sie hätten gerne oralen Sex, und er will es nicht mal probieren, oder er möchte oralen Sex, räumt Ihnen aber nicht dasselbe Recht ein. Oft kriegen Männer auch Angst, wenn eine Frau eine neue Stellung im Bett vorschlägt. »Ich dachte, das hätten wir geregelt«, sagte ein Mann, als seine Freundin vorschlug, es doch mal im Stehen zu machen. Für diesen Mann ist es eine Bedrohung, neue

Arten sexueller Befriedigung auszuprobieren. Wenn Sie es vorschlagen, hat er Angst, die Oberhand zu verlieren. Er ist in Wirklichkeit gar nicht prüde; er hat nur Angst, verschlungen zu werden – zu viel Gutes mit einer Frau könnte zu viel Engagement nach sich ziehen.

Derselbe Mann wird sich vielleicht auch wehren, wenn Sie versuchen, seine Hand zu führen, um ihm zu zeigen, was Ihnen gefällt – wieder nur aus Angst. Wenn Sie ihm sagen, was er tun soll, fühlt er sich unterdrückt. Er kann sich auch weigern, mit Ihnen über Sex zu reden, oder Sie bezichtigen, die Stimmung »verdorben« zu haben, wenn Sie darüber reden wollen. Er wird schmollen und behaupten, Sie hätten alles »kaputtgemacht«. Anscheinend war alles ganz wunderbar, bis Sie den Mund aufgemacht haben.

Wenn Sie, wie die meisten Frauen, zumindest eine dieser Erfahrungen mit einem Mann gemacht haben, dann müssen Sie erst einmal erkennen, daß es sein Problem ist und nicht das Ihre. Zweitens sollten Sie ihn sich noch einmal sehr genau objektiv anschauen. Ist dieses spezielle sexuelle Verhalten typisch für ihn? Wenn Sie einen bestimmten Film anschauen oder chinesisch essen gehen wollen, weigert er sich dann nur deshalb, weil Sie es vorgeschlagen haben? Muß er immer seinen Willen durchsetzen? Wenn ja, dann ist für diesen Mann alles ein Machtkampf, und Sie müssen ihn eventuell als hoffnungslos abschreiben.

Aber auch die brauchbaren Männer haben ihre Schwierigkeiten mit Sex und Nähe. Die geschilderten Verhaltensformen müssen nicht automatisch bedeuten, daß einem Mann die rote Karte gezeigt wird. Ein Mann, der sich zuerst geweigert hatte, seine Frau oral zu befriedigen, weil er »den Geschmack nicht ausstehen konnte«, hat später gelernt, ihr die Schenkel zu küssen, während er ihre Klitoris mit den Fingern massierte, bis sie einen Orgasmus bekam. Für sie war das ein wunderbarer, liebevoller Kompromiß – er war bereit, ihr etwas Gutes zu tun. Bei einem anderen Paar wollte die Frau öfter Sex als ihr Mann. Zuerst scheute sie sich, ihn darum zu bitten – er würde vielleicht denken, sie wäre »zu anspruchsvoll«. Schließlich sagte sie ihm, sie fühle sich nicht ausreichend befriedigt. Zusammen entwickelten sie manuelle und orale Methoden, mit denen sie ohne Verkehr zum Orgasmus kam.

Sie sollten einem Mann immer klar und deutlich sagen, was Sie wollen. Sie können dadurch wichtige Dinge über ihn erfahren und Ihre Schlüsse daraus ziehen. Kann er mit Ihnen über Sex reden? Wird er wütend – und bleibt wütend –, wenn Sie versuchen, darüber zu reden? Oder kann er seine Wut überwinden, in sich gehen und den Ursprung seiner eigenen Ängste entdecken?

Ein Mann wird nicht aus freien Stücken eine Veränderung einleiten. Sie können versuchen, seine Ängste zu beschwichtigen oder Ihre eigenen Bedürfnisse zurückzuschrauben. Aber warum sollte ein Partner in einer Beziehung unglücklich sein? Und warum sollten das ausgerechnet Sie sein? Wenn Sie darauf bestehen, mit ihm über Sex zu sprechen, und ihn wissen lassen, was Sie wollen, dann wird er vielleicht doch einmal darauf eingehen.

Wie lange sollten Sie ihm Zeit geben? Das ist schwierig zu sagen, weil jeder Mensch unterschiedliche Reaktionszeiten hat. Erwarten Sie zum Beispiel nicht, daß ein Mann, der nicht einmal neue Stellungen ausprobieren will, sich über Nacht zum Tiger im Bett entwickelt. Aber wenn Sie, sagen wir, drei Monate lang alles versucht haben und er immer noch keine Fortschritte macht, dann vergessen Sie ihn besser. Wenn dagegen ein kleiner Fortschritt erkennbar ist, warten Sie ab und beobachten, ob es weiter aufwärts geht. Setzen Sie sich aber immer eine Frist.

Ein brauchbarer Mann wird das Bedürfnis haben, eine Frau zu stimulieren. Er wird bereitwillig neue Stellungen ausprobieren – ja sogar mit Wonne. Selbst wenn er zuerst einmal zögert (wahrscheinlich wird er ein bißchen verschüchtert sein), wird er Ihnen doch nicht vorwerfen, ihn unter Druck zu setzen oder aggressiv zu sein, wenn Sie Ihre Wünsche äußern.

Trotzdem ist die Vorstellung – oder Bedrohung, Sex und Nähe immer mit der gleichen Frau am gleichen Ort zur gleichen Zeit zu haben, selbst für die besten Männer manchmal Grund genug, sexuell auf Null zu kommen. Wenn sie Frauen kennenlernen, die sie sehr anziehend finden, verhalten sie sich oft so seltsam und merkwürdig, daß die Frauen die Flucht ergreifen. Ja, wir gehen sogar so weit zu behaupten, daß verliebte Männer so häufig ein bestimmtes sexuelles Verhalten an den Tag legen, daß man von einem Trend sprechen kann.

Paul, ein Handelsvertreter um die Dreißig, war bei Holly, einer Lehrerin Mitte Dreißig, eingezogen. Nach dem Umzug wurde Paul impotent. Zuerst versuchte er, Holly die Schuld zu geben. Sie war ein bißchen zu dick, und er sagte ihr, sie würde ihm besser gefallen, wenn sie ein paar Pfund abnehme. Aber im Grunde seines Herzens wußte Paul, daß seine Impotenz nicht Hollys Problem war. Er war sich seiner eigenen Ängste sehr wohl bewußt. Noch nie war er so eng mit einer Frau zusammen gewesen. Paul war früher Alkoholiker und schon seit einigen Jahren allein. Jetzt hatte er sich in eine warmherzige, liebevolle, intelligente Frau verliebt, die ihr Zuhause mit ihm teilen wollte. Paul war überwältigt: Indem er sexuelle Barrieren errichtete, versuchte er, seine persönlichen Grenzen abzustecken.

Zuerst war Holly am Boden zerstört, als Paul sie angriff. Ihr Übergewicht hatte ihr schon immer zu schaffen gemacht, aber sie sah sich trotzdem als attraktive Frau mit Sex-Appeal. Doch offensichtlich fühlte sich Paul nicht von ihr angezogen. Dann wurde sie sauer. Bis jetzt hatte er sie doch auch attraktiv gefunden! Wo lag also das Problem wirklich?

Inzwischen hatte Paul beschlossen, mit Holly über seine Ängste zu reden. Er habe nicht genügend Platz für sich in ihrer Wohnung, sagte er, und er fühle sich von ihren vielen Sachen bedrängt. Holly erklärte sich sofort bereit, ein Zimmer für ihn auszuräumen, in dem er machen konnte, was er wollte. Außerdem räumte sie ein paar Schränke für ihn aus. Dann gingen sie zusammen einige neue Möbel einkaufen, und allmählich fühlte Paul sich heimisch. Die Wohnung gehörte nicht mehr länger ihr allein, es war ihre gemeinsame Wohnung. Im Lauf der Zeit legte sich seine Impotenz.

Als Jim Roberta bei einer Dinnerparty kennenlernte, war es für ihn Liebe auf den ersten Blick. Er schämte sich, zu irgend jemandem davon zu sprechen, schon gar nicht zu Roberta. Schließlich war er vierundvierzig, geschieden und hatte zwei Kinder. Er war nicht mehr jung und ganz bestimmt nicht mehr romantisch, wenn er es überhaupt je gewesen war. Er war inzwischen eher ein Zyniker geworden. Seine Ehe war sehr schlecht gewesen, und danach hatte er nur ein paar belanglose Beziehungen gehabt. Doch Roberta, die über zehn Jahre jünger war als er, erweckte in ihm völlig neue Gefühle. Er stammelte wie ein Teenager, als er sie um ihre Telefonnummer bat, und war überrascht, als sie sich mit ihm verabredete.

Nach zwei Monaten trafen sie sich regelmäßig, und Jim war Feuer und Flamme. Aber er konnte sich nicht dazu durchringen, sich ihr sexuell zu nähern. Er hatte entsetzliche Angst, sie würde ihn auslachen oder ihn im Bett für einen Versager halten. Außerdem fand er, sie sollte den ersten Schritt tun. Er wollte sie keinesfalls bedrängen, wenn sie nicht mit ihm schlafen wollte. Also wartete er – der Verzweiflung nahe.

Schließlich sagte Roberta eines Abends beim Abendessen: »Jim, hast du eigentlich vor, mit mir auch mal ins Bett zu gehen?«

Jim reagierte mit einer Mischung aus Entzücken, Erleichterung und Scham – wie dumm war es doch gewesen, zu warten! Aber Gott sei Dank, jetzt hatte das Warten ein Ende. Trotzdem hatte er auf dem Weg zu Robertas Wohnung Schweißausbrüche, und sein Herz klopfte bis zum Hals. Wenn er je kalte Füße gehabt hatte, dann jetzt.

Er hatte immer noch Angst, als er im Bett war und Roberta in den Arm nahm. »O Gott«, dachte er verzweifelt, »was ist nur los mit mir?« In dieser Nacht war Jim tatsächlich impotent. Aber Roberta verhielt sich sehr gut – sie geriet nicht in Panik, lachte nicht, wurde nicht wütend und schickte ihn auch nicht fort. Sie küßte ihn und brachte ein bißchen Wein aus der Küche. Dann fanden sie zusammen einen anderen Weg, sich zu befriedigen. Nachdem sie ein paarmal miteinander im Bett gewesen waren, legte sich Jims Impotenz, und er wurde ein phantastischer Liebhaber.

Ein brauchbarer Mann wie Jim wird normalerweise nicht versuchen, eine Frau zu verführen oder zu erobern. Er wird sogar das Recht einer Frau respektieren, zu entscheiden, ob und wann man miteinander schläft. Für diesen Mann ist das Schlafzimmer kein Kampfplatz. Er ist selbstsicher genug, im Bett auch der Frau einmal die Regie zu überlassen. Wenn sich die erste Angst gelegt hat, verschwinden auch meist die sexuellen Probleme.

Etwa sechs Monate nachdem Bill aus Kates Wohnung ausgezogen war, kam er allein zu uns, um uns den neuesten Stand zu berichten. Er und Kate hatten gerade zusammen in Jamaika Urlaub gemacht. In den Monaten seit der Therapie waren sie viel zusammen gewesen, und die sexuellen Probleme, die sie zu uns geführt hatten, waren nicht mehr aufgetreten. Ganz im Gegenteil. Zu diesem Zeitpunkt war die dritte Stufe, also Monogamie, genau richtig für sie. Aber sobald sie in Jamaika waren, war alles wunderbar – außer Sex. Nachdem sie den ganzen Tag ohne ein Wölkchen am Gefühlshimmel zusammen waren, fiel Bill ins Bett und schlief tief und fest, bevor Kate fertig geduscht hatte. Er schlief beim Fernsehen

ein... oder wollte plötzlich allein am Strand spazieren-
gehen.

Nach ein paar Tagen fragte Kate, was denn los sei. »Wir
sind uns so nahe wie nie zuvor«, sagte sie. »Wir sollten
eigentlich gar nicht mehr aus dem Bett herauskommen.
Warum läuft es nicht?«

Zuerst wollte Bill nicht mal darüber nachdenken. »Ich
bin bloß müde«, sagte er. »Ich versuche, mich zu ent-
spannen und mich an die Hitze zu gewöhnen. Ich kann
nicht so einfach über Nacht abschalten.«

Doch nachdem wieder ein paar Tage ohne Sex vergangen waren, erinnerte sich Bill an das, was wir vor Monaten in der Therapie besprochen hatten: Je besser sie sich
verstanden, desto weniger hatte er Lust auf Sex. Sein
Problem war, »des Guten zuviel« zu bekommen. Er war
allein mit Kate auf dieser Insel und hatte keine Fluchtmöglichkeit aus dem gemeinsamen Doppelbett. Schon
allein der Gedanke daran machte ihm Angst. Er wollte
mit Kate schlafen, und hatte trotzdem das Bedürfnis, allein zu sein.

Dann fiel ihm plötzlich ein, was er als Kind empfunden
hatte, als seine Eltern sich scheiden ließen. Seit dieser
Zeit war ihm jede Nähe verdächtig. Würde er seine Beziehung mit Kate zerstören? Würde er zulassen, daß alte
Schreckensbilder sein jetziges Leben und seine Zukunft
gefährden? Bill war stolz darauf, sein Leben unter Kontrolle zu haben, zu tun und zu erreichen, was er wollte.
Die Vorstellung, daß andere Kräfte – hauptsächlich seine
eigene Angst – ihn beherrschten, machte ihm zu schaffen. Er beschloß, mit Kate darüber zu reden.

»Ich glaube, ich schlafe nicht nur ein, weil ich müde
bin«, sagte er zu ihr. »Ich glaube, da steckt mehr dahinter.«

Zuerst wollte Kate gar nicht zuhören. Sie deutete auf den
wunderbaren Sonnenuntergang, die Palmen, den weißen Strand und die Weinranken, die vom Spalier hin-
gen, und sagte: »Ich glaube, ich versteh' dich schon.
Aber du machst uns diesen tollen Urlaub kaputt!«

Bill sagte: »Ich hab' noch nie mit einer Frau zusammen Urlaub gemacht, und jetzt sind wir zusammen auf einer Insel. Ich kann nicht weg!« Sie lachten beide, und Bill hatte das Gefühl, daß die Mauer zwischen ihnen eingestürzt war.

»Du bist wirklich verrückt«, sagte Kate. »Und du hast genau vierundzwanzig Stunden Zeit, dich zu bessern!«

Als Bill sah, wie schön Kate im Abendlicht der Insel war, hatte er das Gefühl, vierundzwanzig Stunden wären mehr als genug.

Signale im Sexleben, die auf Bindungsprobleme hindeuten:

- Die Beziehung wird enger, aber der Sex wird schlechter.
- Er verliert das Interesse an Sex, nachdem man etwas beschlossen hatte, was die Beziehung vertieft hätte.
- Er fängt an, sein Verhalten im Bett zu ändern; war er vorher einfühlsam und sanft, will er nun »harten« Sex oder läßt sich durch harte Pornographie aufheizen.
- Er möchte, daß Sie völlig passiv im Bett sind, damit er seine Phantasien ausleben kann; wenn Sie selbst aktiv werden oder Vorschläge machen, »machen Sie alles kaputt«.
- Er weigert sich, ein Kondom zu benutzen, obwohl Sie Safe Sex praktizieren wollen.
- Er zeigt kein Interesse an jeglicher Art von Vorspiel und ignoriert Ihren Wunsch nach Küssen und Streicheln.
- Sie fahren gemeinsam in Urlaub, und je länger Sie zusammen sind, desto geringer wird sein Interesse an Sex, während Sie sich ihm näher denn je fühlen.

5

Kalte Füße erwärmen

»Wenn eine Frau mich um etwas bittet, erstarre ich zur Salzsäule...« – »Ich baue eine Mauer um mich auf, ich weiß auch nicht, warum...« – »Ich fühle mich nicht von ihr bedroht, aber ich hör' einfach nicht zu...« – »Wenn sie an mir rumnörgelt, schalte ich ab...«

Immer wieder hören wir solche und ähnliche Sätze in Therapiesitzungen, Arbeitsgruppen und Seminaren, bei Dinnerpartys und bei ganz normalen Unterhaltungen. Sie kommen von Männern, die Börsenmakler und Bankiers sind, Sextherapeuten, Künstler und Akademiker. Als wir mit unserer klinischen Arbeit anfingen, dachten wir, Angst vor Nähe sei ein Problem, das vielleicht einige wenige, geplagte Männer hätten. Tatsache ist jedoch, daß in unserer Gesellschaft alle Männer in einer engen Beziehung zu einer Frau Gefahr wittern, zumindest bis zu einem gewissen Grad. Bei den meisten ist Rückzug die erste, instinktive Reaktion.

»Nur einer kann das Sagen haben, und das muß ich sein!« – »Ich muß Herr im Haus sein.« – »Eine Frau kann im Beruf ruhig aggressiv sein, aber zu Hause läuft das nicht!« Genau wie jene, die sich zurückziehen, wittern auch diese Männer Gefahr. Sie reagieren mit Dominanzstreben oder Herrschsucht.

Wenn Männer sich in Beziehungen bedroht fühlen, ist ihnen selten bewußt, daß innere Angst dahintersteckt.

Sie glauben vielmehr, die Gefahr käme »von draußen«, von den Beziehungen zu Frauen. Die Psychologin Carol Gilligan fand heraus, daß für Männer und Frauen die Warnsignale zu verschiedenen Zeiten aufleuchten. Für Männer lauert die Gefahr in allem, was mit Nähe zu tun hat, während Frauen Unpersönlichkeit und Konkurrenz fürchten. Gilligan arbeitete mit einem Test, bei dem die Testperson Zeichnungen von vage angedeuteten zwischenmenschlichen Situationen interpretieren sollte. Aus der Interpretation dieser Bilder kann man die eigenen Probleme und Konflikte erkennen. Ein Mann mit unbewußter Angst vor Nähe wird eine schreckliche, gewalttätige Geschichte in das Bild eines Paares auf einer Parkbank projizieren. Bei Gilligans Tests hat rund ein Fünftel der achtundzwanzig befragten Männer genau das gemacht. Sie gebrauchten Ausdrücke wie »in die Falle geraten« und »erdrückende Beziehung«. Keine der fünfzig Frauen, die getestet wurden, schrieb über dieses Bild eine gewalttätige Geschichte.

Die Ursache für die Angst der Männer vor Nähe ist in der frühen Kindheit zu suchen. Selbst wenn ein Mann realisiert, wie irrational seine Angst vor Nähe ist und wie destruktiv er sich Frauen gegenüber verhält, mindert das nicht seine Angst. (Sein Verhalten kann sich allerdings ändern, wenn er sich bewußt macht, was er fühlt.) Es gibt ohne Zweifel eine verborgene Quelle von Urgefühlen, die ständig (und unbewußt) die Reaktionen von Männern auf Frauen und auf Nähe steuern.

Wir distanzieren uns von der Mehrzahl traditioneller Entwicklungsliteratur, die zu der Grundidee tendiert, daß Kastrationsangst der Hauptfaktor der Identität eines Mannes ist und daß die ödipale Phase, also die Zeit, in der er bewußt beginnt, sich in Vergleichen zu kleinen Mädchen als »anders« zu begreifen, das zentrale Ereignis seiner psychologischen Entwicklung ist. Nach der Ödipus-Theorie entwickelt sich die Männlichkeit beim dreijährigen Jungen durch die Liebesbeziehung zu seiner Mutter (das heißt, seine enge Beziehung zu ihr wird sexualisiert) und durch den Wettstreit mit seinem Vater um die Liebe seiner Mutter. Aber der kleine Junge hat schreckliche Angst vor dem Zorn seines Vaters, der ihm als Strafe für den Versuch, ihm die Mutter abspenstig zu machen, den Penis abschneiden könnte. Dieser Alptraum ist so schrecklich, daß der Junge sich lieber mit seinem Vater identifiziert, als mit ihm in Wettstreit zu treten. Gleichzeitig lehnt er jede Nähe zur Mutter ab. Traurigerweise hat damit ein Junge ab drei Jahren nur noch seinen Vater, mit dem er sich identifizieren kann, also wahrscheinlich eine Person, die ihm fernsteht.

Unserer Ansicht nach ist Ödipus jedoch noch eine Menge Erklärungen für jene Probleme schuldig, die Männer mit Nähe haben! Wir vermuten, daß dies nur ein Teil der Wahrheit ist und daß die Unterschiede zwischen Jungen und Mädchen viel früher anfangen und viel tiefer reichen.

Es gibt heute eine neue Generation von Theoretikern – in erster Linie Frauen, die eine objektbezogene Theorie zu Unterschieden zwischen Männern und Frauen entwikkeln. Ihre Namen sind noch nicht allzu bekannt. Was sie zu sagen haben, ist neu und aufregend, obwohl ihre Arbeit von konservativen Vertretern der Fachgebiete mit gemischen Gefühlen aufgenommen wird. Diese prägnant formulierten Thesen sind aus dem Feminismus entstanden und verbinden Kulturanalyse mit Psychologie. Was ist »männlich«? Was ist »weiblich«? Diese Theoretikerinnen haben einige neue Antworten parat.

Zusammen mit Carol Gilligan haben Nancy Chodorow, Lillian Rubin und Dorothy Dinnerstein die geschlechtlichen Unterschiede von der ödipalen Phase bis in die noch grauere Vorzeit der präverbalen – oder präödipalen – Phase der menschlichen Entwicklung zurückverfolgt. Das ist die Zeit zwischen der Geburt und dem dritten Lebensjahr, in denen die Welt nur aus chaotischen Empfindungen und vagen Urgefühlen besteht. Die Bedürfnisse sind primitiv, und je nachdem, ob sie erfüllt werden oder nicht, formt sich das Weltbild des Kindes.

Ob männlich oder weiblich, wir alle werden mit dem Verlangen nach Nähe geboren. Babys lieben es, gestreichelt und in den Arm genommen zu werden. Das Baby kennt nur das Paradies des Einsseins. In diesem symbiotischen Zustand hat es das Gefühl, es sei eins mit der Person, die es umarmt, füttert und liebt. Dann, mit etwa sechs Monaten, beginnt das Kind langsam, eine Welt außerhalb der Mutter zu erkennen. Es fängt an zu begreifen, daß es anders und nicht eins mit ihr ist. Das Baby entwickelt allmählich die Grenzen des eigenen Ego, was für seine Entwicklung zum Individuum unerläßlich ist.

In dieser präödipalen Phase verinnerlicht das Baby die Welt, indem es sie in Bilder auflöst. Das Kind macht sich von jeder wichtigen Person ein Bild und baut dieses Bild in seine persönliche Sichtweise ein. Auch beim Erwachsenen sind diese primitiven Bilder von Menschen – und die Gefühle – immer noch präsent. Wenn Sie ein Junge sind und eine Frau Ihre erste Bezugsperson ist, dann ist dieses Urerlebnis mit einer Frau der Dreh- und Angelpunkt Ihrer Reaktion auf alle Frauen.

Es galt immer als Selbstverständlichkeit, daß ein Kind, insbesondere ein Sohn, der sich während der ersten drei Jahre seines Lebens mit seiner Mutter gut vertragen hat, Aussicht auf eine glückliche und gesunde Zukunft hat. Logischerweise bringt eine gute Beziehung zu seiner Mutter einem Mann im späteren Leben viele Vorteile. Aber auf anderen Gebieten haben solche generellen Annahmen zu großen Verzerrungen geführt. Die traditionelle Literatur hat diesen Mutter-Kind-Pakt glorifiziert und idealisiert und daraus eine Madonnenphantasie perfekter Einheit gebastelt. Dieses Allerheiligste birgt jedoch eine Menge Gefahren für die Frau, weil sie damit die ganze Verantwortung trägt. Es gibt tausend und eine Möglichkeit für eine Frau, bei ihrem Kind etwas falsch zu machen. Und nachdem sie meistens die einzige an der Erziehung beteiligte Erwachsene ist, ist das Scheitern schon vorprogrammiert.

Und nicht nur die Mutter steht auf der Verliererseite. Selbst wenn die Mutter-Sohn-Beziehung so gut wie nur irgend möglich ist, sind die Aussichten für die Zukunft des Jungen trübe. Das schlimmste Einzelerlebnis im Leben der Männer von heute ist eigentlich ein Nicht-Erlebnis: die Nichtbeteiligung ihrer Väter an der Gestaltung ihres emotionalen Lebens. Und weil die Väter mit der Kindererziehung nichts zu tun haben, bleibt es den Frauen überlassen, die verhaßte und angebetete, allmächtige Bezugsperson zu sein, eine fast mythische Gestalt, die Liebe geben und verweigern kann. Der kleine Junge sieht seine Mutter mit Blitz und Donner, Macht und Herrschaft. Sie ist der erste Mensch, der »nein« sagt. Sie verlangt von ihm, auf den Topf zu gehen, befiehlt ihm, seine Erbsen aufzuessen, verlangt, daß er sich bei Tisch benimmt, eine Mütze aufsetzt, wenn es draußen kalt ist, und sie schickt ihn ins Bett, wenn er gar nicht will. Sie unterdrückt ihn! Der Junge vergißt nie, daß es eine Frau war, die ihm das angetan hat. So läßt sich leicht erklären, warum so viele Männer glauben, sie müßten Frauen beherrschen. Bei ihren ersten Erfahrungen hat sie eine Frau beherrscht. Und wenn er nicht aufpaßt, wird er wieder zum Baby werden.

Ein Mann, der als Erwachsener das Bedürfnis hat, Frauen zu beherrschen, spielt unbewußt noch einmal die Zeit durch, in der seine Mutter stark war und er nicht. Ein Mann der III. Kategorie, der das Bedürfnis hat, Sie zu unterwerfen, spielt seine Beziehung mit seiner Mutter noch einmal durch. Nur, diesmal ist er der größere, stärkere Spieler. Der II. Typ reagiert, indem er eifersüchtig über seine Freiheit wacht. Der brauchbare Mann wünscht sich möglicherweise eine Beziehung nach seinen Vorstellungen. Aber sobald eine Frau das in Frage stellt, wird er nach einiger Zeit einsehen, daß sie nicht nur existiert, um ihm zu dienen.

Margaret Mahler, eine Expertin auf dem Gebiet des Trennungsprozesses zwischen Müttern und Kindern, beschreibt eine schmerzhafte Phase im Leben eines kleinen Kindes, die sie Wiederannäherung nennt. Das Kind ist in dieser Phase zwischen achtzehn und vierundzwanzig Monaten alt. In dieser Zeit beginnt das männliche Kind, sich von der Mutter zu lösen und in die Welt hinauszugehen. Immer wieder geht es los und kommt zurück, um sich etwas »Gutes« zu holen – die gewohnte, selige Nähe zur Mutter. Dann reißt es sich wieder los, aus Angst, sich selbst zu verlieren. Sobald es genügend »Abstand« hat, bringt ihn die Angst, ohne seine Mutter sein zu müssen, wieder zu ihr zurück, um »aufzutanken«. Dieses Pendeln – Ankuscheln und Weglaufen – geht so lange, bis er sich allein sicher und gefestigt fühlt.

Inzwischen wird sich der Junge seiner Genitalien bewußt und fängt an, sich selbst als Mann zu sehen. Unglücklicherweise ist die erste Person, von der er sich trennt, die Mutter (Frau) und nicht die Bezugsperson als solche (Mann oder Frau). Deshalb ist die ganze Vorstellung eines Jungen von Männlichkeit darauf konzentriert, nicht so zu sein wie sie. Nähe und Wärme sind nur mit ihr verbunden, der Frau. Deshalb muß er, um ein eigenständiges Individuum und ein Mann zu werden, nicht nur seine Mutter ablehnen, sondern auch die Nähe zu ihr.

Die gleiche Erfahrung tut Mädchen nicht so weh – sie können ihrer Mutter sehr nahestehen, selbst wenn sie im Begriff sind, sich zu trennen und eine geschlechtliche Identität zu entwickeln. Eine erwachsene Frau kann in einer Beziehung meist mühelos geben und nehmen, während ein Mann eher dazu neigt, nehmen zu wollen, ohne etwas dafür zu geben. Einer der Gründe, warum so viele Männer von Frauen umsorgt sein wollen, ist, daß sie sich unbewußt zu der Zeit völliger Unbekümmertheit zurücksehnen.

Jungs haben es leichter, aber auch schwerer als Mädchen, sich von ihren Müttern zu trennen. Es ist leichter, weil der geschlechtliche Unterschied ein sichtbarer, greifbarer Beweis für die Eigenständigkeit von Mutter und Sohn ist. Und es ist schwerer, weil Jungs ihre Mütter »aufgeben« müssen, um ihre männliche Identität zu festigen, und auch, weil die Eigenständigkeit vorangetrieben wird, da der Junge andere Genitalien als seine Mutter hat, was aber ein »falscher« Grund ist, sich zu trennen. Wenn beide Eltern entscheidend wären, würde ein Junge sich trotzdem trennen müssen, um sich zu entwickeln. Aber er wäre nicht gezwungen, Frauen und Nähe abzulehnen, um das zu erreichen.

Es ist fast wie ein früher Tod. Teile der Psyche eines Jungen können dabei abgetötet, verstümmelt oder schwer geschädigt werden. Er wächst vielleicht zu einem Mann heran, aber nicht zu einem ganzen Menschen, der die Fähigkeit hat, Liebe zu geben und zu nehmen. Wie brauchbar ein Mann als Erwachsener auch ist, er kann trotzdem noch das Gefühl haben, durch die Nähe zu einer Frau Teile seines Ichs zu verlieren.

Phil, einer unserer Klienten, erzählte uns von einem seltsamen, traumähnlichen Erlebnis, das er eines Abends hatte, als er mit seiner Freundin Regina im Theater war. Vor der Vorstellung wollte Phil sich mit seinen Freunden im Foyer unterhalten. Regina hatte einen harten Tag im Büro hinter sich und wollte ein paar Minuten im ruhigen, weniger belebten Eingang des Theaters bleiben. Als Phil in den Eingangsraum schaute, wo Regina saß und auf ihn wartete, fiel ihm plötzlich auf, wie dunkel der Raum war, und er hatte das Gefühl, er würde ersticken, wenn er da hineinging.

Als wir mit Phil einen Assoziationstest mit dem Bild des Vorraums machten, sprach er von einem Gefühl des »Ersticktwerdens« und der »Einkreisung«. Er glaubte, dieser dunkle, enge Ort würde ihn unaufhaltsam einsaugen, und wenn er nachgäbe, würde er ausgelöscht werden. Als Phil uns das erzählte, lachte er – ein Teil von ihm weiß, daß ein Theaterfoyer gar nicht so erschreckend sein kann –, und er begriff, daß es eigentlich ein Ausdruck seiner Angst vor der engen Beziehung mit Regina war. Phil weiß, was mit ihm los ist. Nur lassen sich Gefühle von früher nicht so leicht abstellen. Für Phil war die Nähe zu Regina der Auslöser für Erinnerungen an seine frühere angstbeladene und glückselige Einheit mit seiner Mutter.

Phils Erlebnis ist typisch männlich und gar nicht ungewöhnlich. Es ist auch kein Zeichen seiner Unfähigkeit, jemandem nahe zu sein. Er kann sich selbst ganz gut einschätzen und hat sein Verhalten im Griff. Für viele Männer ist es nicht leicht, über Gefühle zu reden, die sie als Dreijährige hatten. Ein Mann kann Ihnen wiederholt nahekommen und aus Ihrem Leben wieder verschwinden. Er gibt Ihnen die Schuld an seinem Verhalten. »Du bist zu anspruchsvoll« oder »Du bist nicht sexy genug« werden zu »Gründen« für sein Verhalten. Manche Männer sind auf diesem Kurs so festgefahren, daß sie es gar nicht anders sehen können, und sie werden sich auch nicht ändern. Diese Männer tragen ihre Konflikte nach außen, sie suchen die Schuld bei anderen. Phil hingegen schiebt die Schuld nicht auf Regina – sein Problem kann gelöst werden.

Ein Mann kann seine starken Gefühle aus der Kindheit einsetzen, um sein Leben zu ändern. Art wollte schon lange mit Emily Schluß machen. Er versuchte es einige Male, kehrte aber immer wieder zu ihr zurück. Kurz darauf hatte er erneut das Gefühl, verschlungen zu werden, und riß sich wieder los. Er sprach mit uns über dieses masochistische Verhaltensmuster und machte sich schließlich daran, endgültig Schluß zu machen. Aber er wollte sich verantwortungsbewußt verhalten und sichergehen, daß beide emotional und finanziell auf die Trennung vorbereitet waren. Das Paar bestimmte gemeinsam ein Datum, und Art zog aus.

Danach ging er nach Hause, um seine Mutter zu besuchen. Nach diesem Besuch hatte er das erste Mal in seinem Leben nicht das Gefühl, die Erwartungen und Forderungen seiner Mutter hätten absolute Macht über ihn. Bis jetzt hatte er immer versucht, ihr zu gefallen und nachzugeben. Nur wenn er viele hundert Meilen von ihr entfernt war, konnte er von dem Gefühl loskommen, von ihr verschlungen zu werden.

Wenn Art mit Emily zusammen war, war Nähe gleich Falle. Als Kind hatte er die Grenzen seines Ego nie genau definiert, die Folge war, daß er keine enge Beziehung ertragen konnte und noch die langen Schatten seiner Kindheit spürte. Wir unterstützten ihn bei dem Vorsatz, keine Beziehung einzugehen, bis er nicht einige Zeit allein gelebt hatte. Nachdem er in eine eigene Wohnung eingezogen war, begriff er, daß die Trennung von Emily in Wirklichkeit eine Trennung von seiner Mutter war. Art ist ein Mann der II. Kategorie, der vielleicht den Absprung schafft. Er verhält sich verantwortungsbewußt, selbst wenn es ihm bei dem Gedanken an Nähe heiß und kalt über den Rücken läuft. Er spricht über seine Gefühle und hört sich deshalb vielleicht »seltsamer« an als andere Männer. In Wirklichkeit sind seine Gefühle normal und für Männer ganz typisch.

Die Gesellschaft sagt den Männern, daß man, um männlich zu sein, seine Mutter verlassen muß – und zwar im Alter von drei Jahren – und nie wieder zurückschauen darf. Aber in der Pubertät, wenn die Persönlichkeit noch formbar ist, geraten Trennung und männliche Identität noch einmal ins Scheinwerferlicht. Es scheint fast, als hätte ein Junge eine zweite Chance, die alten Probleme zu lösen. Aber bei vielen Männern hat die Gesellschaft das letzte Wort. Zu diesem Zeitpunkt sind Jungen und Mädchen schon in zwei rigoros getrennte Lager gespalten. An diesem Punkt im Leben eines Jungen zeigt der Vater vielleicht großes Interesse an der Männlichkeit des Jungen (er sieht den Jungen als Spiegelbild seiner selbst) und drängt die Mutter noch weiter in den Hintergrund. Der Junge identifiziert sich sehr stark mit seinem Vater. Der vom Vorbild geprägte Drang des Jungen, aggressiv und beherrschend und vor allem anders als Frauen zu sein, erhält seinen letzten Schliff.

Glücklicherweise gibt es Abstufungen. Nicht jeder Junge will der größte Macho im Viertel sein. William, ein brauchbarer Mann, über den wir im ersten Kapitel schrieben, erzählte uns, wie er als Heranwachsender noch einmal ein Wiedererwachen seiner alten starken Beziehung zu seiner Mutter erlebte. Sogar seine Stimme wurde herzlich und humorvoll, als er von ihr redete. Seine Mutter wußte, daß er in seinem Schlafzimmer Marihuana rauchte. Sie konfrontierte ihn direkt damit, ohne ihn zu tadeln. »Ich fand, sie war toll drauf«, sagte er. »Sie war kein braves Hausmütterchen. Sie fand das, was ich tat, nicht gut, aber sie behandelte mich wie einen Erwachsenen, der seine eigenen Entscheidungen treffen konnte.« An diesem Punkt kamen sich die beiden so nahe wie schon seit Jahren nicht – sie waren nicht unbedingt Vertraute, aber beide waren an den Werten, Einsichten und Vorstellungen des anderen interessiert und respektierten diese auch. William ist fähig, Frauen zu lieben und zu respektieren. Viele andere Männer können das vielleicht auch, aber wahrscheinlich ist dies immer noch ein unerschlossenes Potential.

Wir haben großen Respekt vor einigen unserer Klienten, die als junge Erwachsene die Fähigkeit hatten, ihrer Mutter sehr nahe zu stehen. Aber ein Mann muß sich innerlich gefestigt fühlen, um seiner Mutter (und anderen Frauen) gleichzeitig nahe zu sein und sich trennen zu können. Es ist wie Laufen und dabei einen Ball jonglieren – es erfordert ein gewisses Maß an Koordination. Seiner Mutter oder einer anderen Frau nahezukommen kann einen Mann immer aus dem Gleichgewicht bringen. Frauen können besser auf dem normalen Grat zwischen Getrenntsein und Verbundenheit balancieren, weil wir uns nie so gewaltsam von unseren Müttern losreißen mußten. Wir können wir selbst sein und gleichzeitig die Nähe zu einem anderen Menschen genießen.

Der Mann der Zukunft

Nancy Chodorow und Dorothy Dinnerstein zufolge sind
die Probleme von Männern mit Nähe zu anderen Menschen am leichtesten zu heilen, indem man die alten ge-
schlechtsbestimmten Elternrollen über Bord wirft, die
verherrlichte Zweierbeziehung zwischen Mutter und
Kind stürmt und den Vater mit ins Spiel bringt. Der Psychoanalytiker James Herzog von der Harvard University
schreibt über die psychologische Wirkung des physisch
abwesenden Vaters für junge Kinder. Das daraus resul-
tierende Phänomen nannte Herzog »Vaterhunger«. Andere Forscher gingen noch einen Schritt weiter und
schrieben über die Folgen physisch zwar anwesender,
aber psychologisch abwesender Väter. Dabei entdeckten
sie, daß die Söhne dieser Männer sehr große Schwierigkeiten haben, Beziehungen einzugehen. Für uns ist klar,
daß ein Junge Nähe zu einem anderen Menschen nicht
ablehnen müßte, um ein Mann zu werden, wenn Vater
und Mutter gleichberechtigt an der Entwicklung des
Kindes beteiligt gewesen wären. Er hätte seinen Vater
als Vorbild, einen, der weiß, wie man Nähe leben kann.
Und schließlich könnte auch die Mutter von ihrem Sok-
kel heruntersteigen, auf dem sie durch die Verehrung –
und Angst – ihres Sohnes gekommen ist.
Wir glauben, es ist Aufgabe der heutigen Generation
von Männern, ihre Söhne anders zu erziehen. Viele
Männer, die sich ihres eigenen frühen Verlustes bewußt
sind, möchten ihren Söhnen geben, was sie niemals hatten. Aber weil diese Männer selbst nur zaghafte Versuche mit Nähe gemacht haben, können die besten Vor-
sätze scheitern. Plötzlich scheut ein Mann vor Eltern-
schaft – der vielleicht längsten und rigorosesten Form
von Nähe – zurück, genauso, wie er vor einer engen
Beziehung zu einer Frau zurückscheut. Stellen Sie sich
vor, was für eine schöne neue Welt sich uns auftun
könnte, wenn Männer diesen Gedanken akzeptieren
würden. Jungen würden lernen, daß es normal und

nicht gefährlich ist, anderen Leuten nahezustehen und ihre Bedürfnisse zu spüren. Jungen würden zu Männern heranwachsen, die nicht voraussetzen, daß Frauen nur für sie leben, und sie würden wissen, daß eine Beziehung von zwei Leuten gestaltet werden muß. Diese Männer hätten auch nicht das Bedürfnis, Frauen zu unterwerfen, zu beherrschen oder sich von ihnen abzuschotten; Nähe und Gleichberechtigung ist dann nicht mehr gleich »Kapitulation«. Es scheint, als sei inzwischen tatsächlich einiges im Umbruch: Es gibt Väter, die sich von der Arbeit beurlauben lassen, um für ihre Kinder zu sorgen, was vor fünf oder zehn Jahren noch undenkbar gewesen ist. Einige Arbeitgeber folgen diesem Trend, der es den Männern erlaubt, sich nach Geburt oder Adoption eines Kindes freizunehmen. Es sind dies nur die allerersten Anfänge einer bemerkenswerten Entwicklung.

Die Männer verändern sich langsam. Aber für Sie zählt vielleicht, daß Sie heute frustriert und ohne Hoffnung sind. Männer sind verschreckter denn je, weil Frauen immer stärker und selbstbewußter werden. Zum ersten Mal wird von Männern eine emotionale Gegenleistung erwartet. Aber das ist die letzte Generation Männer, für die es gesellschaftlich akzeptabel war, von der Mutter allein erzogen zu werden, während der Vater kaum sichtbar im Hintergrund blieb. Und es wäre schön, wenn es auch die letzte Generation wäre, die aufgrund von veraltetem Elternverhalten entscheidende Bindungsprobleme zeigt. Darin liegt der Grund zur Hoffnung.
Die Probleme der Frauen, mit Eigenständigkeit gelassen und selbstsicher umzugehen, sind unzählige Male diskutiert worden. Wir können alle schon nicht mehr hören, wie »gut« Frauen mit Nähe umgehen und welche Schwierigkeiten sie haben, auf sich allein gestellt und unabhängig zu sein. Aus der oben beschriebenen Familienkonstellation haben auch wir ein blaues Auge davongetragen – das andere. Doch wenn man vom Beginn der

neuen feministischen Bewegung rechnet, sind wir den Männern gute zwanzig Jahre voraus, unser Defizit aufzuarbeiten. Die Männer haben noch nicht einmal zugegeben, daß sie eins haben.

Wir wollen nun noch einen Schritt weiter gehen als die neuen Theoretikerinnen. Gerade weil Frauen Experten in Nähe sind, müssen sie den Männern helfen, sich zu ändern – was aber nicht heißen soll, daß sie alle ihre Probleme für sie lösen sollen! Früher haben Frauen all das für einen Mann getan – und zwar so gut, daß er gar nicht merkte, daß sie es tat. Wir meinen, er muß das Problem erst kennen, bevor er sich ändern kann. Sie sind also in einer Sackgasse – Sie können es nicht für ihn tun, können die Herausforderung aber auch nicht einfach übersehen oder ihn zum Psychiater schicken. Es muß zu Hause passieren.

Bei unserer Arbeit mit Paaren sehen wir immer wieder Männer und Frauen, die asynchron leben. Frauen haben Männer in dem, was Männer am besten können – nämlich autonom sein – eingeholt, aber die Männer sind immer noch blutige Anfänger, was Nähe betrifft. Offensichtlich ist alles aus dem Gleichgewicht geraten, und die Ursache des Problems liegt auf der Hand. Es geht nicht so sehr darum, die Balance wiederherzustellen. Man muß vielmehr den Männern Zeit und Mittel geben, damit sie aufholen können.

Wir führen beide Arbeitsgruppen durch zum Thema »geschlechtlich bedingte Unterschiede im Umgang mit Nähe«. Die Menschen wissen, daß die Auswirkungen dieser Unterschiede ihren Alltag bestimmen. Zum Glück ist die wissenschaftliche Grundlagenarbeit zu diesem Thema schon geleistet worden. Jetzt analysieren wir Männer und Frauen und untersuchen die Implikationen der Forschungsergebnisse.

Jeff, einer unserer Klienten, kam eines Tages sehr nachdenklich in unsere Sprechstunde und erzählte uns von einem merkwürdigen Vorfall. Er hatte mit seiner Freundin Marcia geschlafen und hinterher aus für ihn unerklärlichen Gründen angefangen zu weinen. Er hatte sich geschämt, denn er weinte nie, und er hatte sich irgendwie schwach gefühlt, nicht wie üblich als Herr der Lage. Noch während wir uns unterhielten, fing er an zu begreifen, was mit ihm passiert war. Die Intensität seiner Vereinigung mit Marcia war überwältigend gewesen. »Ich habe mich noch nie einem Menschen so nahe gefühlt«, hatte er zu ihr gesagt, »und es macht mir angst. Ich glaube, ich liebe dich zu sehr.«

Jeffs Tränen sind nicht typisch, seine Gefühle schon. Viele Männer fragen sich, wie es möglich ist, Nähe zu genießen und doch Angst davor zu haben. Jeff bemüht sich, die Antwort auf dieses Rätsel zu finden. Warum wittert er bei den intimsten Momenten mit der Frau, die er liebt, Gefahr? Unserer Meinung nach werden die meisten Männer sehr bald mit dieser Frage konfrontiert werden.

Im nächsten Kapitel wollen wir uns mit den Schutzmaßnahmen befassen, die Männer treffen, um Bindungen zu vermeiden.

6

Groß, dunkel und unnahbar: Männer in ihrer Rüstung

Als Kevin, ein 34 Jahre alter Importkaufmann mit dunklem, lockigem Haar, einem allzeit bereiten Lächeln und dem sehnigen Körper eines Läufers, das erste Mal in unsere Praxis kam, waren wir beeindruckt von seinem selbstsicheren Auftreten. Er war gewandt und selbstbewußt und trug seinen Nadelstreifenanzug mit lässiger Eleganz. Im Laufe mehrerer Gespräche konnten wir beobachten, wie diese Fassade Risse bekam, als er allmählich begriff, daß in seinem Leben etwas gründlich schieflief.

Da gab es Danielle. »Sie war die außergewöhnlichste und umwerfendste Frau, die ich je kennengelernt habe«, erzählte er uns. Als er sie das erste Mal an der Bar sitzen sah, schrieb er spontan seine Telefonnummer auf eine Streichholzschachtel und ließ sie ihr bringen. Aufgeregt beobachtete er, wie Danielle auf ihn zukam. Die beiden bestellten sich einen Drink und unterhielten sich. Danielle war, wie sich herausstellte, eine französische Linguistin, die in Manhattan Urlaub machte – was Kevin noch mehr faszinierte. Sie war so interessant, so voller Ideen und Ansichten und ganz fasziniert von New York. Es war vollkommen klar, daß die beiden in Kevins Wohnung gehen würden, um miteinander zu schlafen. Und es wurde, so Kevin, die tollste Nacht, die er je mit einer Frau verbracht hatte. Danielle verschob ihren

Rückflug nach Europa um ein paar Wochen, damit sie noch länger zusammensein konnten.

Das nächste Mal sahen sich die beiden in Paris, als Kevin auf Geschäftsreise war. Kevin war zwar immer noch verliebt, war aber jetzt verunsichert und fühlte sich Danielle unterlegen. Sie war so versiert in Sprache und Kunst und zog sich auffällig und ungewöhnlich an. Seine Gefühle für Danielle wandelten sich, ohne daß er es merkte. Anfangs hatte er ihre Weltgewandtheit toll gefunden, jetzt wünschte er sich insgeheim, sie wäre weniger gebildet, weniger schön – einfach von allem ein bißchen weniger. Er kam zu dem Schluß, daß sie sich wohl nie so weit würde zurücknehmen können. Sie würde immer ein bißchen zu wild und zu interessant sein. Jetzt war er total verunsichert. Er stellte sich vor, wie sie ihn vor seinen Freunden bloßstellen würde, und wie unverschämt gewandt und belesen sie über alles von Politik bis Kunst reden würde. Sie waren zusammen auf einigen Partys gewesen, und sie konnte unheimlich gut reden und war sehr selbstsicher. Neben ihr kam man sich schrecklich langweilig und uninteressant vor. Er machte ihr das zum Vorwurf, genau wie ihren Ehrgeiz und ihr Karrierebewußtsein. In ihrer Nähe fühlte er sich klein und schwach. Minderwertig.

Inzwischen hatte sich Danielle in Kevin verliebt. Sie erzählte ihm, sie habe sich nach einer Möglichkeit umgeschaut, nach New York zu ziehen. »Wir passen nicht zueinander«, sagte er zu ihr. »Du bist mehr ein Künstlertyp, ich konservativ. Wir sind zu verschieden.«

Danielle spürte Kevins Unsicherheit, aber sie ahnte nicht, welche Ausmaße sie inzwischen angenommen hatte. Sie versicherte ihm, daß sie ihn bewundere und respektiere und es mochte, daß sie so verschieden waren. Könnte er denn nicht auch lernen, das zu genießen? Schließlich hatten sie sich deshalb überhaupt kennengelernt.

Kevin sagte nein. Selbst ihre sexuelle Beziehung war schlecht geworden, oder, wie er es ausdrückte: »Alle

Sterne und Monde müssen am richtigen Platz sein«, sonst lasse Sex ihn kalt. Für ihn war die Sache gelaufen, man mußte sich nur noch voneinander verabschieden. Und mit einem Schlag war die aufregendste Beziehung seines Lebens vorbei.

In den folgenden Monaten entdeckte Kevin, daß sein Leben durch Danielle Farbe und Dramatik bekommen hatte und eine besondere Würze. Ohne sie war alles eintönig grau. Er hatte geglaubt, er wolle Farbe in seinem Leben – also sie –, aber er hatte sich geirrt. Er mußte Danielle vergessen. Es gab viele andere Frauen, zum Beispiel Sandy, eine neue Kollegin, auf die er seit kurzem ein Auge geworfen hatte...

Wenn wir uns mit Männern über fehlgeschlagene, ausgelaugte, kaputtgegangene oder zwiespältige Beziehungen unterhielten, fiel uns häufig ein typischer Unterton von Ratlosigkeit auf. Diese Männer spüren, daß in ihren Beziehungen etwas faul ist, wissen aber nicht, was. Manchmal, wenn ein Mann erzählte, floß er vor Unbehagen förmlich über, und trotzdem war er nicht fähig, dieses Unbehagen oder seine Ursache zu erklären.

Unbehagen, ungutes Gefühl, Verwirrung – es sind durch Beziehungen hervorgerufene unterschwellige Angstzustände, die diese Gefühle auslösen, die Männer nicht bezeichnen können. Sie ziehen unbewußt die Zugbrücken hoch, um mit Konflikten und Furcht fertig zu werden. Das sind keine Einzelfälle. Wir haben eine ganze Reihe von Verteidigungsmechanismen aufgespürt, die Männer einsetzen, um Angst und Furcht in Schach zu halten.

Manchmal sieht die Verteidigungsstrategie so aus: Wenn ein Konflikt zur Angst führt, macht die Psyche eines Mannes mobil. Jetzt hat er eine Pufferzone – einen Verteidigungsmechanismus –, der entweder die Angst abprallen läßt oder sie verbrämt, damit er vor ihren Stacheln geschützt ist. Wir alle wissen, wie schlimm es ist, Angst zu haben. Der einzige Zweck eines Verteidigungsmechanismus ist es, diese Angst zu beschwichtigen.

Ein »guter« Abwehrmechanismus wird einem Menschen helfen, sein Leben geschickt zu meistern und eine Beziehung im Gleichgewicht zu halten. Eine »schlechte« Abwehrmaßnahme wird guten Beziehungen im Weg stehen. Für viele Männer ist es fast unmöglich, eine erfolgreiche Beziehung mit einer Frau einzugehen, weil sie immer in Verteidigungshaltung sind.

In unserem Kulturkreis lernen wir alle, uns gegen Angst abzuschotten. Aber die Jungen haben ihre Lektion zu gut gelernt. Anna Freud beschreibt, wie kleine dreijährige Buben mitten in der ödipalen Konfliktphase sich als Antwort auf ihr Gefühl der Verletzlichkeit und Hilflosigkeit wie Supermänner aufführen. Ein Kind versucht die Wirklichkeit, nämlich, daß es klein und schwach ist, zu verdrängen, indem es sich mit einer mächtigen Figur zu identifizieren versucht. Die Jungen lernen auch, Probleme nach draußen zu tragen und dort die Schuld zu suchen – als Mittel, um sich von einer Beziehung zu distanzieren. Das ist die Grundlage für die Fluchtmechanismen, die Männer im späteren Leben einsetzen.

Was wir bei manchen Männern in unseren Sprechstunden feststellen, ist ein übersteigerter – oder verhärteter – kindlicher Abwehrmechanismus. Heutzutage, da Männer sich von Frauen noch bedrohter fühlen, ist ihr allgemeiner Angstpegel drastisch gestiegen. Das bedeutet, daß extremere Formen primitiver Abwehrmechanismen angewandt werden, um Frauen zu beherrschen und Abstand zu ihnen zu schaffen. Wenn man diese harte Abwehrstellung kritisiert, wird es jedoch als Angriff auf Männer gewertet: »So sind Männer nun mal«, sagt man uns. Und gleichzeitig hören wir: »Frauen haben auch Abwehrmechanismen!«

Natürlich haben sie die. Aber hier möchten wir die Verteidigungsmechanismen schildern, die Männer gegen ihre neue Furcht vor Frauen einsetzen. Wir werden Ihnen jetzt die sechs gängigsten Arten schildern. Manche sind schlimmer als andere und werden gerne von Männern des nichtsnutzigen Typs eingesetzt, andere sind durchschaubar. Ein Mann kann jeden oder alle zu irgendeinem Zeitpunkt einsetzen.

Es liegt nicht an Ihnen, die Verteidigungsmechanismen eines Mannes zu ändern. Wir raten Ihnen nur, sich dieser Verteidigungsmechanismen bewußt zu sein und zu prüfen, in welchem Maß er sie im Umgang mit Ihnen einsetzt. Anhand des Ergebnisses können Sie ihn in eine der drei Kategorien von Männern einordnen, und dann werden Sie wissen, was Sie in bezug auf Bindungsfähigkeit von ihm zu erwarten haben:

1. *Auseinanderdividieren*

Ein Kind sieht seine Mutter entweder als »total gut« oder »total schlecht«. Es sieht immer nur eine Seite und verdrängt die andere. Im Lauf der Zeit fügt das Kind die zwei Seiten zusammen und begreift, daß die Mutter beides sein kann.

Es ist heutzutage sehr verbreitet, daß Männer die Eigenschaften einer Frau in »gut« und »schlecht« einteilen. Bis vor kurzem haben Frauen einen Teil ihres Ichs unterdrückt. Was den Männern alles sehr viel leichter gemacht hat. Solange Frauen nett und bescheiden waren, waren Beziehungen nicht so kompliziert. Jetzt, da Frauen viel komplexer geworden sind, sehen sich Männer mit einer Reihe völlig neuer Ansprüche konfrontiert.

Was für einen Nutzen hat ein solcher Verteidigungsmechanismus für einen Mann? Er kann eine Frau auf Warteschleife schicken, während er ihr Verhalten analysiert. Er kann sogar eine Liste erstellen und ihre Soll- und Habenseite vergleichen, um ständig abwägen zu können – sie sei zu sehr dies und nicht genug das. Ein Mann kann durchaus versuchen, eine vielschichtige Frau in ihre Einzelteile zu zerlegen, um sich sein Gefühl der Dominanz zu erhalten.

Sam ist seit zwei Jahren mit Regina zusammen. »Ich kann mit ihr über alles reden«, sagt er. »Ich habe noch nie mit einer anderen Frau so reden können wie mit ihr. Wenn ich überdreht bin, bringt sie mich wieder auf den

Boden.« Im selben Atemzug kritisiert er sie, daß sie bei Cocktailpartys keine intelligente Konversation machen kann, weil sie schüchtern ist. »Stimuliert sie mich intellektuell?« fragt er sich selbst und redet sich ein, sie tue es nicht. Ja, er findet sie sogar langweilig. An diesem Punkt vergißt Sam vollkommen Reginas gute Seiten. Sie ist liebevoll, treusorgend und großzügig, aber er vergißt vollkommen, welch ein wichtiger Teil seines Lebens sie ist. Für Sam ist Regina sehr, sehr gut, wenn sie gut ist. Und wenn sie schlecht ist, ist sie schrecklich. Er ändert von Minute zu Minute seine Meinung. Er ist auf einer Gefühlsschaukel. Sam begreift nicht, daß Regina – und jede andere Frau natürlich auch, mit der er vielleicht einmal zusammen ist – sich aus unterschiedlichen Eigenschaften zusammensetzt. Einige passen ihm, und andere gehen ihm vielleicht gegen den Strich. Wenn er also mit Regina unzufrieden ist, verdrängt er vorübergehend, was er an ihr mag, und hat Affären mit anderen Frauen.

Für Regina ist das eine Qual. Sie weiß überhaupt nicht mehr, wie sie sich verhalten soll, um es ihm recht zu machen. Sam reduziert sie mittels Checklisten von akzeptablen und inakzeptablen Charaktereigenschaften zu einer eindimensionalen Strichfigur. Solange er sie so sieht, fühlt er sich weniger bedroht.

Mit seiner harten Kritik und seinen Affären ist Sam ein Mann des III. Typs. Es gibt viele Männer, die Frauen »spalten«, dabei aber nicht so verbohrt sind wie er. Selbst ein brauchbarer Mann kann diesen Abwehrmechanismus einsetzen, um mit einer Situation fertig zu werden, die ihm bedrohlich erscheint.

2. Erfüllung eigener Ideale durch andere (projektive Identifikation)

Dieser Abwehrmechanismus ist der Kern aller Zweierbeziehungen. Sie finden einen Menschen anziehend, weil dieser Mensch Qualitäten hat, die Sie selbst nicht entwickeln konnten. Ein Mann kann zum Beispiel mit Geld um sich werfen, während die Frau vorsichtig ist.

Er fühlt sich von ihr angezogen, weil er sich nur ungern selbst einschränkt. Sie fühlt sich von ihm angezogen, weil sie sich ungern etwas gönnt. Wenn die Beziehung gut funktioniert, lernt er, vorsichtiger zu sein, und sie lernt, großzügiger zu sein.

Der Mann von heute wird genau von den Charaktereigenschaften abgestoßen, die ihn zuerst fasziniert haben. Kevin (siehe Anfang dieses Kapitels) beendete drei Beziehungen, bis er anfing zu begreifen, daß er zwischen Abscheu und Begeisterung für eine Frau hin- und herpendelt, weil sie die Qualitäten verkörpert, die er bei sich selbst unterdrückt hat.

Kevin hatte alles Farbige und Spontane aus seiner Persönlichkeit verdrängt und sich unbewußt Frauen ausgesucht, die die Lücken füllten. Unglücklicherweise erwies sich seine »andere Hälfte« als zu bedrohlich.

Paul ist ähnlich wie Kevin, aber nicht ganz so extrem. Cynthia und er sind beide Strafverteidiger, Cynthia tritt temperamentvoll auf, was ihr im Gerichtssaal gute Dienste leistet. Und meistens denkt Paul: »Was für eine aufregende Frau!« Manchmal aber geht ihm ihr Hang zur Übertreibung gegen den Strich.

Paul ist gesetzt und eher altmodisch. Cynthia ist locker und extravagant. Er fühlt sich von ihr sehr angezogen, wünscht sich aber, sie würde manchmal nicht so dick auftragen. Cynthia weiß zwar, daß Paul es nicht mag, wenn sie beim Geschichtenerzählen übertreibt, aber sie macht es, weil sie Geschichten gerne so erzählt. Dieses Paar steckt in der Klemme – was Paul ursprünglich gereizt hat, findet er jetzt bedrohlich.

Historisch gesehen war eine Frau immer diejenige, die den Mann ergänzt. In einer traditionellen Ehe wurden aus zwei Personen eine. Der Beitrag der Frau wurde unterbewertet. Sie legte schließlich nur »letzte Hand« an die Persönlichkeit des Mannes. Jetzt entwickeln sich Frauen häufiger zu eigenständigen, vielschichtigen Menschen. Sie wollen nicht mehr länger die Lücken in der Persönlichkeit eines Mannes füllen und sind auch nicht bereit, etwas, was sie selbst an sich mögen, zu ändern, weil es den Mann bedroht. Paul sah schließlich ein, daß »Cynthias Problem« in Wirklichkeit sein Problem war und es nicht ihre Aufgabe war, sich zu ändern. Er mußte mit seiner Liebe zu einer vielschichtigen Frau klarkommen.

3. Idealisierung/Die ideale Frau

Viele Männer, mit denen wir uns unterhielten, erzählten uns von ihrer endlosen Suche nach der idealen Frau. Sie sieht bei jedem Mann anders aus, und ihr Bild wird seltsam verschwommen, sobald man genauer darauf eingeht – aber trotzdem geht die Suche weiter.

Die Vorstellung von der Idealfrau ist auch ein Abwehrmechanismus. Während die Sehnsucht nach der ständig verfügbaren Frau mehr als nur ein Verteidigungsmechanismus ist (es gibt immerhin mehr alleinstehende Frauen als alleinstehende Männer), ist die ideale Frau eine reine Wunschvorstellung der Männer. Sie stammt aus jener Zeit, in der seine Mutter nur für ihn allein da war und er ihr ganzer und einziger Lebenszweck war.

Als David von seiner Idealfrau erzählte, lehnte er sich zurück und schaute aus dem Fenster. Nein, er konnte nicht genau sagen, wie sie aussah, und auch nicht, wie sie als Mensch war. Wie wird er sie erkennen, wenn er sie sieht? Was für eine Frage! Er wird einfach »wissen«, daß sie die Richtige ist. Viele Männer verhalten sich nach folgendem Muster, wenn sie eine Frau aus Fleisch und Blut kennenlernen: verlieben – sie zur Idealfrau machen – ihren ersten Fehler entdecken – feststellen, daß sie es nicht ist. Was für ein abgekartetes Spiel!

Wenn wir den Verteidigungsmechanismus »Wunschtraum Idealfrau« Freunden und Kollegen beschreiben, kontern sie oft mit dem Satz: »Frauen wollen auch perfekte Partner; jeder will einen perfekten Partner – zeigen Sie mir einen Menschen, der das nicht will.«

Wir sind genau der gleichen Meinung. Jede Frau, die den, wie wir es nennen, »Rettertraum« hat, ist in bester

Gesellschaft: Es ist der gängigste Wunschtraum der Frauen. Sogar Frauen, die zu ehrgeizigen Studentinnen und Karrierefrauen erzogen worden sind, haben schon sehr früh gelernt, daß eines Tages ihr Prinz kommen und sie davor »retten« wird, für sich selbst zu sorgen. Früher waren Frauen Amateure der Unabhängigkeit – ein Mann war die wahre Karriere einer Frau. »So denke ich nun einmal und alle meine Freunde auch«, sagte eine Frau offen. »Ich versuche, im Beruf vorwärtszukommen und habe viel Geld für die Einrichtung meines Appartements ausgegeben, aber ich träume immer noch von dem Typen auf dem weißen Schlachtroß, der mich zu sich aufs Pferd hebt und mit mir fortreitet.« Sie lachte. »Aber das ist lächerlich, wie wir alle wissen«, fügte sie hinzu. Das stimmt – wir kennen keine Frau, die wirklich an das Erscheinen dieses Typen glaubt. »Mein Wunschtraum ist es«, erzählte uns eine andere Frau, »daß ER – großgeschrieben natürlich – unten klingeln wird, am Portier vorbeigeht und an meine Tür klopft. ›Hallo‹, wird er sagen, ›bin ein bißchen spät dran, aber ich bin doch noch gekommen, stimmt's?‹«

Aber haben wir nicht schon genug von diesen Rettergeschichten gehört? Wenigstens haben die Frauen die Fähigkeit, die Sache ironisch zu sehen! Aktueller und aufschlußreicher ist die Enthüllung der Idealfrau. In unserem Kulturkreis wurde sie behütet und beschützt, und Männer waren nie gezwungen, diesem Wunschtraum ins Antlitz zu schauen und zu sehen, wie die Fassade abbröckelt. Sie mußten nie über sich selbst lachen und sagen: »Ich versuche ständig, die Idealfrau zu finden, obwohl ich weiß, daß es sie nicht gibt. Ist das nicht idiotisch?«

In der heutigen Zeit erwarten Männer tatsächlich, daß die Idealfrau bei ihnen klingelt oder an die Tür klopft und sagt: »Hier bin ich.« Solange er glaubt, sie könnte jeden Augenblick auftauchen, muß er sich nicht mit einer Frau aus Fleisch und Blut herumschlagen. Das Auffälligste an diesem Wunschtraum ist, daß die meisten Männer glauben, es wäre ihr gutes Recht, eine Idealfrau zu haben. Es gab eine Zeit, in der sich seine Mutter um ihn drehte wie die Erde um die Sonne und all seine Sehnsüchte erfüllte. Jetzt sehen Männer Frauen als potentielle Neuschöpferinnen dieser wunderbaren narzißtischen Augenblicke, in denen es nur sie und die Frau, die ihnen jeden Wunsch von den Augen abliest, gibt. Eine himmlische Vorstellung, aber man sollte eigentlich erwachsen werden und auf den Boden der Wirklichkeit kommen.

Die Idealfrau kann plötzlich auftauchen, wenn man am wenigsten damit rechnet. Am ersten Jahrestag seiner Beziehung zu Corinne schlug Douglas vor, sie sollten zusammen in Europa Urlaub machen. Und als sie eines Tages einen Teil ihrer Möbel neu beziehen lassen wollte, überraschte er sie mit der Bemerkung: »Warte, mach langsam. Laß uns überlegen, was wir brauchen.« Corinne freute sich über das »wir«, war aber auch ein bißchen nervös. Ihre Beziehung hatte sich im Lauf dieses Jahres langsam entwickelt, und das langsame Tempo war ihr sehr recht. Sie war neunundzwanzig und hatte es nicht eilig mit Heiraten. Sie hatte einfach ihre enger werdende Beziehung zu Douglas genossen. Erst in letzter Zeit war ihr Sexualleben befriedigender geworden. Sie war immer sehr locker gewesen, und nun hatte sich auch Douglas geöffnet. Sie schätzte sich glücklich, ihn zu haben. Er wollte mit ihr zusammensein, er wollte eine monogame Beziehung, und er versuchte nicht, sie zu etwas zu drängen, wozu sie nicht bereit war.

Dann, eines freitagabends, bald, nachdem sie begonnen hatten, den gemeinsamen Urlaub zu planen, hatte sie das Gefühl, daß etwas nicht stimmte. Er war unruhig und verschlossen und rauchte wieder, was er vor kurzem aufgehört hatte. »Was ist denn los?« fragte sie ihn schließlich.

»Ich hab' das Gefühl, ich brauche etwas Freiraum«, erwiderte er nach längerem Schweigen. »Ich mag dich, aber es ist nicht mehr so, wie es war. Wenn zwischen uns al-

les wirklich stimmen würde, hätte ich nicht diese Zweifel. Ich – ich weiß einfach nicht, ob du die Richtige bist.«
Corinne war entsetzt. Wie oft hatte er ihr gesagt, er würde sie lieben. Sie sagte zu Douglas: »Keine Angst, ich möchte, daß sich unsere Beziehung so weiterentwickelt wie bisher. Ich möchte jetzt noch nicht heiraten und will dich nicht bedrängen. Ich habe eher das Gefühl, du hast mich bedrängt.«
»Ich kann mich in der nächsten Zeit nicht mit dir treffen«, sagte Douglas.
Douglas spürte Zweifel und Angst und so beschloß er, der Grund müsse bei Corinne liegen. Wenn sie seine Idealfrau wäre (wie diese sein sollte, wußte er nicht genau), dann würde er nicht zweifeln. Leider wollen und erwarten die meisten Männer, daß Frauen ihnen das Leben erleichtern und verschönern. Sie darf keinen Fehler machen und ihm keine Furcht einflößen. Wenn er dann doch Angst bekommt, wird ein Mann nicht automatisch die Ursache bei sich selbst suchen. (Das ist auch der Grund dafür, warum Männer bei psychologischen Tests so oft »gesünder« als Frauen erscheinen.) Ein Mann wird nicht sagen: »Ich habe Angst.« Er sagt vielmehr: »Sie ist mein Problem.« Und für Douglas war es Corinne – nicht seine eigenen Konflikte mit Bindungen.

4. Hektisch werden

Je enger die Beziehung wurde, desto größer wurde Douglas' Angst. Um diese Angst zu bekämpfen, übertrieb er seine eigene Begeisterung für die Beziehung und drängte sie in die nächste Phase. (Er machte den Vorschlag mit dem Urlaub. Er redete von Zusammenziehen.) Douglas hatte das Bedürfnis, seine Angst in den Griff zu bekommen. Aber es gelang ihm lediglich, sie zu verbrämen, bis das Faß überlief. Er war zu schnell zu weit gegangen – und so mußte er auch einen schnellen Rückzieher machen.
Corinne war in einer der miesesten Situationen, in die eine Frau geraten kann. Douglas gab ihr zwar nicht di-

rekt die Schuld am Scheitern der Beziehung, behauptete aber, daß, wenn er sie mehr geliebt hätte, so etwas Schreckliches nie passiert wäre. Sie hatte das Gefühl, als wäre ihr Selbstbewußtsein von einem Lastwagen überrollt und zerquetscht worden.

Trotzdem sagte sie Douglas, er habe Angst vor Bindung und sollte in Therapie gehen. Bei unserem Gespräch mit ihr war sie nicht so gefaßt. Sie fragte uns, ob sie nicht etwas tun könnte, das »alles wieder gutmachen« würde.

»Nein«, sagten wir. »Sie sind in einer schlimmen Lage, aber genau jetzt können Sie überhaupt nichts tun. Rufen Sie ihn nicht an – er muß jetzt in sich gehen. Er ist am Zug.«

»Aber ich will ihn nicht verlieren«, sagte Corinne. »Ich werde auf ihn warten.« Wir wußten, wie ihr zumute war. Wenn man ein Jahr seines Lebens investiert hat, um die Eigenheiten und versteckten Seiten einer anderen Persönlichkeit auszuloten und gemeinsame Lebensweisen zu entwickeln, sich dabei allmählich nähergekommen ist und gelernt hat, sich zu vertrauen, dann ist es eine Katastrophe, all das über Nacht aufgeben zu müssen.

Douglas wird entweder einsehen, daß er das Beste in seinem Leben aufgegeben hat, oder nicht. Falls Corinne sich entschließt »zu warten«, wie sollte das aussehen? Soll sie zu stricken anfangen oder Volkstanz lernen? Die Antwort liegt auf der Hand. Sie kann nicht warten – sie muß ihr Leben weiterleben. Wir interviewten einmal eine Frau, deren Beziehung aus demselben Grund zerbrach. In den nächsten drei Jahren traf sich das Paar in unregelmäßigen Abständen. Zu guter Letzt heirateten sie doch – aber damit kann man im allgemeinen nicht rechnen. Vielleicht ist es mit fünfundzwanzig okay, »abzuwarten und erst mal zu schauen«, aber wenn man fast dreißig ist, sieht die Sache anders aus.

»Ich fühl' mich entsetzlich«, sagte Corinne. »Was halten Sie davon, wenn ich dieses Wochenende mit jemand anderem ausgehe? Ich kenne da einen Mann...«

»Hervorragend«, sagten wir. »Viel Spaß.«

5. Desillusionierung/Das Monsterweib

Die Kehrseite der Wunschvorstellung von der Idealfrau, das Monsterweib, ist der Alptraum eines Mannes – die böse Hexe und die häßliche Stiefmutter, die Männer bei lebendigem Leib zum Frühstück verspeist. Selbst wenn er sich von einer aggressiven, selbstsicheren Frau angezogen fühlt, fühlt er sich gleichzeitig tief drinnen von ihr abgestoßen. Die Vorstellung vom Monsterweib geht in die Zeit zurück, in der er die Mutter als strafend, beherrschend oder fordernd empfand. Damals hatte sie Macht über ihn, und er war klein und schwach. Sie hätte ihn sogar verschlingen können.

Jana erzählte uns eine Geschichte: Sie und ihr Freund Dave hatten eine Reise durch die kalifornischen Weinbaugebiete gemacht. Ihre Reiseleiterin war eine interessante, selbstsichere Frau um die Zwanzig, die ihre Sache ausgezeichnet machte. »Sie ist phantastisch«, flüsterte Jana Dave zu. Da beugte er sich zu ihr und sagte: »Du machst wohl Scherze? Sie ist ein Monster.«

»Ich war entsetzt«, erzählte uns Jana. »Ich dachte, ich würde diesen Typen kennen und dann so etwas. Ich fragte ihn später, was ihn denn an der Reiseleiterin so gestört habe. Zuerst wußte er nicht, was er sagen sollte, aber dann meinte er, sie habe so getan, als werfe sie Perlen vor die Säue. Er sagte, sie sei wie ein Pfau herumstolziert und habe geglaubt, alle würden an ihren Lippen hängen.«

Jana wies Dave darauf hin, daß diese Frau es gar nicht nötig hatte, sich das, was sie sagte, von ihrem Publikum bestätigen zu lassen. Da sie ihre Sache beherrschte, brauchte sie derartige Reaktionen gar nicht. Zögernd stimmte ihr Dave zu. Aber Jana merkte, daß er tief in seinem Innersten seine Meinung nicht geändert hatte.

Als Monsterweib gilt eine Frau, die den Mann bedroht und kastriert. In Wirklichkeit kann diese Frau zielbewußt und selbstsicher sein und schlichtweg leben, wie sie will. Sie paßt sich nicht den Sehnsüchten anderer Menschen an, und sie ist auch nicht auf der Welt, um anderen Leuten zu gefallen.

Viele Männer sind mit der Ansicht aufgewachsen, Frauen sollten ihre Meinungen, ihr Verhalten und ihren Verstand ummodeln, um einem Mann zu gefallen. Ist einer Frau so etwas egal, kann das schwer im Magen liegen.

Wenn sich in unserer Gesellschaft ein Mann von einer Frau bedroht fühlt, kann er sagen, sie sei ein Monster. In Wahrheit hat er Angst vor ihr. Bei einer Party konnte sich ein Mann gar nicht an einer umwerfend aussehenden, selbstsicheren Frau satt sehen. Er träumte davon, er würde auf sie zugehen, tat es aber nicht. Er versetzte sich selbst in Angstzustände, indem er sich vorstellte, was er alles falsch machen würde. »Ich sehe gut aus«, redete er sich selbst ein. »Sie wird sich glücklich schätzen, wenn sie mit mir nach Hause gehen dürfte.« Aber im Grunde seines verunsicherten Herzens konnte dieser Mann sich nicht vorstellen, daß eine so begehrenswerte Frau ihn je haben wollte. Anstatt sich seine Angst einzugestehen, zuckte er schließlich mit der Schulter und dachte: »Sie muß eine Zicke sein, das sehe ich jetzt schon« und ging, ohne sie anzusprechen.

Ein Mann kann auch Angst bekommen, wenn eine Frau es wagt, genauso ichbezogen zu sein wie er. Er weiß, daß er nicht zahm, süß oder nett sein möchte. Er weiß, daß er nur auf seinen Vorteil aus ist – was wird passieren, wenn sie genauso ist? Zwei Bankleute aus der Wall Street um die Dreißig unterhielten sich darüber, warum »Wall-Street-Frauen« Geschäftskumpel sein können, aber niemals Ehepartner. Diese Frauen sind die Oberzicken. Aggressiv, auf den eigenen Vorteil bedacht, Frauen mit echtem »Killerinstinkt«. Aus dem Ton der Männer kann man hören, welchen Ekel sie vor solchen Frauen empfinden. Wenn eine Frau nicht der weiße, weiche Unterbau eines Mannes ist, ist sie für manche Männer verabscheuungswürdig.

Aber eine Frau muß diesen »Killerinstinkt« gar nicht haben, um als Monsterweib zu gelten. Sie muß nur stark, selbstsicher und zielbewußt sein. Männer fühlen sich von diesen Charakterzügen so bedroht, daß das Wort einer Frau oft als letzte Waffe an den Kopf geworfen wird. »Jetzt weiß ich, warum ich mit dir unglücklich bin – du bist ein Monsterweib!«

6. Einschüchtern und Tyrannisieren

An ihrem ersten Abend im Urlaubsort saßen vier berufstätige Frauen aus Manhattan, die zusammen angereist waren, mit einer Gruppe Männer beim Abendessen. Dana bot an, zum Buffet zu gehen und für alle Nachtisch zu holen. Als sie zum Tisch zurückkam, schaute ein Mann angewidert auf das Tablett und sagte, er würde nichts von dem mögen, was sie ausgesucht hatte. Dana war schockiert, als sie begriff, daß er dachte, sie würde zurückgehen und etwas anderes für ihn holen! Sie setzte sich statt dessen wieder hin. »Wenn ich mal heirate«, scherzte dieser Mann, ein Zahnarzt, Ende Zwanzig, »schicke ich meine Frau als erstes auf eine Dienstmädchenschule.« Dana lachte nicht. Ihr war klar, daß sie durch ihre Weigerung, zum Buffet zurückzugehen, Angst und Wut bei dem anscheinend so harmlosen Zahnarzt ausgelöst hatte. In diesem Fall kann ein Mann versuchen, Sie runterzumachen oder Ihnen eine Lektion in Weiblichkeit zu geben. Seine Botschaft an Sie ist: »Du glaubst, du wärst so gescheit. Aber wenn du nicht netter zu Männern bist, wird dich nie einer heiraten.« Sie dürfen nicht überrascht sein, wenn ein Mann mit verbalen Attacken auf das reagiert, was er als Ihre »Aggressivität« oder »Hochnäsigkeit« sieht.

Eine Umfrage aus dem Jahr 1985 zeigt, daß 43 Prozent der befragten Männer Frauen bevorzugen, die in einer Ehe traditionelle Rollen erfüllen, zum Beispiel das Heim hegen und pflegen. Warum wollen so viele Männer, daß ihre Frau zwar einen Universitätsabschluß macht, dann aber anschließend zu Hause bleibt und den Besen schwingt? Für einige Männer des III. Typs ist schon allein Ihre Existenz als unabhängiges, denkendes Individuum ein Kapitalverbrechen. Das Beste wäre, Sie wären immer barfuß und schwanger. Viele Männer können trotz ihrer Angst wieder auf den Boden der Realität zurückkommen. Wenn Sie aber in Danas Situation sind, dann legen Sie Ihre Badematte ans äußerste Ende des Schwimmbeckens und tun was für Ihre Bräune, bis etwas Besseres des Weges kommt...

Wie werden Tyrannen gemacht? Nehmen wir einmal an, ein kleiner Junge hat einen aggressiven Vater. Riesig und furchteinflößend steht der Vater über ihm. Das Kind zittert vom Scheitel bis zur Sohle und »löst« die Angst, indem es den großen Tyrannen, der es so beherrscht, nachahmt. Wenn sich der Junge dann von jemandem bedroht fühlt – von seiner Mutter zum Beispiel –, verhält er sich ihr gegenüber unbewußt wie sein Vater. Er versucht, sie zu beherrschen oder zu unterwerfen. Ist er dann erwachsen, glaubt er, es wäre sein gutes Recht, eine Frau, die ihm in die Quere kommt, zu beleidigen und vor den Kopf zu stoßen.

Drei Männer und ihre Verteidigungsmechanismen

Die meisten Männer setzen einen oder mehrere der Mechanismen ein, die wir beschrieben haben. Das Ausmaß, in dem ein Mann sie einsetzt, zeigt Ihnen an, wie viele Bindungsängste er hat.

»Es war immer so lustig mit Christine«, sagte Philipp. »Jetzt bedrängt sie mich. Ich hab' ihr erzählt, ich wäre ein überzeugter Einzelgänger. Aber Frauen hören nie zu. Sie glauben, es wäre eine Herausforderung! Ich mache einer Frau nie etwas vor – ich sag' ihr gleich bei der ersten Verabredung: ›Versuche nicht, mich festzunageln!‹«

Philipp ist schon über vierzig, war nie verheiratet und ist ein Beispiel für den Typ, von dem man die Finger lassen sollte. Alle seine Zugbrücken sind hochgezogen. »Meine Mutter war ein böses Weib«, erzählte er uns, »also dachte ich mir, es wäre besser, nicht zu heiraten.

Und es ist toll – ich muß nie jemanden fragen: ›Wo willst du essen? Wann willst du essen? Was willst du essen?‹ Heiraten ist nichts für mich, weil ich keine Kompromisse mag.«

Philipps Vater »spielte Single«, indem er sowenig Zeit wie möglich mit seiner Familie verbrachte. Wenn er zu Hause war, stritten er und Philipps Mutter. Sie trennten sich schließlich, als Philipp im College war. Philipp hat viele Freundinnen und so viel Sex, wie er will. Am liebsten sind ihm Frauen um die Zwanzig, weil sie »noch nicht am Heiraten interessiert sind. Wenn sie erst einmal über Dreißig sind, wollen sie eine Beziehung, und das ödet mich an.«

»Ich verführe nie eine Frau«, sagte er. »Ich warte, bis sie mich verführt.« Dann erzählte er mit größter Gelassenheit, daß er keinen hochkriegt, wenn eine Frau sexuell zu aggressiv ist. »Sie muß einfach das richtige Maß an Aggressivität haben.« Philipp muß einer Frau *erlauben*, ihn zu verführen. Sie kann es nicht zu ihren Bedingungen machen. Wenn sie es trotzdem versucht, »treffe ich mich einfach nicht mehr mit ihr. Es ist offensichtlich nicht die Richtige.«

Philipp hat überhaupt keine festen Beziehungen. »Und was, wenn Sie mal eine Schulter brauchen, um sich auszuweinen?« fragten wir ihn.

»Die brauche ich nie«, erwiderte er heiter und gelassen. »Ich habe mich selbst davon überzeugt, daß mich nichts tangiert, und es tangiert mich auch nichts.« Philipps Gefühle sind völlig abgeschliffen und abgestumpft, wie mit Sandpapier behandelt. Er hat keine Leidenschaften, keine Bindungen, keine Bedürfnisse, keine Sehnsüchte.

Um diesen Zustand eines männlichen Nirwana zu erreichen, ist Philipp zum Meister der Verteidigungsstrategien geworden – er wird eine Frau nie als Ganzes sehen, sondern sie immer aufspalten. Frauen, die »aggressiv« sind, werden schnell als Monster abgestempelt. Sollte die Idealfrau tatsächlich existieren, würde er auch an ihr

Fehler finden. Es gibt überhaupt keine Frau für Philipp – nicht einmal in seiner Phantasie. Das Faszinierende an ihm aber ist, daß ein für Beziehungen so unbrauchbarer Typ wie Philipp auf allen anderen Gebieten sehr nett ist. Er ist beliebt bei Freunden und Kollegen und bringt den Kindern anderer Leute immer Geschenke mit, wenn er an einem Feiertag eingeladen ist. Aber eine Frau sollte sich von diesem Typen nicht hinters Licht führen lassen – er sagt, was er ist, und er meint es auch.

Andere Männer bewundern ihn aus der Ferne – er ist fast ein männliches Ideal. »Der Typ hat doch ein tolles Leben«, sagte ein glücklich verheirateter Bekannter. »Er ist frei! Ihr beurteilt ihn nach weiblichen Maßstäben.« In Wahrheit ist jedoch – vom Standpunkt der Entwicklungspsychologie aus – die Fähigkeit zur Nähe ein notwendiger Teil der Erwachsenseins. In unserem Kulturkreis ist die mangelnde Bereitschaft der Männer, Nähe zu erfahren, nicht weiter beachtet worden. Aber nachdem Frauen nicht mehr länger gewillt sind, in Beziehungen die Kärrnerarbeit allein zu leisten, ist das Defizit der Männer nicht mehr zu übersehen.

Für den brauchbaren Mann sind Abwehrmechanismen wie praktisches Werkzeug, das er hervorholt, wenn er es braucht – sie sind nicht Teil seines Charakters. Fred ist sich völlig bewußt, daß Elaine beruflich wesentlich erfolgreicher ist als er und auch mehr verdient. Er ist zwar von ihrem Erfolg begeistert, aber insgeheim redet er sich ein, sie sei gar nicht der Star, als der sie erscheint. Elaine übernimmt alle Kosten; am Ende des Monats ist sie pleite. Fred dagegen steuert nur für Urlaub und Investitionen etwas bei. Er kontrolliert das Geld, das zur freien Verfügung übrigbleibt. »Ich bin der Mann im Haus«, erzählte er uns. »Ich bin der Boß.« Und wie wir sehen konnten, funktionierte diese Strategie für ihn – und für die Beziehung. Elaine ist es egal, wenn er so etwas sagt. Sie weiß, daß es nicht stimmt. Aber instinktiv weiß sie auch, daß es für ihn wichtig ist, der Boß zu sein. Ihr Stillschweigen ist ein Geschenk an ihn.

Für Fred ist es die Erfüllung eines Wunsches, wenn er sich für den Boß hält. Manchmal wünscht er sich, Elaine wäre eine altmodische, fügsame Frau. Aber das ist nur ein sehr zaghafter Traum. Ein brauchbarer Mann denkt nicht in Begriffen wie »Monster«, »Mannweib« oder »Idealfrau«, weil Frauen für ihn reale Menschen sind, die sich aus vielen Charakterzügen zusammensetzen. Er muß eine Frau nicht aufspalten, weil ihm im Grunde genommen eine vielschichtige Frau lieber ist als eine eindimensionale Wunschfigur.

Sie sollten darauf achten, welche Verteidigungsmechanismen ein Mann einsetzt und wie oft. Er kann, wie Jack zu Nina im dritten Kapitel, sagen: »Ich hasse dich, wenn du sauer auf mich bist, aber ich mag dich, wenn du lieb bist.« Das ist ein klarer Fall von Spaltung – er möchte Sie nur nett haben. Oder er wird manchmal genau die Sachen an Ihnen kritisieren, die er Ihres Wissens eigentlich mag. Nehmen wir an, an einem Tag mag er Sie, weil Sie gefühlsbetont und lebendig sind, am nächsten Tag ist er sauer, weil Sie zuviel reden. Oder er ist vielleicht stolz auf Ihren Sex-Appeal und geht dann auf Sie los, weil Sie zuviel flirten. In milder Form schaden diese Abwehrmechanismen weder Ihrer Selbstachtung noch der Beziehung.

Beim Mann des II. Typs sind Verteidigungsmechanismen nicht ein Teil seines Charakters wie beim nichtsnutzigen Mann. Typ II fühlt sich mit seinen Abwehrmechanismen nicht recht wohl. Er würde sie manchmal gerne abschütteln. Andererseits können sie ihn bei seinen Versuchen, Nähe zu erleben, auch ernsthaft behindern, verwirren, ja sogar quälen.

Nachdem Kevin mit Danielle, der französischen Linguistin, Schluß gemacht hatte, lernte er Sophie kennen, eine leitende Angestellte einer Werbeagentur. Sie hatten eine Zeitlang ein Verhältnis, bis Kevin entschied, sie wäre ein »Großmaul«, obwohl er ihre Ausgelassenheit und Redseligkeit eigentlich mochte. Noch schlimmer aber war, daß sie für seinen Geschmack nicht »intellektuell« genug war. Und das Allerschlimmste: Am Anfang war der Sex zwar toll gewesen, doch kaum war die Beziehung enger geworden, war »Sex abgeschrieben«. Immer, wenn nicht alles »perfekt« zwischen ihm und einer Frau war, fühlte Kevin eine Leere, ein Abstumpfen der Gefühle, wo einst Begehren war. Es war ein flaches, graues Gefühl, wie die Depressionen nach der Trennung von Danielle.

Als er Sophie von seinen Zweifeln an ihrer Beziehung erzählte, machte sie Schluß und ließ einen mit seinem Schicksal hadernden Kevin zurück. Warum hatte er solches Pech mit Frauen? Warum konnte er nicht die Richtige finden? Oder war sein Pech bei Frauen etwa ein Zeichen für Probleme, die er selbst hatte? Vielleicht kritisierte er die Frauen, um von seinen eigenen Schwächen abzulenken? Doch diese beunruhigenden Gedanken verdrängte Kevin sofort. Sophie und Danielle würde er einfach vergessen und seine Idealfrau treffen, die ganz bestimmt da draußen auf ihn wartete.

Dann lernte er Melanie kennen, eine Personalchefin. »Sie war rundum perfekt«, sagte er. Sie war dynamisch, ehrgeizig und platzte fast vor Energie bei der Arbeit und in der Beziehung. Wenn er mit ihr zusammen war, befand sich Kevin in einem Zustand ständiger sexueller Erregung. Aber es dauerte nicht lange, bis er wieder dieses vertraute flaue Gefühl im Magen spürte. Hatte diese Frau wirklich mehr drauf als er? Und war ihr Karrieretrip nicht ein bißchen zu knallhart? Manchmal beobachtete er sie während einer Party – sie sah einfach zu gut aus. Und warum kümmerte sie sich auf Partys nicht mehr um ihn? Er würde nie eine Frau heiraten, die so tat, als würde er gar nicht existieren.

Inzwischen waren ein paar Monate vergangen. Melanie engagierte sich stärker und wollte mehr Zeit mit ihm allein sein. Wenn sie zu Partys gingen, blieb sie bei ihm, sie redete weniger über ihre Arbeit und mehr über ihre starken Gefühle für ihn.

Kevin wand sich wie ein Aal. Jetzt, da Melanie bewußt

versuchte, ihm zu gefallen, konnte er es nicht ausstehen. Schließlich stellte er eine »Inventarliste« ihrer Fehler zusammen. Er setzte sich eines Abends an seinen Küchentisch, nahm Papier und Bleistift und schrieb alles auf: Erstens war sie zu »angepaßt«, zweitens gab sie ihm nicht genug »Kontra«, und schließlich war sie zu sehr verfügbar – sie sollte sich ruhig auch mit anderen Männern treffen.

Melanie warf einen Blick auf Kevins »Inventarliste« und schlug sie ihm um die Ohren. Sie nannte ihn egozentrisch und inkonsequent und einen emotionalen Eisberg. Zuerst hatte er sie kritisiert, weil sie ihm nicht genug Aufmerksamkeit schenkte, und dann, als sie sich mehr auf ihn einstellte, jammerte er darüber, daß sie nicht mehr so stark war!

»Wenn sie nur getan hätte, was ich wollte, dann wäre alles wunderbar gelaufen«, redete sich Kevin traurig ein. Melanie war eben einfach nicht die Richtige gewesen. Aber ungefähr zu diesem Zeitpunkt fand eine gewisse Veränderung in Kevin statt, und er kam das erste Mal zu uns. »Ich habe an allen Frauen etwas auszusetzen«, erzählte er uns, »aber ich möchte wirklich eine Beziehung.«

Wir erklärten Kevin das Prinzip der Spaltung und auch einige andere Abwehrmechanismen, die er einsetzt, und sagten ihm, es sei seine Methode, Frauen weniger bedrohlich erscheinen zu lassen.

Er lächelte ironisch. »Ich stecke ganz schön in der Klemme, was?« sagte er.

Dann erzählte er uns, er hätte vor kurzem Melanie angerufen, um zu fragen, ob sie sich nicht ab und zu sehen könnten. Sie hatte einfach aufgelegt. »Ich glaube«, erzählte uns Kevin gegen Ende der Sprechstunde, »ich werde bald heiraten und wahrscheinlich keine Frau, die so toll ist wie sie.«

Als er kurz danach zur Hochzeit seines Freundes Joshua eingeladen war, spürte er Neid und dachte bei dem Fest über Melanie nach. Er wollte sie so haben, wie er sich das vorstellte – nicht als die Person, die sie wirklich war. Er erwartete von ihr, sich all seinen Launen anzupassen und seine verrückte Mischung von Erwartungen zu erfüllen. Die Hochzeit war der schwärzeste Tag in Kevins Leben.

Im nächsten Jahr heirateten noch einige seiner Freunde. Er machte Witze darüber, daß er mit fünfunddreißig allmählich zum allseits beliebten Junggesellenonkel wurde. Um sich aufzuheitern, engagierte er einen Innenarchitekten für seine Wohnung. »Ich möchte etwas Aufregendes und Ungewöhnliches«, beauftragte er ihn und bekam schwarze Wände, Miniaturmöbel, die für die menschliche Anatomie völlig ungeeignet waren, und drei riesige, feindselig aussehende Kakteen.

Jetzt saß er in seinem schicken, unbewohnbaren Appartement und konnte nur daran denken, wie schön es wäre, mit Melanie im Bett zu sitzen und chinesisch zu essen oder die Sonntagszeitungen und heiße Croissants zu holen. Manchmal gab er ihr noch die Schuld am Bruch ihrer Beziehung. Aber dann überkam ihn wieder das quälende Bewußtsein, daß er die Beziehung in tausend Stücke zerschlagen hatte.

Aber Kevin ist bewußter und einsichtiger geworden. Er erkennt und akzeptiert die verschiedenen Aspekte seines Ichs – der erste Schritt, um die vielen Facetten einer Frau akzeptieren zu können. Eine enge Beziehung besteht aus zwei vielschichtigen Persönlichkeiten, die unendlich viele Feinheiten und Nuancen haben und sich der Vielschichtigkeit des anderen bewußt sind. Was wird aus Kevin werden? Er könnte ein erwachsener, seiner selbst bewußter Mann werden, statt ein Mann mit einer zu gut ausgebauten Verteidigungsstrategie.

Wir haben Ihnen geschildert, wie der Mann von heute aussieht, warum er sich nicht bindet und woher seine Probleme rühren. Mit diesen Informationen und dem Stufenschema für Bindungen sollten Sie Ihre Beziehung analysieren und erkennen können, wie nahe Sie sich wirklich stehen. Im nächsten Teil werden wir Ihnen ein paar praktische Hinweise für den Umgang mit Männern mit kalten Füßen geben. Außerdem werden wir Ihnen zeigen, wie Sie einen Mann veranlassen können, emotional zu geben, und Ihnen sagen, was Sie machen können, wenn Sie ein Kind haben wollen und er nicht. Wir zeigen Ihnen auch, wie man sich in einer Ehe mit einem Mann, der sich nicht gebunden fühlen will, verhält, und noch einiges mehr. Es gibt auch ein besonderes Kapitel »Nur für Männer«, das Sie heraustrennen und Ihrem Freund oder Mann zu lesen geben können. Es kann ihm helfen, zu erkennen, wie er sich, was Bindung angeht, in Ihrer Beziehung verhält, und wie er erste Schritte machen kann, Verantwortung für seine Handlungen zu übernehmen.

Sollte der Mann, mit dem Sie zusammen sind, anfangen, folgende Verhaltensmuster an den Tag zu legen, dann setzt er typische, männliche Verteidigungsmechanismen ein, um seinen Problemen mit Nähe aus dem Weg zu gehen:

- Er macht »Inventarlisten« mit Ihren guten und schlechten Eigenschaften, spaltet Sie in eine »gute« oder »schlechte« Freundin, ohne zu erkennen, daß Sie ein komplexer Mensch mit vielen Eigenschaften sind.
- Er fängt an, genau die Qualitäten an Ihnen zu kritisieren, die ihm am Anfang so gut gefallen haben. Zum Beispiel: Anfangs fand er es toll, daß Sie auf Partys aus sich herausgehen und Stimmung machen. Wenn Sie jetzt von einer Party nach Hause kommen, beschwert er sich, Sie hätten sich zu sehr in den Vordergrund geschoben oder sich »daneben benommen«.
- Er ist auf der Suche nach der Idealfrau. Kaum haben Sie das Gefühl, Sie vertragen sich gut, deutet er an, es gebe wahrscheinlich da draußen »eine bessere« für ihn, er müsse sie nur finden.
- Er hat das Gefühl, erfolgreiche, selbstsichere Frauen seien »Monster«.
- Er setzt seinen Willen durch, indem er Sie, oft vor anderen Leuten, tyrannisiert.

161

ZWEITER TEIL

Die Bindungsschranke durchbrechen

7

Beziehungsstrategien

Auch wenn die Gefahr besteht, daß Ihre Beziehung in die Brüche geht, müssen Sie noch lange nicht aufgeben. Es gibt Methoden, um Beziehungsprobleme anzugehen, die vorwiegend aus der Paar-Therapie stammen und die Sie selbst einsetzen können, um aus einer Sackgasse herauszukommen. Die oberste Regel ist, sich bewußt zu machen, daß alle Männer Schwierigkeiten mit Nähe haben. Wenn Sie das einmal akzeptiert haben, haben Sie schon einen großen Vorsprung. Dann können Sie das Schema der Bindungsstufen benutzen, um ihn, sich selbst und die Beziehung einzuordnen. Aus unserer Arbeit mit Paaren haben wir ein Sieben-Punkte-Sofortprogramm für Männer mit kalten Füßen entwickelt. Die darin genannten Strategien können von der zweiten bis zur fünften Bindungsstufe eingesetzt werden. Sie sollten zumindest eine lockere Beziehung haben, bevor Sie sie anwenden. Sie werden sehen, daß es nicht allzu schwer ist – gehen Sie das Programm durch, und Sie sind auf dem besten Weg zu einer intensiveren Beziehung.

Programm für den Mann mit Bindungsangst
(und für Sie)

Alle folgenden Beispiele sind ausgerichtet auf Männer, die Probleme mit Nähe haben, bedürfen aber der vollen Mitwirkung der Frau. Sie werden Ihrem Partner sagen müssen, daß Sie glauben, die Beziehung sei festgefahren, und daß Sie die Verständigungsmöglichkeiten verbessern wollten. Das genügt für den Anfang. Sagen Sie ihm, er solle versuchen, mit Spaß an diese Übungen heranzugehen. Wenn er sich weigert, überhaupt mitzumachen, sind Sie wahrscheinlich mit einem Mann zusammen, der sich sowieso nie wird binden können – und je früher Sie das erkennen und anfangen, sich nach einem brauchbaren Mann umzuschauen, desto besser.

1. Übung: Einmal am Tag etwas Nettes
für den anderen tun
(Einfach, sagen Sie? Das täuscht.) Sagen Sie Ihrem Partner nicht, was genau Sie für ihn tun wollen. Machen Sie es einfach, und schreiben Sie es auf ein Blatt Papier. Er sollte dasselbe machen. Reden Sie nicht mit ihm darüber. Inzwischen muß jeder von Ihnen versuchen, zu erraten, was der andere Nettes getan hat, und das aufschreiben. Am Ende der Woche sollten Sie beide eine Liste mit sieben Dingen haben, die Sie für Ihren Partner getan haben, und eine Liste mit sieben Dingen, die er für Sie getan hat.
Sehr oft verstehen Leute nicht, was wir damit meinen. Es bedeutet nicht, eine teure Uhr zu kaufen, und ganz bestimmt nicht, einer Frau ein sexy Negligé zu schenken. Ein Mann, der genau das getan hatte, war sehr schockiert, als er entdeckte, daß seine Partnerin es nicht auf der Liste hatte. Warum? Weil er das Negligé für sich selbst gekauft hatte – zu seinem Vergnügen, nicht zu ihrem.
Diese Übung erfordert, daß man 1. erkennt, daß der Partner ein eigenständiger Mensch ist und anders als man selbst; 2. erkennt, daß das, was Sie glücklich macht,

166

nicht unbedingt den anderen glücklich macht; 3. die kleinen, liebevollen Gesten des Partners (das Brot und Salz
jeder Beziehung) erkennt und anerkennt.

Es ist ein sehr gutes Zeichen, wenn ein Mann Spaß an
dieser Übung hat. Viele Männer, mit denen wir gearbeitet haben, fanden sie ganz toll. Da Männer Schwierigkeiten haben, zu geben (»Was bleibt mir, wenn ich es ihr
gebe?«), erleichtert diese Übung den Umgang damit.
Wenn er bis jetzt glaubte, sie wolle ALLES, sieht er jetzt,
daß er kleine, bestimmte Dinge geben kann, ohne sich
selbst aufzugeben.

Diese Übung hilft Paaren, mehr Gefühl dafür zu bekommen, was sie füreinander tun können, und herauszufinden, ob sie das Richtige tun. Wenn Sie am Ende der Woche feststellen, daß Ihre Listen nicht übereinstimmen
(d. h., Sie haben nicht gemerkt, was er Nettes gemacht,
und er hat nicht gemerkt, was Sie Nettes gemacht haben), dann betrachten Sie es als Möglichkeit, etwas über
den anderen zu lernen (oder mit anderen Worten: Streiten Sie nicht deswegen – versuchen Sie es nächste Woche noch einmal).

Das A und O einer guten Beziehung ist, zu wissen, wie
man gibt und wie man bekommt. Es bedeutet, den anderen im Sinn zu behalten, nicht das eigene Leben für den
Partner aufzugeben, sondern »Kleinigkeiten« füreinander zu tun. Für eine Frau bestand dies darin, daß ihr
Liebhaber immer auf sie wartete, wenn sie spät von Ge-
schäftsreisen zurückkam. Für eine andere waren es Sü-
ßigkeiten oder Blumen, die er auf dem Weg zu ihr
kaufte. Für einen Mann war es eine Nackenmassage,
wenn er sich besonders angespannt fühlte.

Eigentlich ist es wirklich sehr einfach, denn es sind die
kleinen Aufmerksamkeiten, die Ihnen das Gefühl geben, geliebt zu werden.

2. Übung: Einmal am Tag egoistisch sein
Das ist die Kehrseite der ersten Übung. Egoismus in kleiner Dosierung kann einem Mann zeigen, daß er zwar

Partner in einer Beziehung, aber nicht »in die Ecke gedrängt« ist. Die Übung ist gut für Frauen, weil sie sie zwingt, einmal am Tag egoistisch zu sein, etwas, das den meisten Frauen Schwierigkeiten bereitet. Selbstaufopferung ergibt hier keine Punkte! Die einzige Einschränkung bei dieser Übung ist, daß Sie Ihre egoistische Handlung dem Partner nicht einfach vor die Füße knallen, sondern vorher mit ihm darüber reden. Sie können Ihren Partner zum Beispiel tagsüber anrufen und ihm sagen, Sie würden nach der Arbeit mit einer Freundin Tennis spielen gehen und deshalb nicht mit ihm zusammen zu Abend essen. Oder, wenn eine Frau sich gerade unterhalten möchte, kann ein Mann egoistisch sein und sagen, er möchte jetzt lieber ein Schläfchen machen.

Immer wieder sagen wir Männern, daß jedem Partner persönlicher Freiraum zusteht und daß eine Beziehung nicht bedeutet, immer aufeinanderzuhocken. Es ist eine typische Annahme von Männern, daß sie, sobald sie in einer Beziehung sind, von der Frau so bedrängt werden, daß sie keine Luft mehr bekommen. Diese zweite Übung zeigt Paaren, daß Freiraum für eine Beziehung genauso lebensnotwendig ist wie Nähe. Zuviel Nähe ist tatsächlich erdrückend – oder möchten Sie, daß Ihnen jemand täglich vierundzwanzig Stunden im Nacken sitzt?

3. Übung: Mehr Eigennutz

Stuart und Phyllis haben eine Schaukelbeziehung: Entweder sie stecken bis über beide Ohren in Arbeit und sehen sich tagelang nicht, oder sie sind lange und ausgiebig zusammen. Wenn sie zusammen sind, sind sie sexuell und emotional so aufgeheizt, daß sie oft nicht mehr wissen, wann es des Guten zuviel ist. Dann streiten sie über alles, sogar darüber, wie sie miteinander schlafen.

Sie sagen, wenn sie wirklich verliebt wären, würden sie eng umschlungen schlafen, aber in Wirklichkeit kämpfen sie die ganze Nacht um die Bettdecke. Einer unserer ersten Vorschläge war, sich ein Riesenbett zu kaufen.

»Sie brauchen beide viel Platz«, sagten wir. »Sie müssen sich ausstrecken können.«

Wir meinten das durchaus im doppelten Sinn. Jeder, der in einer Beziehung lebt, braucht Platz, um sich zu strekken. Einmal, nachdem sie sich eine Woche lang nicht gesehen hatten, verbrachten Stuart und Phyllis mehrere Tage und Nächte zusammen. Am vierten Morgen, als sie miteinander in Stuarts Wohnung im Bett lagen, sich unterhielten und lachten, sagte Phyllis plötzlich aus heiterem Himmel: »Stuart, du bist so schlampig, daß ich es in deiner Wohnung kaum aushalte.« Stuart zog sich von ihr zurück, als hätte ihn etwas gebissen.

Jedes Paar muß wissen, daß auch das Bedürfnis zur Nähe seine Grenzen hat. Es ist ganz in Ordnung, mal Luft zu holen, besonders wenn man sich sehr nahe war. Phyllis reagierte unbewußt auf die Tage der Nähe – und wenn sie es nicht zuerst getan hätte, hätte Stuart sicher bald etwas Ähnliches gemacht. Unglücklicherweise war sie sich nicht bewußt, daß sie Luft zum Atmen brauchte. Sie glaubte, es wäre nicht »richtig«, das zu brauchen. Statt dessen inszenierte sie einen Streit, weil das eine sichere Möglichkeit war, sich Freiraum zu verschaffen.

Um das Gleichgewicht zwischen Eigenständigkeit und Nähe zu halten und solche Situationen zu vermeiden, schlagen wir vor, daß Sie:

1. Ihren Sättigungspunkt für Nähe herausfinden;
2. verstehen, daß es richtig ist, sich zurückzuziehen, wenn Ihnen danach ist;
3. eine Methode entwickeln, sich zurückzuziehen, ohne zu verletzen und ohne zu zerstören.

Nach einiger Zeit werden Sie mit Ihrem Partner ganz unverkrampft zusammen sein können, und es wird möglich sein, einfach zu sagen: »Ich glaube, ich gehe jetzt mal duschen«, oder: »Ich glaube, ich geh' mal kurz in meine Wohnung rüber.« Es heißt noch lange nicht, daß man den anderen ablehnt, wenn einer von beiden das Bedürfnis hat, allein zu sein.

4. Übung: Die Gesprächskur

Ihnen wird diese Übung gefallen, er wird skeptisch sein. Jeder Partner darf eine Viertelstunde lang reden und muß dann eine Viertelstunde lang dem anderen zuhören. Kann sich ein Mann um die Gesprächskur drücken, indem er über das Fußballspiel von gestern abend redet, über die Börse oder über das tolle neue Spaghettirezept, das er heute in der Zeitung gesehen hat? Nein, er muß über seine Gefühle reden! Und dabei müssen Sie zuhören, ohne ihn zu unterbrechen, ohne Grimassen zu schneiden, zu seufzen, ins Badezimmer zu gehen oder einen »dringenden« Anruf zu erledigen (anders ausgedrückt, selbst wenn Ihnen nicht gefällt, was er sagt, müssen Sie trotzdem zuhören). Wenn er fertig ist, müssen Sie wiederholen, was er gesagt hat. Dann hört er Ihnen – ohne Kommentar – zu und wiederholt, was Sie gesagt haben.

Wie wir alle wissen, hassen es Männer, über ihre Gefühle zu sprechen. Mit dieser Übung kann er es wirklich lernen. Nehmen wir einmal an, er ist auf Sie wütend. Sie waren gestern abend auf der Dinnerparty schlecht gelaunt, haben ihn angeschnauzt und vor den Kopf gestoßen. Jetzt wird er mit Ihnen reden müssen, anstatt sich zurückzuziehen. Für Sie beide lautet die Regel: »Keine Vorwürfe.« Der Sinn dieser Übung ist es, herauszufinden, was sich zwischen Ihnen abspielt und welche Gefühle sie dabei haben.

Ein Mann kann mit dieser Übung die schöne (und leider meist Frauen vorbehaltene) Kunst des Zuhörens lernen. Zuerst mag es einen eklatanten Unterschied zwischen dem, was Sie sagen, und dem, was er wiederholt, geben. Nicht verzweifeln – diese Übung zum Einstimmen auf eine andere Person ist ähnlich wie die erste Übung und kann einige Probeläufe erfordern. Belassen Sie es aber bei einer Viertelstunde. Er tut sich vielleicht schwerer, etwas in Worte zu fassen, aber nach einiger Zeit kann er von Ihnen lernen, es besser zu machen.

Eng verwandt mit der Gesprächskur ist das Rollenspiel.

Hier werden die Rollen vertauscht. Sie spielen »ihn«, und er spielt »Sie«. Zuhören nicht vergessen! Wenn Sie seine Rolle spielen, versuchen Sie, sich vorzustellen, wie es sich anfühlt, wenn der eigene Freiraum bedrängt wird. Wenn er Sie spielt, entdeckt er vielleicht, daß ein gewisser Teil von ihm mehr Nähe braucht. Sinn der Sache ist schlicht und einfach, sich in die Gefühle des anderen hineinzuversetzen.

Für Männer, die Schwierigkeiten mit dem Rollenspiel haben, wollen wir es so ausdrücken: Werden Sie zum Anwalt für die Gegenseite. Übernehmen Sie ihren Fall, und gewinnen Sie ihn. (Wenn er es als »Job« sieht, wird er sich darauf stürzen.) Der springende Punkt ist, daß er sich auf Sie einstellen muß, wenn er Ihren Fall erfolgreich vertreten will.

Lillian und Michael waren in ihrer Beziehung auf der fünften Stufe gewesen. Seit drei Jahren lebten sie zusammen, davor hatten sie zwei Jahre lang ein monogames Verhältnis. Lillian war zweiunddreißig, Michael fünfunddreißig. Lillian wollte allmählich über Kinder reden – und natürlich auch über Heiraten. Sie verstand nicht, warum Michael zögerte. Er sagte, er würde sie wirklich lieben (und verhielt sich auch so), und schien auch an ihr zu hängen. Warum dann dieses Zögern vor dem nächsten, eigentlich logischen Schritt?

Lillian beschloß, es mit der Gesprächskur zu versuchen. Sie legte jede Woche einen Termin fest, an dem Michael und sie jeweils den Standpunkt des anderen einnehmen und ihn vortragen wollten. In der ersten Woche war Michael nur halb bei der Sache. Dann, als Lillian an der Reihe war, gab sie eine dramatische Vorstellung, wie Michael sich ihrer Meinung nach gegen das Heiraten wehrte. »Warum Sand aufwirbeln?« sagte sie in ihrer Rolle als Michael. »Es läuft doch alles so gut. Ich habe alle Vorteile einer Ehe, ohne gebunden zu sein. Ich möchte Kinder, aber wozu die Eile? Ich bin auch in fünf Jahren noch fähig, Kinder zu zeugen. Also warum jetzt, wo ich noch nicht dazu bereit bin?«

Michael hatte sich inzwischen in seinem Stuhl aufgesetzt und hörte sehr aufmerksam zu.

»Und außerdem«, fuhr Lillian, die sich inzwischen in ihre Rolle hineingesteigert hatte, fort, »war die Ehe meiner Eltern auch kein Honiglecken. Mein Vater war nie für meine Mutter da. Und nachdem sie dreißig Jahre lang für ihn Sklavin, Koch und Putzfrau gewesen war, hat Dad sie wegen seiner blonden, zehn Jahre jüngeren Sekretärin verlassen. Ich hab' eine Heidenangst, daß ich einer Frau dasselbe antun könnte, wenn ich je heirate.«

Lillian hielt, von ihren eigenen Worten völlig überrascht, inne. Michael saß ihr mit offenem Mund gegenüber. Plötzlich umarmte er sie und fing an zu weinen. Nach stundenlanger Unterhaltung wurde Michael klar, daß seine Ängste darauf zurückzuführen waren, daß sein Vater seine Mutter verlassen hatte. Er hatte Angst, Lillian zu heiraten und ihr möglicherweise dasselbe anzutun, was sein Vater seiner Mutter angetan hatte. Sobald er diese Ängste in seinem Unterbewußtsein entdeckt hatte und auch frei darüber reden konnte, wurde ihm klar, wie irrational sie eigentlich waren. Er war nicht sein Vater, und Lillian war schon gar nicht seine Mutter. Ihre Ehe hatte so viele Chancen wie jede andere auch. Ja, wahrscheinlich sogar größere, mußte Michael einräumen, weil ihre Beziehung besser war als die der meisten Paare, die er kannte.

Bei Michael und Lillian kam der Durchbruch ungewöhnlich schnell – einen Monat später hatten sie eine Hochzeit im kleinen Kreis angesetzt. Heute, zwei Jahre später, sind sie immer noch verheiratet, und Lillian erwartet ihr erstes Kind. Die Gesprächskur ist deshalb so wertvoll, weil dabei die Probleme, die ein Mann in einer Beziehung hat, auf völlig unbedrohliche, sachliche Art auf den Tisch gebracht werden können.

5. Übung: Zusammen leben – zusammen spielen
Eines Tages saß ein Paar schweigend und frustriert in unserer Praxis. Sie waren auf dem absoluten Nullpunkt

in ihrer Beziehung angelangt. Während wir uns unterhielten, stellte sich heraus, daß Mark und Sharon früher zusammen Tennis gespielt, gewandert und schwimmen gegangen waren. Als sie sich aber nähergekommen waren, hatten sie, statt etwas zu unternehmen, geredet und ihre Probleme immer wieder durchgekaut, bis beide völlig gelähmt waren. Wir sagten ihnen, ihre Beziehung kranke an zu viel Ernsthaftigkeit. Sie hatten immer sehr genossen, etwas zusammen zu machen und miteinander zu spielen, also empfahlen wir ihnen, weniger zu reden und mehr zu spielen!

Über Probleme sprechen ist wichtig, aber Spontaneität und Humor sind zwei ebenso wichtige Bestandteile jeder erfolgreichen Beziehung. »Herumalbern« kann ein Problem nicht lösen, kann aber die Türen der Kommunikation für eine spätere Diskussion öffnen. Außerdem ist unbefangenes Spielen durchaus erotisch und kann zu außerordentlich sinnlichen Erlebnissen führen. Wir sind fest davon überzeugt, daß gute sexuelle Beziehungen ein Grundelement einer intensiven Beziehung ist. Lassen Sie sich also ab und zu gehen, und genießen Sie es.

6. Übung: Von den Problemen Urlaub nehmen

Gehen Sie zusammen essen, und unterhalten Sie sich über die schönen Zeiten, die Sie zusammen gehabt haben. Erzählen Sie sich gegenseitig ihr schönstes Erlebnis mit dem anderen. Denken Sie laut über die Zeiten nach, in denen, wie Sie glauben, alles optimal gelaufen ist – mit genau dem richtigen Maß an Nähe zum anderen. Wenn diese Art von »Urlaub« gut bei Ihnen ankommt, dann planen Sie jede Woche einen ähnlichen Urlaub zusammen. Sie können sich auch gegenseitig erzählen, warum Sie sich überhaupt gerade in diesen Menschen verliebt haben. Das ist ein guter Denkanstoß für einen Mann, der sich gegen Nähe wehrt und der vielleicht an einer Frau genau die Sachen kritisiert, die ihm am Anfang gefallen haben.

Wir bitten die Paare oft, uns die Zeit in ihrer Beziehung

zu beschreiben, in der sie das Gefühl hatten, am meisten geliebt zu werden. Als wir Cheryl und Dave danach fragten, erzählte uns Cheryl, ohne einen Moment zu überlegen, daß es die Zeit war, in der sie schwere Depressionen hatte und durch die Krise Daves Pflegeinstinkte zum Vorschein kamen. »Na also«, sagten wir etwas ironisch, »jetzt sind Sie nicht mehr deprimiert und machen Karriere. Müssen Sie das nun alles aufgeben, um die Beziehung zu retten?« Sie lachten beide, aber es war eine wichtige Lektion für sie.

Offensichtlich konnte Dave Cheryl nur etwas geben, wenn sie völlig willenlos war und er das Heft in der Hand hielt. (Unbewußt spürte Cheryl, daß Dave sich nur dann auf sie einstellte, wenn sie völlig fertig war.) Was war zu tun? Zuerst mußte Cheryl ihm beibringen, daß sie weder ein willenloser Pflegefall noch absoluter Selbstversorger war. Sie sollte nicht bis kurz vor dem Zusammenbruch warten, um ihm zu sagen, was sie brauchte. Und Dave sollte lernen, die Signale zu erkennen und zu reagieren, bevor sie am Ende war. Kleine Änderungen wie diese können ein gefährliches Muster durchbrechen.

7. *Übung: Sex nur dann, wenn's Spaß macht*
Wenn ein Paar in die Therapie kommt und uns erzählt, daß es im Bett nicht mehr gut läuft, weil der Mann sich abkapselt oder herrschsüchtig, sadistisch oder einfach mechanisch geworden ist, dann sagen wir zuerst einmal: »Vorerst keinen Sex!« Mit anderen Worten: lieber keinen als unbefriedigenden Sex. Man muß kein Therapeut sein, um festzustellen: Wenn Sie keinen Spaß dran haben, hören Sie erst mal damit auf.

Möglichkeiten, einen Mann zum sexuellen Geben zu veranlassen

Wenn im Bett nichts mehr läuft, kann man einen neuen Anfang machen und das sexuelle Zusammenspiel wieder langsam einüben. Wenn ein Mann sich beim Sex verweigert oder zu beherrschend ist, hat er Angst, einer Frau »zu viel« zu geben, das heißt, er hat Angst, sich selbst zu verlieren, wenn er zu viel gibt. Andere Männer wollen nichts geben – basta. Sie sehen einfach keinen Gewinn für sich selbst darin. Bei diesen Übungen geht es nicht um Stellungen und Techniken. Sie sollen vielmehr den Druck von Ihnen beiden nehmen und dem Mann helfen, geben zu lernen.

1. Wunschträume aussprechen

Wenn er zurückhaltend oder beherrschend geworden ist, drehen Sie die Uhr zu den Tagen zurück, als Sie noch scharf aufeinander waren. Die Erinnerung an die Begierde und Romantik wird Ihnen beiden ein neues sexuelles Flair geben. Erzählen Sie sich gegenseitig Ihre Wunschträume direkt oder am Telefon, aber handeln Sie nicht danach. Leihen Sie sich einen Pornofilm aus, und schauen Sie sich ihn zusammen an. Lesen sie sich gegenseitig gute Pornographie vor. (Anaïs Nin zum Beispiel hat zwei Sammlungen hervorragender sinnlich-erotischer Geschichten geschrieben. Häufig ist die von Frauen geschriebene Erotik die beste.) Machen Sie ein Spiel daraus. Wie lange halten Sie es aus, sich gegenseitig anzuheizen, ohne sich die Kleider vom Leib zu reißen und ins Bett zu fallen? Der springende Punkt dieser Übung ist: Tun Sie nichts – noch nicht.

2. »Alles außer Beischlaf«-Übungen

Dazu gehört, sinnliches, aber nicht sexuelles Vergnügen zu geben und zu nehmen. Ausgiebiges Streicheln ohne jedes »Ziel« außer dem, den Körper des anderen genießen, ist das Erfolgsrezept für guten Sex. Das ist ein echter Test für viele Männer, die von Bindungsproblemen geplagt sind und die sich oft nicht die Zeit nehmen wollen, die Partnerin zu befriedigen. Das Gute an dieser Übung liegt nicht in den Handlungen selbst, sondern daran, daß Sie erkennen, wie jeder von Ihnen reagiert. Für ihn kann etwas geben heißen, »nachzugeben« oder die Kontrolle »aufzugeben«. Es kann sich auch zeigen, daß er einfach gewohnt ist, seinen Willen durchzusetzen, oder daß Sex für ihn schlicht heißt: rein, raus und weg. Wenn diese Übung zu Ihrer beiderseitigen Zufriedenheit verläuft, dann gehen Sie zum Streicheln im Intimbereich über, dann zum gemeinsamen Orgasmus ohne Beischlaf und schließlich zum Beischlaf.

Ein anderer Vorschlag: Nehmen wir einmal an, jeder hat an einem anderen Abend »das Sagen«. (Im allgemeinen muß derjenige, der dran ist, dafür sorgen, daß das Schäferstündchen auch stattfindet.) Wenn Dienstag zum Beispiel seine Nacht ist, darf er Zeit, Ort und Stellung aussuchen. In Ihrer Nacht gelten dieselben Regeln. Das ist eine ausgezeichnete (und aufregende) Übung, um zu lernen, wie man bestimmt oder nachgibt. Wenn er in anderen Lebensbereichen Schwierigkeiten hat, nachzugeben (siehe die erste und dritte Übung), dann wird das Problem im Bett am deutlichsten werden. Wenn er schließlich hier wie dort weiterhin Schwierigkeiten damit hat, ist er wahrscheinlich ein Mann, der nichts taugt und nichts taugen wird.

Beziehungstraining

Nehmen wir an, Sie haben alle beschriebenen Übungen versucht – und es funktioniert immer noch nicht. Dann sind drastischere Methoden angesagt.

1. Das Ultimatum

Ann und Jerry sind seit zwei Jahren zusammen. Sie waren bereit für die vierte Stufe (Monogamie Plus). Anne wollte, daß Jerry zu ihr zog. Er schob die Sache monatelang vor sich her und überlegte so lange, bis Anne dachte, sie würde verrückt. Schließlich schaute sie auf die Uhr und sagte: »Du hast genau achtundvierzig Stunden Zeit, dich zu entscheiden.«

Anne hatte das Gefühl, daß die »Jetzt oder nie«-Taktik funktionieren würde. Sie sollten sich sicher sein, daß es klappt – der Mann sollte schon so kurz vor einer Entscheidung stehen, daß er nur noch einen kleinen Schubs braucht. Eine andere Frau gab einem Mann sechs Monate Zeit, sich zu entscheiden, ob sie zusammenziehen wollen. (Das Thema war zuvor ausgiebig diskutiert worden, und die erreichte Bindungsstufe entsprach ihrer Forderung.) Und eine andere Frau, die seit mehreren Jahren mit ihrem Freund zusammenlebte, kam schließlich zu dem Schluß, daß sie eine deutlichere Bindung wollte. Sie forderte innerhalb von drei Monaten eine Entscheidung, ob geheiratet wird oder nicht. Zu guter Letzt drehte sie ihm eines Tages, halb im Ernst und halb im Scherz, den Arm auf den Rücken und sagte: »Jetzt raus mit der Sprache! Wirst du mich heiraten oder nicht?« All diese Männer akzeptierten das Ultimatum, das ihnen die Frauen gestellt hatten. Aber setzen Sie einem Mann nur dann das Messer auf die Brust, wenn Sie genau wissen, daß er sich auf derselben Bindungsstufe befindet wie Sie. Sonst geht der Schuß nach hinten los. Und machen Sie, wenn Sie einmal ein Ultimatum gestellt haben, keinen Rückzieher und sagen, Sie hätten nur Spaß gemacht. Es ist kein Scherz – Sie haben Ihr Limit selbst bekanntgegeben.

Manchmal schlagen wir Frauen eine andere Art von Ultimatum vor, nämlich ein heimliches. Das kann auf einer der frühen Stufen der Beziehung sehr hilfreich sein. Nehmen wir an, eine Frau hat versucht, über ihre mangelnde sexuelle Befriedigung mit ihrem Freund zu reden. Sie hat auch sinnliche Übungen mit ihm gemacht, aber sie ist frustriert, denn jedesmal, wenn er an der Reihe ist mit Geben, ist er sauer. Sie haßt die Art, wie er ihr die Creme auf dem Rücken verteilt und sie lustlos einreibt. Er ist dabei so unbeteiligt, daß sie von einer Massage im Fitneß-Center mehr hätte!

Sie beschließt, die Beziehung aufzugeben, wenn die sexuelle Beziehung nach drei Monaten nicht besser ist. Sofort fühlt sie sich besser. Wenn eine Frau einen eigenen Zeitplan hat, hat sie das Gefühl, die Sache in der Hand zu haben. Sie wird sich über ihre Bedürfnisse klar und trifft ihre eigenen Entscheidungen. Sie hat nicht das flaue Gefühl, ihm ausgeliefert zu sein.

2. Trennung auf Zeit

Wenn Ihre Streitereien endlos werden, nur noch ermüden und sich ständig wiederholen (wie eine Ladung schmutziger Wäsche, die ständig in der Trommel kreist), dann kann eine getrennt verbrachte Woche die Wut und die miesen Gefühle, die Sie beide haben, vertreiben. Es ist ein befreiendes Gefühl, zu streiten aufzuhören, was einen ja oft so verrückt macht, daß man sich selbst nicht mehr erkennt (oder ihn nicht mehr erkennt: Statt Ihr Liebhaber zu sein, wird er Ihr Folterknecht). Eine Trennung kann Ihnen auch helfen, sich selbst wieder als Individuum zu sehen, das ohne diese Beziehung leben kann. Eine Frau drückte es so aus: »Ich habe gemerkt, es ging auch ohne ihn. Ich habe die Woche damit verbracht, Freunde zu sehen, ins Kino zu gehen, Bücher zu lesen, früh schlafen zu gehen und zu Abend zu essen, wann immer mir danach war. Als wir uns dann wiedersahen, hatte ich das Gefühl, ich wäre einen Monat in Kur gewesen.«

Sprechen Sie die Trennung vorher mit Ihrem Partner durch, und legen Sie die Bedingung fest (Telefonate, totaler Entzug etc.). Versuchen Sie, Ihre erste Verabredung außergewöhnlich zu gestalten. Die Partner schätzen sich nach einer solchen Trennung oft wieder mehr. Dieses kurze Solo kann Ihnen helfen, sich wieder daran zu erinnern, daß Sie diesen Menschen wirklich einmal gemocht haben.

3. Sich mit anderen Leuten treffen

Bis zur dritten Stufe (Monogamie) empfehlen wir Frauen, sich unbedingt mit anderen Menschen zu treffen. Sitzen Sie nicht einfach herum und warten, bis er anruft – Sie sollten sich schön machen und ausgehen. Das macht er wahrscheinlich auch. Eine unserer Klientinnen traf sich zur selben Zeit mit verschiedenen Männern, schlief aber nur mit einem. Sie wollte wissen, ob sie die anderen fallenlassen und monogam sein sollte. Da es ihr so offensichtlich widerstrebte, rieten wir ihr, die Sache mit dem einen Mann nicht zu ernst zu nehmen und sich weiterhin mit den anderen zu verabreden, bis sie wußte, welcher ihr wirklich gefiel. Wenn Sie die Warterei am Telefon aus Ihrem Repertoire streichen und statt dessen Spaß haben wollen, wird Ihr Selbstwertgefühl so gesteigert, daß Sie sich kaum wiedererkennen werden.

Sich mit anderen Männern zu verabreden, wenn man einmal monogam lebt, ist eine andere Geschichte. Sie haben sich vielleicht zu schnell oder zu bald auf Monogamie eingelassen, und nun läuft es nicht so, wie Sie es sich vorgestellt haben. Barry weigert sich, Andrea Rechenschaft über seine Zeit abzulegen, obwohl beide offenbar schon die dritte Stufe der Beziehung erreicht haben. Außerdem erwartet er, daß sie alles stehen- und liegenläßt, wenn er anruft. Sie ging darauf ein, hatte aber das Gefühl, sie wäre wieder sechzehn und würde zu Hause herumhängen, bis der Kapitän des Fußballteams anruft. »Für so etwas bin ich zu alt«, meinte sie. »Warum soll er alle Trümpfe in der Hand haben?« Sie sagte Barry, sie habe das Gefühl, es sei zu schnell gegangen und wohl das beste für sie beide, sich auch wieder mit anderen Leuten zu verabreden.

Andrea und Barry einigten sich auf Rückzug zur zweiten Stufe. Das heißt nicht Trennung – nur etwas lockerere Zügel. Nachdem Andrea den Stein ins Rollen gebracht hatte, ging sie los und kaufte sich ein Kleid, auf das sie schon seit Wochen ein Auge geworfen hatte, und ging mit einem Mann aus dem Büro zum Essen. »Ich werde nicht auf Barry warten«, sagte sie. »Wenn er sich die Sache durch den Kopf gehen läßt und sich entschließt, etwas zu ändern, gut. Wenn nicht, dann werde ich wissen, daß er nicht der Richtige für mich ist.«

Sehen Sie das nicht als Taktik an, um einen Mann »herumzukriegen«. Betrachten Sie es als Möglichkeit, Ihr Selbstwertgefühl aufzustocken und sich gut zu unterhalten. Manchmal wird ein Mann vorschlagen, »andere Leute« zu treffen, und Sie haben den Verdacht, in Wirklichkeit versuche er, mit Ihnen Schluß zu machen. Sagen Sie nicht ja und sitzen dann zu Hause herum und warten auf seinen Anruf. Lassen Sie Ihre Freunde wissen, daß Sie wieder im Spiel sind, und vergessen Sie ihn.

Wenn gar nichts mehr geht

Nehmen wir an, Sie kriegen es einfach nicht auf die Reihe. Sie sind beide zu sauer, zu verärgert und zu sehr ineinander verstrickt, um noch objektiv zu sein. Sie haben über »die Beziehung« geredet, bis sie zur dritten Partei – zwischen Ihnen beiden – geworden ist. Sie haben sich ein Frankenstein-Monster geschaffen, das Ihnen keine Ruhe mehr läßt. Es ist größer, stärker und ekelhafter als Sie und bestimmt, wo es langgeht. Um die Sache wieder in den Griff zu kriegen, ist es sinnvoll, einen Therapeuten hinzuzuziehen, der Ihnen mit Rat und Tat zur Seite stehen kann. Ein Therapeut kann Ihnen helfen, die Sache durchzuarbeiten oder die Beziehung abzubrechen. (Nicht vergessen: Ein Therapeut wird Ihre Probleme nicht lösen – er wird Ihnen helfen, sie zu lösen und eine eigene Entscheidung zu treffen.)

»Ich kann gar nicht glauben, daß ich mich mit diesem Mann verlobt habe«, sagte Laura. »Am liebsten würde ich den Kerl überhaupt nicht mehr sehen.«

Am Telefon zitterte ihre Stimme vor Wut und Tränen. Laura und Eric hatten vor einigen Stunden ihre erste gemeinsame Therapiestunde gehabt – und für Laura war es ein Schock gewesen. Seit ihrer Verlobung hatte Eric sich wie ein völlig anderer Mann aufgeführt, erzählte sie uns, und in der Beratung habe sich bestätigt, daß sie mit einem »Dr. Jekyll und Mr. Hyde«-Menschen zusammenlebte. Nachdem das Paar den Hochzeitstermin festgelegt und die Einladungskarten in Auftrag gegeben hatte, zog Laura mit in Erics Wohnung. Plötzlich verlangte er von ihr die Unterschrift unter einen Vorehevertrag, in dem seine ganzen Besitztümer aufgelistet waren – ja sogar, wie viele gemeinsame Besuche bei ihren Eltern jährlich vereinbart seien (kein Wort von seinen Eltern). Sie durfte keine Möbel mitbringen, da ihm ihr Geschmack nicht gefiel, und er beschwerte sich bitterlich, als sie ihre Ledertasche auf seinen Lieblingssessel legte, (da der Stoff kaputtgehen könnte). Mit Erstaunen hörte Laura während der Stunde, daß Eric der Meinung war, sie sei schlampig, unverantwortlich und würde seinen intellektuellen und ästhetischen Ansprüchen nicht genügen. Sie fand außerdem zu ihrem Entsetzen heraus, daß Erics letzte Beziehung ebenso geendet hatte. Er war glücklich verlobt gewesen, hatte dann plötzlich Verschiedenes an seiner Verlobten auszusetzen, bis sie ihn schließlich verlassen hatte.

Jetzt sagte sie am Telefon: »Ich glaube, ich liebe ihn immer noch, bin mir aber nicht sicher. Es kommt mir vor, als wäre er plötzlich ein ganz anderer Mensch! Finden Sie nicht, daß seine Probleme sehr extrem sind?« – »Seine Reaktionen auf das Heiraten sind wirklich sehr extrem«, stimmten wir ihr vorsichtig zu. »Aber uns scheint, als hätte Eric dieselben Probleme wie viele andere Männer.«

»Ich weiß gar nicht, ob ich die Therapie oder die Beziehung überhaupt fortsetzen soll«, sagte sie. »Die Frage sollten wir in der nächsten Stunde besprechen«, sagten wir. Wir wollten uns nicht auf ein Bündnis mit ihr gegen Eric einlassen. Nichts könnte der Therapie mehr schaden.

Aber Laura war so aufgeregt, daß sie nicht gleich auflegen konnte. »Das kann noch schlimmer werden, wenn wir erst einmal verheiratet sind«, sagte sie. »Ich bin erst achtundzwanzig und hab' also immer noch Chancen. Ich will ihn nicht auf Teufel komm raus. Ich möchte in meinem Leben noch viele schöne Dinge erleben.« – »Daß er bereit ist, mit Ihnen zur Therapie zu kommen, ist schon ein sehr positives Zeichen«, antworteten wir.
»Aber er wäre überhaupt nicht gekommen, wenn ich ihn nicht fast mit Gewalt hingeschleppt hätte.« – »Das war doch nur beim ersten Mal«, sagten wir. »Das erste Mal ist es für beide immer sehr schwer. Jetzt hat er sich bereit erklärt, Geld, Zeit und Energie zu investieren. Er ist bereit, an der Beziehung zu arbeiten. Wir werden all Ihre Zweifel in der Therapiestunde besprechen.«
Laura holte tief Luft und erklärte sich bereit, mit der zeitlich begrenzten Paar-Therapie, die sie angefangen hatten, weiterzumachen.

Wann ist Paar-Therapie sinnvoll?

Es liegt auf der Hand, daß Paar-Therapie nicht in Frage kommt, wenn Sie sich auf einer der Stufen vor der Monogamie befinden. Wie wir auch Laura sagten, ist allein die Bereitschaft, einen Therapeuten aufzusuchen, ein gewisses minimales Zugeständnis. Es gibt zwei Standardsituationen, die Sie als Paar in die Therapie bringen. Die erste: Wie bei Laura und Eric ist Ihre Beziehung plötzlich in einer ernsthaften Krise. In diesem Fall benahm sich Eric »untypisch« oder »als wäre er jemand anderes«, wie Laura es ausdrückte. Tatsächlich verhielt sich Eric nach dem klassischen Muster des Mannes der III. Kategorie. Aus Angst, die Kontrolle zu verlieren, zwang er ihr einen kalten, unpersönlichen Vertrag auf. Dann, als ihm angesichts der Aussicht, daß sie zu ihm zieht und sein Leben bestimmt, der kalte Schweiß ausbrach, warf er ihr vor, sie sei schlampig. Eric hatte alle vertrauten männlichen Abwehrmechanismen aufgeboten, um sich selbst von seinen Ängsten abzulenken.

Die zweite Situation: Ein Paar kann sein Heil beim Therapeuten suchen, wenn es in einer völlig verfahrenen, stagnierenden Beziehung steckt, in der es ständig einen Schritt vorwärts und zwei Schritte rückwärts macht. Das perfekte Beispiel ist das Paar, das sich sexuell so lange gut versteht, bis sie über einen längeren Zeitraum zusammen sind und sich wirklich nahekommen. Sie ziehen sich wieder voneinander zurück, der Sex wird besser, sie kommen sich wieder näher, und der Sex wird wieder flau wie abgestandener Champagner. Entsprechend wächst die Frustration. Ein Therapeut kann möglicherweise helfen, indem er das Verhaltensmuster aufzeigt und erklärt, was das Verhalten bedeuten könnte.

Warum er sich weigern wird, mitzugehen

Sie sagen: »Gehen wir zu einem Therapeuten!« Er sagt: »Gehen wir lieber Ski fahren!« Er fürchtet insgeheim, der Therapeut wäre auf Ihrer Seite und würde ihm Dinge »entlocken«, die er nicht preisgeben will. Ihm widerstrebt die Vorstellung, jemand anderem die (wie es ihm vorkommt) Kontrolle zu überlassen. Es könnte damit enden, daß er sich selbst in einem schlechten Licht sieht! Aus diesen Gründen wird ein Mann vielleicht zu Ihnen sagen: »Therapie, das ist doch Zeit- und Geldverschwendung.« Oder er spielt sich plötzlich als Richter auf und sagt: »Wenn wir nicht mal unsere eigenen Probleme lösen können, dann ist doch was faul zwischen uns.« Aber meistens sind die Männer nach einiger Zeit von der Therapie so begeistert, daß sie regelrechte Werbefeldzüge starten und ihre Freunde in Scharen zu uns treiben. Für einen Mann kann Therapie sehr befreiend sein. Plötzlich entdeckt er eine völlig neue Dimension seines Selbst, die Dimension der Gefühle. Das kann ihn fast in einen Rauschzustand versetzen.

Vier Wege, einen Mann dazu zu bringen, eine Therapie auszuprobieren

1. Sagen Sie ihm, er müsse es nur einmal probieren.
2. Sagen Sie ihm, er solle es »für Sie« machen. Ein Mann kann glauben, er habe keine Probleme, aber Sie schon. (Keine Sorge – wenn er erst einmal in der Praxis ist, wird ihm diese Illusion schnell genommen.)
3. Sagen Sie ihm, er könne den Therapeuten wählen.
4. Fordern Sie ihn heraus: »Komm schon, sei kein Angsthase!« Dieser Herausforderung kann er vielleicht nicht widerstehen.

Wie lange wird es dauern?

Einem Paar über eine Hürde zu helfen, den Therapieverlauf zu klären und zur nächsten Stufe der Bindung zu kommen kann bis zu drei Monaten dauern. In diesem Zeitraum sollte der Therapeut es schaffen, Verhaltensmuster und Abwehrmechanismen herauszuschälen und zu sehen, auf welcher Bindungsstufe die Schwierigkeiten anfingen. (Eine andere Form der Paar-Therapie, die sich normalerweise mit verheirateten Paaren befaßt, die ihre Beziehung verbessern wollen, kann bis zu einem Jahr dauern.) In drei Monaten, manchmal weniger, können Sie alles, was Sie wissen müssen, das heißt, ob die Beziehung es wert ist, an ihr zu arbeiten, herausfinden. Damit Laura und Eric sich entscheiden konnten, rieten wir ihnen, den Rückwärtsgang einzulegen, die Heiratspläne vorübergehend auf Eis zu legen, die Kosten für die Einladungskarten abzuschreiben und sich drei Monate für die Analyse ihrer Beziehung zu geben. Danach sieht man, ob die Probleme, wie Laura befürchtet, zu gravierend sind oder nicht. Nach drei Monaten wird sie es genau wissen.

Welcher Therapeut ist der richtige?

Hier hält man sich am besten an die Mund-zu-Mund-Propaganda. Reden Sie mit Freunden, die schon eine Paar-Therapie gemacht haben, und lassen Sie sich davon berichten. Die gute Erfahrung eines zuverlässigen Freundes mit einem Therapeuten ist wahrscheinlich die beste Empfehlung, die Sie erhalten können. Oder lassen Sie sich von Beratungsstellen jemanden empfehlen.
Nachdem Paar-Therapie kein Langzeitprozeß ist, sollten Sie mit Ihrem Therapeuten schnell warm werden. Sie und Ihr Partner sollten aus der ersten Sitzung mit dem Gefühl kommen, daß der Therapeut Sie beide verstanden hat – und Ihnen beiden auf den Zahn gefühlt hat (zumindest ein bißchen). Spätestens nach drei Treffen ist die Erwartung gerechtfertigt, von Ihrem Therapeuten folgendes zu erfahren: 1. Welche sind die Hauptprobleme der Beziehung? 2. Wie lange wird die Therapie voraussichtlich dauern? und 3. Welche Ergebnisse kann man innerhalb dieses Zeitraums erwarten?
Sollte ein Therapeut diese Fragen nicht beantworten, dann seien Sie auf der Hut – Sie haben ein Recht auf Antworten. Das ist der Sinn der Paar-Therapie.

Übungen für eine Beziehung, die in einer Sackgasse steckt

- Machen Sie einmal am Tag etwas Nettes für den anderen, und schreiben Sie es auf. Sagen Sie Ihrem Partner nicht, was Sie für ihn getan haben, bis Sie es später besprechen.
- Seien Sie einmal am Tag egoistisch. Wählen Sie etwas, was Sie wirklich gern tun. Spornen Sie Ihren Partner an, dasselbe zu tun.
- Verbringen Sie einige Zeit allein. Es ist in Ordnung, sich zurückzuziehen, wenn man es braucht.
- Die Gesprächskur: Ein Partner redet fünfzehn Minu-

ten lang über seine Gefühle, der andere hört zu. Dann werden die Rollen vertauscht.

- Vergessen Sie nicht zu »spielen«. Sie sollten die Vergnügungen, denen Sie am Anfang Ihrer Beziehung nachgingen (Tennis, Tanzen usw.) zu einem festen Bestandteil Ihrer Beziehung machen.
- Nehmen Sie Urlaub von Ihren Problemen – verkünden Sie einen »Waffenstillstand«, und vergessen Sie einen Abend lang alles.
- Wenn Sex keinen Spaß mehr macht: Aufhören! Fangen Sie erst wieder damit an, wenn zumindest einige der Probleme innerhalb der Beziehung allmählich gelöst werden. Sie können es jedoch mit sinnlichen Spielen versuchen, ohne miteinander zu schlafen. Das kann für beide Seiten angenehm und befriedigend sein.

Wenn diese Strategien nichts bringen, ergreifen Sie drastischere Maßnahmen:

- Stellen Sie ein Ultimatum.
- Entwerfen Sie einen Zeitplan für die nahe Zukunft (zwei bis vier Monate). In dieser Zeit sollten Sie feststellen, ob er fähig ist, sich zu binden. Sie brauchen ihm diesen Zeitplan nicht mitzuteilen. Sollte er während dieser Zeit wenig oder gar keine Fortschritte machen, geben Sie's auf.
- Bestehen Sie auf einer vorübergehenden Trennung, bis Sie wieder unverkrampft miteinander reden können.
- Treffen Sie sich mit anderen Männern, um Ihre Selbstachtung wiederzugewinnen und um Spaß zu haben.
- Paar-Therapie. Bewegen Sie ihn dazu, mit Ihnen zu einem Therapeuten zu gehen.

8

Babyfieber

Es war einmal, und zwar vor gar nicht so langer Zeit, da heirateten Frauen jung und bekamen Kinder (und lebten nicht unbedingt glückselig bis ans Ende ihrer Tage, aber das ist eine andere Geschichte). Jede Erwähnung einer »biologischen Uhr« wäre nur auf verständnislose Blicke getroffen. Aber heutzutage, wo die Leute jahrelange Verhältnisse haben, ohne zu heiraten, finden sich viele Frauen in der schrecklichsten Zwickmühle, die man sich vorstellen kann. Eine Frau in den Dreißigern, die immer glaubte, sie habe reichlich Zeit, bekommt plötzlich Torschlußpanik und meint, sie müsse um jeden Preis den richtigen Mann finden, heiraten und schwanger werden. Möglichst noch heute. Sie ist im Wettlauf mit ihrem Körper und der Zeit, die ihr unter den Fingern zerrinnt. Sie glaubt, sie dürfe sich keinen Mißgriff erlauben, keine Minute verlieren und keine Fehler machen. Ein Termindruck schlimmster Art.

Das allein ist hart genug. Addiert man aber zur biologischen Uhr noch die Probleme der Männer mit Bindungen, dann erhält man die perfekte Doppelzwickmühle der heutigen Frauen. Selbst wenn Frauen nicht automatisch davon ausgehen, daß Männer trödeln, zurückscheuen und von Bindungsstufe zu Bindungsstufe Zeit schinden – und einige bewegen sich überhaupt nicht –, ist es nur allzu verständlich wenn sie Torschlußpanik bekommen. Wir sagen allen unseren Klientinnen: »Sie können nicht noch länger warten und sich darauf verlassen, daß sich schon alles von allein ergeben wird. Das wird es bestimmt nicht.« Wir sagen aber auch: »Es ist nicht Ihre Schuld!« Da alleinstehende Frauen Mitte Dreißig von den Medien häufig als unter der macht- und karrierebewußten Fassade bedauernswerte, traurige Geschöpfe dargestellt werden, bekommen sie allzuoft das Gefühl, sie würden durch »zu langes Warten« alles vermasseln. Jede Frau kann heiraten, wenn das ihr Ziel ist. Aber die Frau von heute will nicht einen x-beliebigen Partner, sie will einen guten Partner.

Um diese Zwickmühle zu vermeiden, müssen Sie geschickt mit sich und den Männern umgehen. Seit den frühen siebziger Jahren geht der Trend dahin, die Unterschiede zwischen Männern und Frauen zu verwischen, was den Frauen zum Beispiel geholfen hat, in der beruflichen Arena neben den Männern Fuß zu fassen. Aber Frauen und Männer unterscheiden sich in einer Hinsicht ganz wesentlich: Frauen tragen die biologische Last der Fortpflanzung und werden außerdem von der Gesellschaft schief angesehen, wenn sie unverheiratet und kinderlos »übrigbleiben«.

Wenn Sie tatsächlich heiraten und Kinder haben wollen, müssen Sie früh lernen, den Mann analytisch zu sehen. Wenn Sie Kinder wollen, dann lassen Sie eine Beziehung mit einem Mann, der keine will, nicht jahrelang dahinschleifen. Spätestens bei der zweiten Stufe, dem festen Verhältnis, sollten Sie herausfinden können, was für allgemeine Vorstellungen er von der Zukunft hat. (Halten Sie die Frage zu diesem Zeitpunkt allgemein. Sie wollen ja nicht unbedingt von ihm geheiratet werden, sondern nur einen Begriff davon bekommen, wer er ist und was er will.)

Viele Paare Ende Dreißig kommen zur Beratung zu uns, weil die Frau, die sich der biologischen Gegebenheiten bewußt ist, das Bedürfnis hat, die Beziehung eine oder mehrere Stufen voranzutreiben. Plötzlich steht das Paar dann vor eine Mauer: Was für sie ein natürlicher und notwendiger Schritt ist, löst in ihm den überwältigenden Drang aus, sich durch die Hintertür wegzuschleichen. Einige Männer können und wollen sich dem Zeitplan einer Frau anpassen. Andere können und wollen es nicht.

Mit achtunddreißig wollte Claire ein Baby haben. Sie hatte schon vorher den Drang verspürt, aber nie so stark. Jetzt fragte sie sich allmählich, ob es je passieren würde. Ihr Freund Tom war einige Jahre jünger, und Babys waren ihm egal. Immer, wenn sie bei verheirateten Freunden von ihr waren, die Kinder hatten, ertappte sie ihn dabei, daß er unruhig herumrutschte und ständig auf die Uhr sah. Wenn sie ihn fragte, wie er über Kinder dachte, gab er ihr immer eine eher scherzhafte, unverbindliche Antwort wie »Kinder sind phantastisch – anderer Leute Kinder«. Claire sprach ihm gegenüber ihre Gefühle nicht aus und wurde immer deprimierter. Manchmal, sagte sie, wache sie mitten in der Nacht auf und denke: »O mein Gott, ich werde meine Chance verpassen. In ein paar Jahren werde ich zu alt sein, um ein Baby zu kriegen.« Und zu allem Überfluß liebte sie Tom. Sie wollte nicht irgendein Baby, sie wollte ein Kind mit ihm.
Eines Tages sagte ihre Freundin Margo beiläufig: »Vielleicht kommt die Sache ins Rollen, wenn du erst mal schwanger bist?« Sie unterhielten sich über ein befreundetes Paar. Die beiden hatten geheiratet, nachdem die Frau schwanger geworden war. »Bei denen hat es funktioniert«, schloß Claire nachdenklich. Sie wollte mit Tom darüber reden. Wenn er einmal begriffen hatte, warum sie das Baby jetzt bekommen sollte, dann würde er wahrscheinlich zustimmen. (Warum auch nicht? Schließlich und endlich waren sie schon seit Jahren zusammen und standen sich wirklich sehr nahe!) Aber als sie dann mit ihrem Wunsch herausrückte, wand er sich wie ein Aal und sagte: »Ich glaube, ich bin noch nicht soweit.«

Seltsamerweise war sie so erfreut, als hätte Tom grünes Licht gegeben. Er war nicht an die Decke gegangen, sagte sie sich, er war nicht in Ohnmacht gefallen und war nicht davongelaufen. Voller Optimismus interpretierte sie seine Reaktion als »Vielleicht bin ich jetzt noch nicht soweit, aber ich werde es bald sein.« Wunderbar! Ich werde schwanger, und dann heiraten wir!

Und dann packte sie zuversichtlich ihre Verhütungsmittel weg, ohne Tom etwas zu sagen. Claire war so glücklich, daß sie völlig übersah, wie lustlos und zugeknöpft er war. »Es wird ihm bessergehen, wenn das alles geregelt ist«, beschwichtigte sie sich selbst. Aber ein paar Monate später, als sie zum Telefon raste, um ihm zu erzählen, daß sie schwanger sei, war am anderen Ende der Leitung Schweigen. Dann sagte er ihr, er wolle nicht heiraten und auch kein Kind haben. Und außerdem fühle er sich durch Claires Schwangerschaft hintergangen. Er habe gesagt, er sei nicht damit einverstanden.

Claire war wütend. Er fühlte sich hintergangen. Er fühlte sich betrogen. Und was war mit ihr? »Bist du dabei oder nicht?« fragte sie ihn. »Ich bin durcheinander«, erwiderte er. Warum hatte er dann nicht gleich gesagt, wie er darüber dachte, fragte sie. Tom behauptete steif und fest, er habe es ihr gesagt. Sie habe einfach nicht zugehört. Claire holte tief Luft. »Na schön«, sagte sie, »dann lasse ich es abtreiben.« Als Tom nichts sagte, wußte sie, daß dies das Ende all ihrer Pläne – und ihrer Schwangerschaft – war.

Ebensowenig wie ein Mann sollten Sie Zeit und Tempo einer Beziehung bestimmen. Claires Gefühle und Wunschträume sind völlig verständlich, aber sie hatte die Lage vollkommen falsch interpretiert. Der Wunsch war Vater des Gedankens gewesen. Tom war nicht im entferntesten fähig, sich zu binden. Aber sie interpretierte sein »Ich bin nicht bereit« als »Ich werde bald bereit sein«. Weit gefehlt. Tom war so wenig bereit, daß er selbst ein Opfer von Wunschdenken wurde. »Wenn ich diese ganze Sache einfach ignoriere, verschwindet sie vielleicht von selbst«, dachte er. Und er schlief weiter mit Claire, als ob dieses Gespräch über ein Kind nie stattgefunden hätte.

In ein paar Jahren ist Tom vielleicht brauchbar und bereit, eine feste Beziehung einzugehen und Kinder zu haben. Ein brauchbarer Typ, der Angst hat (und die werden die meisten Männer haben), aber trotzdem bereit sein könnte, wird der Frau, die ein Kind haben will, sagen: »Ich weiß nicht. Reden wir doch darüber.« Solche Gespräche ergeben sich automatisch aus dem Gefühl gegenseitiger Verbundenheit. Ein Paar sollte sowieso nicht über Schwangerschaft reden, bevor es nicht die vierte Stufe – Monogamie Plus – erreicht hat und eine gemeinsame Zukunft plant. Davor können Sie die allgemeine Einstellung eines Mannes zu Ehe und Kindern auskundschaften, wenn das Ihr Ziel ist. Aber überholen Sie sich nicht selbst. Wenn er sagt, er sei nicht bereit – glauben Sie es.

Das Baby oder er

Gayle ist vierzig Jahre alt und lebt seit vier Jahren mit Patrick zusammen. In dieser Zeit ist sie zweimal »aus Versehen« schwanger geworden. Jetzt versucht sie zu entscheiden, ob sie ein zweites Mal abtreiben lassen soll. Patrick hat ihr gesagt, er wolle kein Kind. Er wird ihr zwar keine Steine in den Weg legen, wenn sie die Schwangerschaft fortsetzen will, wird ihr aber auch nicht helfen. Gayle glaubt, ihre »versehentliche« Schwangerschaft sei ein Beweis ihrer tiefverwurzelten Sehnsucht nach einem Kind. Und doch lebt sie mit einem Mann zusammen, der kein Interesse daran hat, eine Familie zu gründen. Sie spürt, daß Patrick sie verlassen wird, wenn sie sich für das Kind entscheidet. Es ist das schlimmste Dilemma ihres Lebens – das Baby oder Patrick?

Vielleicht, denkt sie, wenn sie das Baby einfach kriegen würde, vielleicht würde Patrick seine Meinung ändern. Sie hatte schon von solchen Fällen gehört, aber Patrick würde das wohl kaum machen. Er ist über vierzig, schlägt sich recht und schlecht als Schauspieler durch und redet immer noch von seinem Bedürfnis nach »Freiraum«. Er bekommt ganz glasige Augen, wenn sie vom Heiraten redet. Inzwischen raten ihr alle Freunde, sich von ihm zu trennen.

Sie hat darüber nachgedacht, immer wieder. Aber sie ist der Ansicht, sie habe ungeheuer viel in die Beziehung zu Patrick investiert. Sie haben viele gemeinsame Freunde, haben zusammen wunderbare Urlaube verbracht und haben sich aneinander gewöhnt. Außerdem verbindet sie mit Patricks älterer Schwester eine tiefe Freundschaft. So viel kann man doch nicht einfach aufgeben, dachte sie und entschied sich immer wieder, bei Patrick zu bleiben. Wie auch dieses Mal. Sie läßt also ein zweites Mal abtreiben, mit dem Bewußtsein, daß dies wahrscheinlich ihre letzte Schwangerschaft war, also auch ihre letzte Chance, ein Kind zu bekommen.

Trotzdem stellt sich weiterhin die Frage, ob sie in einer Beziehung bleiben soll, in der sie nicht bekommt, was sie will. Kein Baby, keine Heirat – lohnt sich das wirklich?

Wenn ein Mann in einer Beziehung in Atemnot gerät, wenn also für ihn zwei oft schon zuviel sind, dann kann eine Frau nicht erwarten, daß er sich über eine dritte Person freut. Diese würde seinen ohnehin schon gefährdeten psychischen Freiraum weiter einengen. Obwohl Gayle und Patrick seit Jahren zusammenleben, haben sie die Anfangsstufen der Beziehung nie verarbeitet. Sollten Sie sich in einer solch mißlichen Lage befinden, lesen Sie noch einmal die Stufen der Beziehungen durch und bestimmen ehrlich, wo Sie gerade stehen. Denken Sie über sein Verhalten nach, und machen Sie sich klar, wo er in der Beziehungsskala steht. In Gayles Fall könnte die Beziehung ihren Höhepunkt erreicht haben. Nachdem sie aber schon so viel Zeit und Energie eingebracht hat, wird sie wahrscheinlich das festhalten wollen, was sie hat, und bei ihm bleiben.

Es ist soweit

Wenn Sie mit einem Mann zusammenleben oder seit einiger Zeit monogam sind, aber nicht genau wissen, auf welcher Stufe der Beziehung Sie sich befinden, dann können Sie sicher sein, daß ein Mann dann Farbe bekennen wird, wenn das Problem Ihrer biologischen Uhr angesprochen wird. Wenn er sich angegriffen fühlt und sagt: »Wenn ich noch einmal was von biologischer Uhr höre, drehe ich durch« oder verärgert vor sich hin murmelt: »Ich bin offenbar der Sklave ihrer biologischen Uhr«, dann Vorsicht! Wenn Sie davon reden, ein Kind zu bekommen, und er so tut, als ob Ihr Hormonspiegel durcheinandergeraten wäre, glauben Sie nicht, Sie könnten auf ihn zählen. Und wenn er so tut, als sei Sex nur eine Form der Freizeitgestaltung, dann erwarten Sie nicht, daß er hier eine Drehung um einhundertachtzig Grad macht.

Sie dürfen einem Mann nicht das Gefühl geben, er würde als Zuchtbulle gebraucht. Aber in einem gewissen Stadium Ihrer Beziehung sollte er Ihren Drang, ein Kind zu bekommen, als gemeinsame Angelegenheit betrachten. Im Stadium der Monogamie Plus sollte er sich nicht aufführen, als hätten Sie ihm mit der Frage nach einem Baby einen stumpfen Gegenstand über den Kopf gezogen. Es wäre sogar falsch, jetzt, wo Sie eine gemeinsame Zukunft planen, das Thema zu vermeiden. Aber Sie müssen sich darüber im klaren sein, daß es auf jeder Beziehungsstufe damit einige Probleme geben wird.

Robert ist vierzig und lebt seit drei Jahren mit Rosemary zusammen. Jetzt ist sie neununddreißig geworden und möchte ein Kind. Er hat sich nach langem Hin und Her und monatelangen Diskussionen einverstanden erklärt. Aber Rosemary hat Schwierigkeiten, schwanger zu werden. Sie mißt täglich ihre Körpertemperatur und trägt sie sorgfältig in eine Skala ein, um die Tage größter Empfängnisbereitschaft zu ermitteln. Seit einigen Monaten zeigt ihre Temperaturkurve, daß sie keinen Eisprung hatte, was sie sehr deprimiert.

Aber in den letzten zwei Monaten ist die Temperatur gestiegen, und sie kann eine gewisse Regelmäßigkeit erkennen. Damit kann sie den genauen Tag festlegen, an dem sie miteinander schlafen sollten. Sie ist sehr aufgeregt – diesen Monat wird es geschehen, da ist sie sich ganz sicher.

Der verhängnisvolle Morgen ist angebrochen. »Mir ist nicht danach«, sagt Robert und gähnt.

»Was soll das heißen, dir ist nicht danach?« fragt Rosemary und sitzt vor Verblüffung kerzengerade im Bett.

Na ja, er sei eben müde. Ihm gehe zu viel durch den Kopf. Und in einer Stunde habe er im Büro eine Besprechung.

Rosemary liegt mit Mordgedanken im Bett. Wenn Robert tot wäre, könnte sie sich künstlich befruchten lassen. Auf diese Art schwanger zu werden ist bestimmt einfacher, als sich mit einem Mann herumzuschlagen.

Als Rosemary und Robert an diesem Abend in die Sprechstunde kommen, ist Rosemary immer noch außer sich und Robert immer noch teilnahmslos.

»Mir war eben heute morgen nicht danach«, sagte er.

»Glaubst du vielleicht, mir macht es Spaß, Sex nach Terminplan zu haben?« fragte sie ihn. »Natürlich mag ich das auch nicht! Aber es geht nicht um Sex, sondern um ein Kind, und du warst einverstanden!«

»Ich mag nicht, wenn mir jemand sagt, was ich zu tun habe«, erwidert er. »Ich lehne autoritäres Gehabe ab.«

»Was glaubst du eigentlich, wo wir sind – in den Sechzigern?« explodierte Rosemary. »Wir sind keine Freigeister und Hippies mehr! Wir sind im Jahr 1987!«

Wir sagten ihnen, daß sich Robert, wenn er die Beziehung wirklich will, dem Regime unterwerfen müsse, mit dem sich beide einverstanden erklärt hatten. Aber warum hatte er gezaudert? Im Laufe der Beziehung hatte Robert einige vertraute männliche Probleme gehabt. Er glaubte, er habe einen Anspruch darauf, seine Launen auszuleben. Wenn er zum Beispiel keine Lust hat, beim Abendessen zu reden, macht er einfach dicht, und Rosemary kann schauen, wo sie bleibt. Wie für viele Männer ist es auch für ihn schwer, seine eigenen Bedürfnisse, Sehnsüchte und Impulse zugunsten der Beziehung zurückzustellen. Er empfindet es als Bedrohung seiner Freiheit, wenn nicht sogar seines Ego.

»Mir war neulich auch nicht danach, deine Mutter im Krankenhaus zu besuchen«, sagte Rosemary. »Ich hasse Krankenhäuser! Aber ich bin trotzdem gegangen. Ich hab' es für sie, für dich und für uns beide gemacht. Manchmal muß man das eben.«

Robert biß die Zähne zusammen und erklärte sich mit Sex nach Zeitplan einverstanden. In diesem Fall hatte Rosemary recht, als sie ihn bedrängte. Robert zögert zwar manchmal und ist unentschlossen, aber meistens ist er willig und hält zu ihr. Wenn sie ihn nicht bedrängt hätte, hätten sie genausowenig ein Kind bekommen wie Claire und Tom. Aber im Gegensatz zu Claire befand sich Rosemary in einer Lage, in der ein wohlgemeinter Schubser helfen konnte.

Wollen Sie seine Gene?

Kurz nachdem Marian mit Seth Schluß gemacht hatte, besprach sie mit der Familie und mit Freunden die Möglichkeit einer künstlichen Befruchtung. Sie war siebenunddreißig und fühlte sich emotional und finanziell bereit, ein Kind zu haben. Die Trennung von Seth war lange und schmerzhaft gewesen. In ihrem Fall hatte Seth heiraten wollen, aber Marian war sich nicht sicher genug gewesen. Er schien ihr oft kindisch und unselbständig. Nur sie hatte es geschafft, beruflich Karriere zu machen und sich ein Zuhause zu schaffen. Er war achtunddreißig und hatte mehrmals den Beruf gewechselt. Zuerst war Seth immer auf Abstand bedacht, dann rückte er ihr immer mehr auf den Pelz. Er kreuzte ständig bei ihr in der Wohnung auf, in der Annahme, sie wolle ihn sehen. Nach und nach stapelten sich seine Bücher, Schallplatten und Kleider in den Ecken. Marian wurde bewußt, daß dieser Mann, wenn sie es so weiterlaufen ließe, für immer in ihr Leben einziehen würde. Er würde wahrscheinlich ihr Ehemann werden und der Vater ihrer Kinder.

Bei dieser Vorstellung bekam sie Gänsehaut. Sie liebte ihn nicht und wollte ihn nicht in diesen Rollen sehen. Aber sie wollte ein Kind. Nachdem sie an Unabhängigkeit und Selbstversorgung gewöhnt war, überlegte sie, welche Möglichkeiten es gab. Sie verdiente gut und hatte einen guten Kontakt zu ihrer Familie und zu ihren Freunden. Sie wußte, daß sie sie, wenn sie sich entscheiden würde, allein ein Kind zu haben, alle unterstützen würden. Schließlich trennte sie sich von Seth, und ein paar Monate später beschloß sie, sich künstlich befruchten zu lassen. »Daß ich ein Kind will, heißt noch lange nicht, ich will nie mehr eine Beziehung mit einem Mann haben«, sagte sie. »Aber wenn sich ein Mann von einem Kind in meinem Leben verschrecken läßt, will ich sowieso nichts mit ihm zu tun haben!«

Auch für Frauen, die Heiraten nicht für notwendig halten, ist es ein befreiendes Gefühl, ihren Kinderwunsch deshalb nicht ganz und gar aufgeben zu müssen. »Mein Körper sagte mir, wenn du ein Baby haben willst, dann so bald wie möglich«, sagte Marian. »Es tat gut zu wissen, daß es meine freie Entscheidung war.« Eine Frau sollte jedoch wissen, was sie ist und was sie will, bevor sie diese Entscheidung trifft – Mutter sein ist dann noch schwer genug. Als Frau allein ein Kind zu erziehen bedarf einer besonderen Leidenschaft und einer besonderen Art von Stärke. Selbst wenn Sie unverheiratet sind und langsam an die Altersgrenze fürs Kinderhaben kommen, ist diese Entscheidung wahrscheinlich *nicht* die richtige für Sie.

Auch für Miranda nicht: »Ich wollte ein Kind«, sagte sie. »Aber tief in meinem Innersten wußte ich, daß es für mich nicht richtig war. Ich habe meine festen Lebensgewohnheiten, meine Arbeit, meine Freunde. Ein Baby würde wie eine Granate in mein Leben einschlagen. Ich würde pleite gehen, und die Verantwortung würde mich erdrücken. Ich habe mit meinem Finanzberater gesprochen, und er hat mir gesagt, ein Baby würde mich im Jahr zehntausend Dollar kosten. Ich müßte mich also nach einem zweiten Job umschauen und würde das Baby sowieso nie sehen.« Ihre Freiheit und ihr persönlicher Bewegungsspielraum bedeuteten ihr zuviel, um sich in ihrer kleinen Wohnung mit einem Kind einzuzwängen. Die Entscheidung gegen ein Kind war zwar schmerzhaft, aber für sie die richtige. Eine andere Frau hätte vielleicht die Herausforderung angenommen. Aber Miranda wußte, es wäre ihr Untergang gewesen.

Glücklichsein hat nichts damit zu tun, ob man verheiratet ist oder nicht. Eine unverheiratete Frau mit vierzig muß die Möglichkeit einer engen Beziehung nicht aus ihrem Leben streichen. Das Problem ist, sich von den traditionellen Vorstellungen zu lösen, die einem immer vor Augen standen, und sich selbst neu zu definieren. Bis Ende Zwanzig haben Sie sich als junge berufstätige Frau gesehen, die irgendwann einmal heiraten und Kinder kriegen würde. Plötzlich läuft alles ein bißchen anders, und Sie wachen eines Tages auf, schauen in den Spiegel und sehen eine alleinstehende Frau Mitte Dreißig. Das sind Sie, und es ist ein Schock. Ob bewußt oder unbewußt, Sie hatten sich auf jeden Fall vorgestellt, Ihr Leben mit einem Mann zu teilen. Das könnten Sie vielleicht immer noch – aber vielleicht in unkonventionellen Formen. Wir kennen Paare, die eine Beziehung haben, aber nicht zusammenleben. Und wir kennen Frauen, die mehr als eine ständige Beziehung führen. Sie haben so viele Möglichkeiten, wie Sie Phantasie haben.

Eine Frau sagt, in ihrer Familie würden alleinstehende Frauen als bemitleidenswerte Geschöpfe angesehen, als

»alte Jungfern«. Sie haben nicht geheiratet, weil sie keiner wollte. In den Augen ihrer Familie ist sie eine solche alte Jungfer. Aber ist sie wirklich ein verblühtes altes Mädchen? Ganz und gar nicht. Sie hatte viele Bekanntschaften und hätte einige Male heiraten können, wenn die Ehe ihr Ziel gewesen wäre. Aber das Phantom der alten Jungfer verfolgt sie doch. In den letzten Monaten hat sie eine zweitklassige Beziehung aufrechterhalten, in der es zwar Gesellschaft, aber wenig Leidenschaft gibt. Sie macht nicht Schluß, weil eine innere Stimme ihr zuflüstert, es sei das Beste, was sie bekommen könne. Was es nicht ist. Die Beziehung ist nur eine Zuflucht vor unbekannten Möglichkeiten – bis zu dem Tag, an dem sie sich auf neue Gebiete vorwagen wird. Gegenwärtig ist sie der Meinung, Ehe und Kinder – das »habe eben nicht sein sollen«, es stehe einfach nicht in ihren Sternen. Hinter diesem mystischen Standpunkt lauert das unbestimmte Gefühl, versagt zu haben, der Glaube, man sei übersehen worden, als die guten Sachen verteilt wurden. Aber glauben denn alleinstehende Männer, sie hätten versagt? Ganz im Gegenteil, sie sind praktisch Nationalhelden! In unserem Kulturkreis wird der alleinstehende Mann als starker Charakter angesehen, der ein Leben in Freiheit gewählt hat. Aber Frauen – so der Volksmund –, Frauen wählen nicht, sie verpassen.

Caroline, vierzig Jahre alt, zufrieden, alleinstehend und kinderlos, ist der lebende Gegenbeweis für diesen Unsinn. In einer Therapiegruppe ist sie die einzige unter sieben Personen, die nicht unglücklich ist, weil sie unverheiratet ist. Sie spürt keinen Drang zu heiraten, aber sollte der Richtige kommen, warum nicht? Vor einigen Jahren hatte sie eine Beziehung, aus der sie tief verletzt hervorging. Ihr Liebhaber belog sie, hinterging sie auf alle nur erdenkliche Art und Weise und brach jedes Versprechen, das er ihr gegeben hatte. Danach war sie eine Zeitlang überzeugt, es sei nun zu spät für sie (sie war siebenunddreißig) und sie würde nie den Richtigen finden. »Keinen Traumprinzen«, sagte sie. »An den hab' ich nie geglaubt. Ich wollte nur eine Beziehung, in der man sich liebt und respektiert.« Sie erholte sich von diesem Trauma und hat jetzt eine andere Beziehung, die sie befriedigt. Sie sieht ihren Liebhaber nur an den Wochenenden. Sie unternehmen dann etwas Besonderes, gehen ins Theater oder ins Konzert und verbringen den Rest der Zeit im Bett. Die Trennung während der Woche gibt dem Sex eine besondere Würze. Caroline genießt die Erregung und Leidenschaft, den Beigeschmack des Verbotenen, den ihre Wochenenden im Bett und in verschwiegenen Landgasthöfen haben. Sie hat keinerlei Bedürfnis, auf der Beziehungsleiter eine Sprosse weiterzugehen. Warum sollte sie jetzt ihr Leben ändern, sagt sie. Sie hat ein phantastisches Sexualleben, eine Arbeit, die ihr gefällt, gute Freunde und tausend andere Dinge.

Eines Tages fragte Caroline in der Gruppe: »Stimmt etwas nicht mit mir, wenn ich mich glücklich fühle? Sollte ich nicht eigentlich unglücklich sein?« Alle lachten, nahmen ihre Frage dann aber doch sehr ernst. Der springende Punkt ist, daß Caroline glücklich *ist*. Ihr einziges Problem sind die Erwartungen der anderen Leute (und der Gesellschaft). Abgesehen von dieser Last (zum Beispiel die Sorge, ihre Mutter könnte enttäuscht sein, wenn sie nicht heiratet) ist Carolines Leben durchaus befriedigend. »Warum sind Sie dann in der Gruppentherapie? Sie sind die Gesündeste von uns allen!« fragte jemand. Caroline überlegte und sagte dann: »Ich mag diese Gruppe. Ihr seid alle wichtige Menschen in meinem Leben.«

Sollte Caroline eines Tages tatsächlich heiraten, dann wäre ihr ein geschiedener Mann mit Kindern am liebsten. Sie hätte gern Kinder, sagt sie, aber es müßten nicht unbedingt eigene sein. (Nachdem nur wenige Frauen so über »anderer Leute Kinder« denken, hat sie einem geschiedenen Mann durchaus etwas Besonderes zu bieten.) Aber alles in allem ist für Caroline das Wichtigste, tiefe Beziehungen zu anderen Leuten zu haben, nicht, um jeden Preis zu heiraten.

Es ist genauso wichtig, im Beruf eine klare Linie zu haben wie in einer Beziehung. Die meisten von uns können beides – und das ist das Interessante an Frauen. Frauen sind tatsächlich in der Lage, viele Dinge in ihrem Leben zugleich im Griff zu behalten. Setzen Sie sich nicht unter Zeitdruck, aber denken Sie trotzdem jetzt schon darüber nach, egal, wie alt Sie sind. Eine ältere Frau hat den Vorteil, genauer zu wissen, was sie will, und sich aus einer unbefriedigenden Beziehung schneller zu befreien. Eine jüngere Frau kann dagegen schneller lernen. »Ich weiß, was ich will«, sagte Louise, die neunundzwanzig Jahre alt ist. »Wenn ich also mit einem Mann ausgehe, sage ich offen, daß ich kein Interesse an Spielchen habe, sondern auf der Suche nach einer echten Beziehung bin. Wally war erst verblüfft, als ich ihm das sagte. Aber dann meinte er, er wolle das auch. Werden wir also heiraten und glücklich sein bis ans Ende unserer Tage? Ich weiß es nicht. Aber ich will keine Zeit mehr mit Männern verschwenden, die nicht dieselben Ziele haben wie ich.«

Sie haben nicht unbegrenzt Zeit, wenn Sie Kinder haben wollen. Das ist keine Tragödie – Sie müssen sich nur dessen bewußt sein. Louise hat recht: Das Wichtigste ist, zu wissen, wer man ist und was man will.

Vor allem sollten Sie von einem Mann, der nicht mindestens auf der vierten Stufe (Monogamie Plus) ist, nicht erwarten, er würde sich über Kinder den Kopf zerbrechen. Sie können ihn nicht mit Ihrer biologischen Uhr zwingen, eine Stufe zu überspringen. Behalten Sie aber trotzdem eine Zeitgrenze im Hinterkopf. Entweder er sagt, daß er Kinder will, oder er sagt klipp und klar, daß er keine will. Die folgenden Anzeichen zeigen Ihnen, daß er zu einer Vaterschaft nicht bereit ist:

- Er hilft Ihnen, die Temperaturkurve Ihrer fruchtbaren Tage zu erstellen, aber genau an diesen Tagen hat er dann kein Interesse an Sex. (Sie sollten ihn auf dieses widersprüchliche Verhalten ansprechen.)
- Er genießt es, mit Kindern aus Ihrem Freundeskreis

zusammenzusein, scheut aber zurück, sobald Sie von eigenen Kindern reden.

- Er beschwert sich bei seinen Freunden, er sei ein Sklave Ihrer biologischen Uhr.
- Sie leben seit fünf Jahren zusammen und sind beide Mitte Dreißig. Sie wollen Kinder, er will nicht einmal über das Heiraten reden. (In dieser Situation sollten Sie allmählich darüber nachdenken, ob Sie die Beziehung beenden wollen – siehe zehntes Kapitel.)
- Er sagt, er liebe Kinder und möchte auch selbst welche haben – irgendwann einmal. Er ist Ende Zwanzig, und Sie werden in ein paar Monaten Dreißig. Sie haben das unbestimmte Gefühl, er meine nicht unbedingt Sie als Mutter dieser Kinder. Er ist wahrscheinlich ein brauchbarer Mann, kann sich aber jetzt noch nicht festlegen.

9

Nur dem Namen nach –
Wenn Ehe nicht auch Bindung
bedeutet

Ist ein Mann von dem Tag an, da er den Ehering trägt, tatsächlich von Bindungsproblemen geheilt? Können Sie erleichtert aufatmen? Wohl kaum, denn die Ehe ist ein Minenfeld.

Viele Frauen müssen zu ihrem Leidwesen feststellen, daß Ehemännern Nähe noch mehr zu schaffen macht als Liebhabern. Nachdem ein Mann eingewilligt hat zu heiraten, kann seine alte Angst vor Nähe erneut aufflammen. Die Frau mag dann überlegen, ob es nicht besser gewesen wäre, allein zu bleiben (und weiter zu hoffen).

»Ich dachte, wir hätten die Probleme gelöst, als wir heirateten«, sagte Jan. »Aber unser erstes Ehejahr war die Hölle. Wir hatten mehr Schwierigkeiten als je zuvor.«

Wenn die Nähe zu einem anderen Menschen zur Routine wird, kann ein Mann völlig unerwartet auf die unterschiedlichste Art und Weise rückfällig werden. »Ich hab' den großen Schritt gemacht«, sagte ein Mann. »Aber jetzt komme ich mir eingesperrt vor, wenn ich meine Freunde nicht drei-, viermal die Woche treffen kann.«

Seine Frau sagt, ihr sei das egal, was es aber nicht ist. Sie weiß, daß er sie zwar liebt, sein Herz aber immer noch gegen sie abschottet.

Sind die meisten verheirateten Männer im Grunde ihres Herzens immer noch Junggesellen? Viele Männer des II.

Typs fürchten unbewußt, daß sie durch eine Heirat so werden »wie ihre Väter«, diese ewigen »Sklaven« der Familie. Die meisten Frauen aber wollen das gar nicht. Sie wollen jedoch Nähe – täglich und auf vielerlei Art.

Schreckensszenen einer Ehe

In den Wochen nach der Trauung verhielt sich Greg plötzlich so, als würde er seine Frau hassen. Er weigerte sich, Händchen zu halten, sie zu küssen oder mit ihr zu schlafen. Er ließ sich verleugnen, wenn sie versuchte, ihn im Büro anzurufen. Margery war wie vor den Kopf gestoßen. Sie hatte geglaubt, seine Bindungsprobleme wären erledigt seit dem Tag, als er ihr den großen, mit Diamanten besetzten Verlobungsring ansteckte. Tatsächlich jedoch war Greg längst noch nicht reif für die Ehe – er war nie über die Stufe des festen Verhältnisses hinausgekommen, und als sie angeblich monogam waren, hatte er sich in Bars Frauen besorgt. Er hatte sich von Margerys Heiratsfieber anstecken lassen (einige seiner besten Freunde hatten auch innerhalb von ein paar Monaten geheiratet). Als das Fieber dann abgeklungen war, starb die Ehe einen kläglichen Tod. Fast auf den Tag genau ein Jahr später verließ ihn Margery.

Es ist verhängnisvoll, einen Mann durch die Phasen der Beziehung hindurch und in die Ehe zu treiben. Wenn Sie Stufe für Stufe durchleben, gibt es keinen Grund, zu befürchten, Ihr Mann könnte sich in Ihren Feind verwandeln. (Im allgemeinen schafft es ein Mann des III. Typs wie Greg nicht einmal bis zum Standesamt, geschweige denn bis zum Altar.) Auch viele Männer der II. Kategorie werden sich mit allen erdenklichen Mitteln gegen die Nähe wehren, auch wenn sie verheiratet sind. Untersuchungen haben gezeigt, daß Männer erst um die Fünfzig »anschlußfreudig« sind, Frauen hingegen um die Dreißig, da die Zeit für Kinder drängt. Ein verheirateter Mann um die Dreißig lernt dagegen langsam, weil für ihn Nähe zu einem anderen Menschen noch nicht so wichtig ist. Wir wollen jetzt einige der häufigsten Gründe für kalte Füße bei verheirateten Männern behandeln und sagen, was man dagegen unternehmen kann.

1. Er halst Ihnen die ganze Hausarbeit auf

Selbst ein Mann, der vor der Ehe ganz wild darauf war, die Hausarbeit zu teilen (es sogar für seine Pflicht hielt und andere Männer kritisierte, wenn sie sich davor drückten), kann plötzlich vergessen, wie man einen Teller abwäscht. Wenn er das macht, versucht er, ein altehrwürdiges männliches Privileg durchzusetzen. Es ist mehr als die bloße Faulheit – es ist ein Bindungsproblem.

Als Jan und Peter heirateten, waren ihre Freunde begeistert. Fünf Jahre lang war die Beziehung in Sackgassen geraten, gegen Mauern geprallt und hatte sich in Gräben überschlagen. Jedesmal rappelten sie sich wieder auf und fanden mit etwas wackligen Knien wieder zusammen. Peter war ein typischer Vertreter von Typ II. Er sah in Jan eine intellektuell und beruflich gleichberechtigte Partnerin. Er schwang große Reden über die Gleichberechtigung. Gleichzeitig erwartete er, daß sie für ihn da war, wenn er sie brauchte, und daß sie die Beziehung wie seine Kleider immer wieder zusammenflickte. Sie sollte auf ihn warten, wenn er spät nach Hause kam, aber er hätte nicht im Traum daran gedacht, dasselbe für sie zu tun. Jan mußte auch fast immer das Abendessen kochen und danach abräumen. Bevor sie heirateten, hatte sie ihm klipp und klar erklärt, sie würde das nicht so weitermachen. Peter meinte auch, es wäre mittelalterlich, dies von ihr zu verlangen.

Eine Woche nach der Hochzeit merkte Jan, die einen anstrengenden Sechzig-Stunden-Job hatte, daß sie die ganze Hausarbeit allein machte. Sie sprach mit Peter darüber. Warum hielt er die Abmachung nicht ein, sich die Hausarbeit mit ihr zu teilen? »Ich möchte keine Beziehung, in der ich alles machen muß«, sagte sie ihm entschlossen. Peter schluckte und sagte: »Wirklich, tut mir leid« und versprach, sich zu bessern. Er besserte sich zwei Tage lang, dann war alles wieder beim alten. Und so ging es monatelang weiter. Endlose Gespräche führten zu endloser Migräne. »Dauernd meckerst du herum«, sagte Peter zu Jan. Sie war schwer getroffen, ließ sich aber nicht von ihrer Haltung abbringen. Schließlich hatte Jan die Nase voll, nahm Kissen und Decke und schlug ihr Bett im Wohnzimmer auf. Sie sagte, sie würde erst wieder ins gemeinsame Bett zurückkehren, wenn er sich gebessert habe. Ein paar Tage später fing Peter stillschweigend an, im Haus aufzuräumen und zu kochen. Und auch nachdem Jan wieder ins Schlafzimmer gezogen war, biß er die Zähne zusammen und blieb bei der Stange.

Die ersten Jahre einer Ehe sind immer hart. In dieser Zeit legen Sie das Fundament für die von Ihnen gewählte lebenslange Beziehung. Als Peter seine Aufgaben nicht übernehmen wollte, glaubte Jan, er sei egoistisch. Sie konnte kein Gefühl der Gemeinsamkeit empfinden, wenn sie nicht auch die unangenehmen Aufgaben gemeinsam erledigten. Als Peter nicht mitmachte, war es für sie, als machte er in der Beziehung nicht mit. Sie hatte das Gefühl, er empfand ihre Zeit als weniger wertvoll als seine, und sie hatte keine Lust, ihr Leben als menschlicher Staubsauger zu fristen. Reden zeigte keine Wirkung, also blieb nur der Griff zu drastischeren Mitteln.

Wir sind in einem solchen Fall unbedingt fürs Handeln – in einer Situation wie dieser sollten Sie im Wohnzimmer schlafen oder in ein Hotel ziehen. Oder vergessen Sie am Abend, an dem sein Boß zum Abendessen eingeladen ist, die Toilette zu putzen oder die randvoll gefüllten Müllsäcke rauszutragen; oder, wenn er nicht, wie abgemacht, die Wäsche erledigt, kaufen Sie viel Unterwäsche, und bereiten Sie alles für eine lange Belagerung vor. (Er wird es bald kapieren.)

Sie können sich auch wie ein Dienstmädchen anziehen und ihm am Ende der Woche die Rechnung vorlegen.

Lassen Sie Ihre Phantasie spielen, und versuchen Sie verschiedene Strategien. Geben Sie nicht auf. Irgend etwas wird funktionieren. Jan setzte sich durch, indem sie Peter da packte, wo es ihn wirklich schmerzte. Er hätte lieber den Küchenboden mit der Zahnbürste geschrubbt als auf ihren warmen Körper neben sich im Bett zu verzichten.

Wenn Sie verheiratet sind, ist der Einsatz höher, und es lohnt sich zu kämpfen. Sie haben aber gleichzeitig auch mehr Mut, zu drastischeren Mitteln zu greifen. Sie haben festeren Boden unter den Füßen und müssen keine Angst vor Trennung haben, wenn Sie mal auf der Couch schlafen, um Ihren Standpunkt klarzumachen. Manchmal wird eine Frau befürchten, sie mache vielleicht »zuviel Aufhebens« um etwas. Der Mann könnte sagen, sie sei »kleinlich« oder »hysterisch«. Lassen Sie sich nicht von ihm unterbuttern. *Er* zwingt Sie, ihn anzuschreien oder mit dem Kissen aufs Wohnzimmersofa zu ziehen. Sie würden nicht zu solchen Mitteln greifen, wenn Sie es mit einer Person zu tun hätten, die genauso vernünftig ist wie Sie.

2. *Er macht Überstunden*

Ein Mann kann sich von der Ehe distanzieren, indem er doppelt und dreimal soviel arbeitet als vorher. Dana war selbst ein Arbeitstier, beschränkte aber ihre Arbeitsstunden trotzdem auf unter fünfzig die Woche. Nachdem sie und Jim geheiratet hatten, wurde sie das, was sie eine »Arbeitswitwe« nennt. Jim war selbständiger Berater und eröffnete schnell ein zweites Büro, wodurch er drei Tage die Woche in einem Vorort verbringen mußte. Er arbeitete oft bis Mitternacht, egal, wo er war. Bei einem solchen Terminkalender wurde Sex zu einer schönen Erinnerung – einmal alle paar Monate. (Wenn sie miteinander schliefen, lief es immer gut, behauptete Jim während einer Therapiestunde. »Warum dann nicht öfters?« fragten wir. Keiner gab eine Antwort, aber sie lag auf der Hand: Jims Terminkalender ließ es nicht zu.) Inzwischen waren auch gemeinsame Gespräche und gemeinsame

Unternehmungen nur noch schöne Erinnerungen. Bevor sie heirateten, kochten sie ein paarmal die Woche gemeinsam ein Abendessen. Wenn sie sich jetzt überhaupt noch zum Essen trafen, dann in einem Restaurant. Ihre Wohnung war gemütlich und geschmackvoll eingerichtet, aber kein Zuhause – sie war perfekt wie ein Bild in einer Illustrierten und genauso unbewohnt.

Bei unserem ersten Gespräch mit dem Paar schaute Jim ständig auf die Uhr – er hatte eine wichtige Geschäftsverabredung am anderen Ende der Stadt und mußte sich gleich nach der Sitzung in ein Taxi stürzen. »Diese Stunde muß Sie wertvolle Zeit kosten«, sagten wir, ohne eine Miene zu verziehen. Jim nickte eifrig – die Stunde kostete ihn Zeit, die er besser mit Arbeiten verbracht hätte. Sein Angstpegel erreichte Spitzenwerte. In Wirklichkeit war er natürlich ängstlich, weil wir über seine und Danas Gefühle sprachen. Hinter der Fassade des Geschäftsmannes steckte ein ganz anderer Mann – einer, der seine Frau liebte und brauchte, aber keine Ahnung hatte, wie er ihr das vermitteln konnte.

Wir gaben ihnen gleich mehrere Aufgaben. Erstens waren wir nicht bereit, uns Jims Terminkalender anzupassen und uns um Mitternacht zu treffen, wenn er im Büro fertig war. Er mußte tagsüber kommen und durfte keine Stunde verpassen – Entschuldigungen galten nicht. Zweitens erteilten wir Arbeitsverbot von Freitagabend bis Sonntagabend. Drittens mußte das Paar mindestens zwei der Übungen ausprobieren, die wir im zweiten Kapitel beschrieben haben: täglich nette Sachen füreinander tun und sinnliche Massage, damit sich diese zwei Fremden sexuell wieder kennenlernten. Und außerdem sollten Jim und Dana jetzt zu Hause essen. Sie müssen Mahlzeiten planen, zusammen kochen und essen, um Nähe zu leben.

Das alles ist ein ganz schön harter Brocken für einen Mann wie Jim – leicht würde es bestimmt nicht werden, und das sagten wir ihm auch ganz deutlich. Aber er hatte zumindest kapiert, daß Dana es ernst meinte, als sie sagte, sie würde ihn verlassen, wenn er sich nicht etwas einfallen lassen würde. Er mußte sich der Angst stellen, die ihn von ihr weg in besessenes Arbeiten trieb.

3. Er reagiert allergisch auf Babys

Ein weiterer Zeitpunkt, an dem Ihr Mann versuchen kann, sich zu Tode zu arbeiten, ist, wenn Sie schwanger werden. Er wird sich seine Angst vor einem Kind als höchster Aufgabe des Bundes nicht eingestehen. Er wird vielmehr losgehen und sich einen zweiten Job suchen. Für Sie wird sich das anfühlen, als habe er Sie verlassen. Wenn Sie seine Gesellschaft am meisten brauchen, glänzt er durch Abwesenheit. Sie müssen mit ihm darüber reden und einige der Richtlinien festlegen, die wir Dana und Jim gegeben haben. Sie beide sollten begreifen, was hinter seinem vollen Terminkalender wirklich steckt. (Vergessen Sie nicht dabei, daß er das Gefühl haben könnte, auf seine Art seiner Ernährerrolle gerecht zu werden, indem er mehr Geld nach Hause bringt.) Es geht um zwei Dinge: Erstens brauchen Sie seine Nähe, und zweitens entgeht ihm ein wichtiges Erlebnis, wenn er Ihre Schwangerschaft nicht miterlebt.

Vielleicht fangen die wirklichen Probleme auch erst an, wenn das Kind auf der Welt ist. Viele Männer meinen, es sei ihr gutes Recht zu sagen: »Sich um Babys zu kümmern ist einfach nichts für mich. Babys interessieren mich erst ab einem vernünftigen Alter.« Ein sachlicher, intelligenter, normalerweise »befreiter« Mann stritt einmal eine ganze Sprechstunde lang mit seiner Frau, weil er behauptete, Frauen seien biologisch geeignet, sich um Babys zu kümmern, Männer dagegen nicht. »Das ist doch bloß eine Ausrede, weil er zu faul ist«, sagte sie. »Ich bin doch auch nicht mit einem Gen fürs Windelnwechseln auf die Welt gekommen.«

Für einen Mann ist es wirklich eine ungewohnte Sache, sich um ein Kind zu kümmern. Während der Schwangerschaft verändern sich Körper und Gefühle einer Frau, um sich auf ein anderes Wesen einzustellen. Und unsere

Kultur bringt Frauen bei, anderen zu geben und andere zu umsorgen. Wenn sie ein Baby bekommen, stellen sie vielleicht fest, daß sie genauso wenig einen Mutterinstinkt haben wie der Mann. Aber es wird dann erwartet, daß sie sich schleunigst einen zusammenbasteln.

Wenn Sie die Rolle der Großen Mutter, die äußerst undankbar ist, vermeiden wollen, müssen Sie sich frühzeitig ein gut durchdachtes Programm zurechtlegen. Wenn Sie dann mit dem anfänglichen Widerstand Ihres Mannes, Ihnen bei der Kinderpflege zu helfen, konfrontiert werden (und wie brauchbar er auch ist, Sie werden auf jeden Fall darauf stoßen, zumindest bis zu einem gewissen Grad), dann kompensieren Sie das nicht, indem Sie sich noch mehr auf das Baby konzentrieren. Bevor Sie recht begreifen, sind Sie Babyfachfrau und Spezialistin fürs Aufpassen. *Sie* werden sich auf das Baby einstellen müssen. *Sie* werden es weinen hören, während er unschuldig die Zeitung liest. Später wird das Kind zu Ihnen kommen, wann immer es etwas braucht, und Sie werden keine Sekunde mehr für sich selber haben. Ein Mann sollte von Anfang diese Pflichten mit übernehmen.

Teilen Sie die Zeit zwischen sich auf, die für die Kinderpflege nötig ist. Wenn er an der Reihe ist, verlassen Sie das Haus, oder gehen Sie in ein anderes Zimmer und schließen die Tür hinter sich. Nehmen Sie ein heißes Bad, oder machen Sie etwas anderes Entspannendes und Angenehmes. Er muß sich auf seine eigene Art um das Kind kümmern und seine eigenen Fehler machen. Ein Mann paßte auf seine Tochter auf und, als sie aufwachte, schaukelte er ihre Wiege mit dem Fuß, damit er schnell noch den Zeitungsartikel zu Ende lesen konnte. Seine Frau war im nächsten Zimmer, hörte das Baby weinen, lief zur Wiege und nahm es schnell hoch. Das war ein Fehler! Besprechen Sie mit Ihrem Mann, wann das Baby herausgenommen werden soll – Sie müssen sich einigen. Eine Frau darf ihrem Mann nicht über die Schulter schauen, ihm Anweisungen geben und dann immer noch erwarten, daß er sich die Babypflege mit ihr teilt. In diesem Fall kümmerte sich der Mann um sein Baby so, wie er es für richtig hielt.

Ein anderes Ehepaar wollte sich nachts beim Füttern abwechseln. Aber mit der Zustimmung war für ihn der Fall erledigt. Er schnarchte weiter, auch wenn das Baby schrie. Die Frau dagegen reagierte auf das leiseste Wimmern, wartete, schubste ihren Mann und lauschte der Geräuschkulisse von Schreien und Schnarchen, bis ihr Mann nach zehn Minuten endlich aufwachte. Manchmal war sie der festen Überzeugung, er würde ein Spielchen mit ihr spielen – so tun, als schliefe er, und hoffen, sie würde aufstehen. Sie hatte also die Wahl: entweder aufstehen und das Baby selbst füttern (aus schierer Verzweiflung) oder darauf bestehen, daß ihr Mann es machte. Sie entschied sich, auf seiner Mithilfe zu bestehen. »Ich hab' auf ihn eingetrommelt, bis er grün und blau war«, sagte sie. »Und einmal hab' ich kaltes Wasser über ihn gekippt.« Dank ihrer Konsequenz entwickelte ihr Mann bald ein besseres Gehör für die Schreie des Babys und übernahm seinen Teil der Nachtschichten.

»Ich hab' Angst, das Baby könnte mein Leben verändern.« Fast alle Leute befürchten, das Kind könnte wie ein kleines Ungeheuer seinen hungrigen Mund aufreißen und ihre Autonomie verschlingen. Sie müssen tatsächlich gewisse Freiheiten aufgeben, die Ihnen selbstverständlich waren. Aber manchmal glauben Frauen, sie müßten ihren Mann vor dieser neuen Realität schützen. Sie unterstellen, es sei für sie einfacher, Freiheiten und Flexibilität aufzugeben, als für ihn. Der Mann könnte sich eingesperrt vorkommen, wenn er etwas von seiner Autonomie aufgeben müßte. (Und bald wird er sagen: »Ich brauche meinen Freiraum« oder: »Ich fühle mich wie in einer Falle.«) Deshalb sagen sie sich: Wenn ich den Löwenanteil der Kinderpflege übernehme, also die Opfer bringe, dann hat er die Möglichkeit, dasselbe Leben zu führen wie vorher.

Nehmen Sie ihn nicht in Schutz. Viele Männer sind fähig, die Hälfte der Arbeiten zu übernehmen. Wir kennen Männer, die sowohl die Lasten als auch die Freuden der Kinderaufzucht mit ihren Frauen teilen – verglichen mit der Zeit vor zehn Jahren ist das eine radikale Änderung. Selbst Männer, die nächtelang durch Bars zogen, sitzen jetzt nächtelang am Bett kranker Kinder. »Klar hat sich mein Leben verändert«, sagte ein Mann. »Es ist besser geworden.« Viele Paare teilen sich ihre Arbeitszeiten neu ein, so daß jeder ein paar Tage der Woche zu Hause arbeitet und den Hauptanteil der Babylast trägt. Wenn Sie flexibel sind, werden Sie Lösungen finden. Und denken Sie daran: Sie wissen nicht, was ein Mann alles kann, solange nicht beide beschließen, daß er es kann.

4. *Seine Affären – ihre Affären*

Seine: Brad hat eine Idealvorstellung vom Verheiratetsein. Er ist ein edler, guter König. Eines Tages sieht er sie – eine wunderschöne, junge Maid. Als König hat er unbeschränkte Macht und kann sie heiraten, wenn ihm danach ist. Der Traum hat zwei verschiedene Schlußszenen: Brad und das Mädchen leben glücklich bis ans Ende ihrer Tage, oder er langweilt sich nach einiger Zeit und läßt sich jeden Tag eine junge, frische Jungfrau bringen.

Viele verheiratete Männer haben Angst, ihren Wunschtraum von endlosen sexuellen Appetithäppchen aufzugeben. Sie sind sicher, daß Sex mit derselben Frau auf die Dauer zum Gähnen langweilig wird. Ein Mann kann eine Affäre haben, um seinen Wunschtraum von der ständig verfügbaren Frau weiterzuspinnen. Und um Abstand von seiner Frau zu gewinnen.

Jeff hatte eine Affäre mit seiner Tennispartnerin. Dann erzählte er seiner Frau Cathy, daß er diese Frau liebe und vorhabe, sie zu heiraten. Cathy war wie vor den Kopf gestoßen. In den fünf Jahren ihrer Ehe hatte er sich nie beschwert. Es stimmte natürlich, daß sie nicht viel redeten und Jeff das Interesse an ihrem Job, ihren Freunden verloren hatte. Das hatte ihr zu schaffen gemacht, aber sie hatte ihn nicht zu sehr bedrängen wollen, damit er sich nicht eingesperrt vorkam. Aber jetzt, ein paar Jahre später, sagte Cathy: »Er hat mir diese Bombe einfach so in den Schoß geworfen. Er sagte bloß: ›Ich bin nicht glücklich, und du kannst da überhaupt nichts machen.‹« In diesem Fall war Jeffs Affäre eine Fluchtmöglichkeit aus der Bindung, die er mit der Heirat eingegangen war. Das eigentliche Problem war, daß er weder sich selbst noch Cathy seine Schwierigkeiten mit Nähe eingestanden hatte (und Cathy es auch nicht von ihm gefordert hatte).

Und wie sieht die andere Seite der Geschichte aus – die alleinstehende Frau, die sich mit einem verheirateten Mann einläßt? Sie müssen immer bedenken, daß Sie es mit einem Mann zu tun haben, der auf der Flucht ist – mit anderen Worten, selbst wenn er jetzt bei Ihnen ist, wird er doch weiter versuchen davonzulaufen.

Judy hat Brian in der Arbeit kennengelernt. Sie aßen oft zusammen zu Mittag, und er erzählte ihr, wie unglücklich er mit seiner Frau sei, die kalt, verklemmt und sexuell interesselos wäre. Judy verliebte sich bald in Brian, und obwohl sie nie gedacht hätte, sie wäre der Typ Frau, die ein Verhältnis mit einem verheirateten Mann anfing, stürzte sie sich in eine wilde Sexaffäre mit Brian. Sie trieben es überall – im Treppenhaus ihres Büros und im Männerklo am Ende des Ganges, wo sie in eine leere Kabine gingen und die Luft anhielten, sobald jemand hereinkam (was den Reiz der Sache noch vergrößerte – Judys Herz klopfte immer so laut, daß sie hätte schwören können, man würde es draußen hören). In ihrer Wohnung veranstalteten sie Sexmarathons, die oft den ganzen Tag und bis spät in die Nacht dauerten, wenn Brian nach Hause mußte.

Judy kam in die Therapie, weil sie mehr denn je in Brian verliebt war und – Schuldgefühle hatte. Sie fragte uns, ob das, was sie tat, falsch sei. Wir sagten ihr, das einzig Falsche daran sei, daß sie Brian jedesmal, wenn sie mit ihm schlief, seine Ehe festigen half. »Sie machen ihn zum glücklichen Mann!« – »Er redet wirklich viel weniger darüber, wie unglücklich er ist«, gab Judy zu. »Warum sollte er auch unglücklich sein?« fragten wir. »Sie bieten ihm tollen Sex, und zu Hause hat er eine pflichtbewußte Ehefrau.«

Einer Frau wie Judy lesen wir gründlich die Leviten – nicht aus moralischen Gründen, sondern weil da einfach nichts für sie drin ist. »Wie wünschen Sie sich denn, daß es weitergeht?« fragten wir sie. »Daß er seine Frau verläßt«, erwiderte sie wie aus der Pistole geschossen. »Das wird er wohl kaum tun«, sagten wir. »Warum sollte er seine Frau verlassen, wenn er so das Beste von beiden Welten bekommt?« Und selbst wenn Brian seine Frau verlassen würde, wäre es schlecht für Judy. Ein Mann, der einmal betrügt, wird es wieder tun. Sie sind nichts Besonderes für ihn, Sie sind nur eine weitere Verkörperung der allzeit verfügbaren Frau seiner Wunschträume.

Ihre: Heutzutage können junge, verheiratete Frauen ebensooft Affären haben wie ihre Männer (25 Prozent aller Männer und Frauen unter fünfundzwanzig geben an, außereheliches Geschlechtsverkehr gehabt zu haben). Und auch bei älteren Frauen sind die Zahlen gestiegen. So ergab eine Umfrage, daß 48 Prozent aller verheirateten Männer und 38 Prozent der verheirateten Frauen Affären gehabt haben, im Gegensatz zu den Ergebnissen des Kinsey-Reports der frühen fünfziger Jahre, nach dem 50 Prozent der verheirateten Männer, aber nur 25 Prozent der Frauen »fremdgegangen« waren). Trotzdem bleibt ein wesentlicher Unterschied: Bei einem Mann signalisiert eine Affäre das Bedürfnis nach Abstand, bei einer Frau dagegen die Suche nach Nähe, die sie in der Ehe nicht bekommt.

Als Pauline noch in Andrés Vorlesung saß und sich Notizen machte, hätte sie sich nie träumen lassen, daß er ihr Liebhaber, geschweige denn ihr Mann werden würde. André war verheiratet und geistig so brillant, wie sie gerne gewesen wäre. Ab und zu lud er sie nach der Vorlesung zu einem Kaffee ein. Ihre Meinung schien ihn immer zu interessieren, egal, ob es um Literatur oder Politik ging. Es dauerte nicht lange, und er stellte Fragen über ihr Privatleben. Er erzählte ihr, daß er in Scheidung lebe und wie deprimierend es doch sei, allein zu sein. Pauline tat André leid, weil er immer nur in ihrer Gesellschaft lustig und aufgeweckt war. In den Vorlesungen und unter seinen Kollegen wirkte er immer traurig. Bald darauf entspann sich ein Verhältnis, und ein Jahr später heirateten sie.

Im zweiten Ehejahr hatte André eine Affäre mit einer Studentin und berichtete es Pauline. Sie war am Boden zerstört, redete sich aber ein, es sei ein einmaliger Ausrutscher. Sie irrte sich. Es war eher ein Ausrutscher, wenn André *nicht* mit einer anderen Frau schlief. (Aus diesem Grund war auch seine erste Ehe in die Brüche gegangen.) Im dritten Jahr fing Pauline selbst ein Verhältnis mit Larry an, einem Fakultätsmitglied und Kollegen von André. Es waren nicht allein Andrés Seitensprünge, die sie dazu getrieben hatten, sondern das Verlangen nach menschlicher Nähe, die sie in ihrer Ehe nicht hatte. Jedesmal, wenn sie über etwas reden wollte, mußte sie den ersten Schritt tun. Die Verantwortung für die Ehe lag allein bei ihr, und allmählich hatte sie davon die Nase voll.

Aber dann passierte etwas Merkwürdiges. André wollte unbedingt Gruppensex haben – mit Pauline und Larry. Zuerst weigerte sie sich, aber André ließ nicht locker, und schließlich willigte sie ein (sie war immer noch ein bißchen eingeschüchtert von ihm), und so entwickelte sich eine Menage à trois.

Pauline ist sicher, daß André über sie und Larry Bescheid weiß und nur darauf wartet, bis sie sich im Bett verraten. Aber die Konstellation ist verführerisch und reizvoll, und sie macht weiter mit. Inzwischen wissen alle drei, daß die Ehe zum Scheitern verurteilt ist und es nur noch eine Frage der Zeit ist, bis sie in die Brüche geht. Bei André und Pauline fingen die Probleme mit Andrés Bedürfnis nach Distanz an. Sie hatten sich schließlich mehr und mehr auseinandergelebt. Und dann begann die Serie von Affären, die ihr Eheleben immer mehr bedrängte. Paradoxerweise sind Affären oft ein Versuch, Eheprobleme zu lösen. Sie können als Mittel dienen, in eine schwierige Situation eine dritte Partei zu bringen – und als Möglichkeit, sich den Enttäuschungen und den Frustrationen einer Ehe nicht stellen zu müssen. In Wirklichkeit wollte Pauline die Probleme mit André gar nicht lösen, sondern ihn loswerden. Ihre Affäre mit Larry brachte sie auf eine Bahn, die sie aus ihrer Ehe herausführte.

Es gibt auch Affären, die eine Ehe aufrechterhalten, allerdings mehr schlecht als recht . . . Mary ist seit vier Jahren mit Reggie verheiratet und hat seit zwei Jahren ein Verhältnis mit Tom. Drei Jahre lang hat sie sich tausendmal von Reggie trennen wollen und sich tausendmal wieder in ihn verliebt. Er möchte verheiratet sein, aber sie soll sich um alles kümmern. Sie verdient mehr als er, sie hat die Wohnung eingerichtet und macht sie sauber, sie ist verantwortlich für ihr gesellschaftliches Leben. Wenn er schlecht gelaunt ist, hat sie eben Pech gehabt. Mary sehnt sich oft danach, wieder allein zu sein. Trotzdem will sie bei Reggie bleiben. Sie spürt Sicherheit und Vertrautheit, und manchmal, wenn sie sich längere Zeit nicht gesehen haben (weil sie ihre Arbeit oft in entgegengesetzte Teile des Landes führt), ist es sogar wieder reizvoll, zusammenzusein.

Das Verrückte ist, daß Mary viel glücklicher mit Reggie ist, seit sie ein Verhältnis mit Tom hat. Mit Tom kann sie über alles reden, und er hört ihr stundenlang zu. Das tut ihr gut. Aber sie macht sich auch keine Illusionen. Tom kann ihre Probleme nicht lösen. Er ist arbeitslos und meistens pleite, da sein Geld für Kokain draufgeht. Aber bei ihm findet sie ein wenig Nähe und Zuflucht. »Ich hab' immer davon geträumt, einen Mann zu finden, der mich wirklich versteht«, sagt sie. »Ich glaube nicht, daß es ihn gibt, aber der Gedanke läßt mich nicht los.«

Marys Leben ist ein Drahtseilakt. Ihr Verhältnis mit Tom

gibt ihr das Gefühl, autonom zu sein (sie hat ein Leben außerhalb der Ehe), und sie kompensiert die mangelnde Nähe in der Ehe. Allmählich glaubt sie, ihre Ehe würde ohne das Verhältnis gar nicht mehr existieren.

Wir rieten Mary, sich mit den Problemen ihrer Ehe auseinanderzusetzen. Tom lenkte ihre Energie von diesen Problemen ab. Sie mußte in bezug auf ihre Ehe eine Entscheidung treffen – ja oder nein. Bis jetzt wollte sie noch auf zwei Hochzeiten tanzen.

Die neuen statistischen Zahlen über Frauen und ihre außerehelichen Beziehungen freuen uns nicht allzusehr. Sicher, auch Frauen können sexuelle Abenteuer haben. Aber die Wahrheit ist doch etwas trauriger und weniger einfach. Männer haben Affären, weil sie der Nähe entkommen wollen. Frauen dagegen, weil sie deprimiert sind und in der Ehe keine Erfüllung finden. Ist die Ehe als Institution zum Aussterben verurteilt?

Eine Frau erzählte uns von einer Einladung, die sie am Wochenende gegeben hatte. Sie hatte mit ihrem Mann zusammen gekocht und er hatte anschließend mit dem Kind gespielt. Alle Gäste hatten den tollen Vater gelobt – er gab sich ja soviel Mühe! »Ich wußte überhaupt nicht, wie ich reagieren sollte«, sagte sie. »Einerseits war ich begeistert, weil er mithalf, andererseits wußte ich aber auch, daß es nur Schau war. Nachdem alle gegangen waren, habe ich aufgeräumt und das Baby versorgt – wie immer. Jetzt warf niemand Konfetti und jubelte: ›Was für eine tolle Mutter!‹« Erschöpft und deprimiert fuhr sie fort: »Wenn ich mich beschwere, klingt das undankbar. Wie kann ich auch, er hilft ja so viel. Und nicht nur das – wenn ich mich beschwere, macht er noch weniger. Wenn ich mich aber nicht beschwere, akzeptiere ich den Status quo. Es ist eine Situation, in der ich nicht gewinnen kann.«

Eine andre Frau ist voll berufstätig, geht am Abend nach Hause, kocht das Abendessen und versorgt das vierjährige Kind. Vor zehn Uhr abends kommt sie buchstäblich nicht einmal dazu, sich zu setzen. Dann ist sie völlig erschöpft. Sie haßt Auseinandersetzungen und verlangt deshalb von ihrem Mann nicht, mehr Verantwortung im Haushalt zu übernehmen. »Besser wird es wohl nicht werden«, sagt sie. »Er tut wohl sein Bestes, nehme ich an, und ich kann doch nicht ständig auf ihm herumhakken.« So schluckt sie ihre Wut hinunter und ist ständig deprimiert. Und ihr heimliches Überdruckventil? Kino – immer allein und sooft es ihre Zeit erlaubt, und romantische Filme, bei denen man gut weinen kann. Und sie vergöttert Filmstars – vor allem sensible Männer, die auf eine Frau eingehen können. »Ich schäme mich«, sagt sie. »Ich bin eine intelligente, erwachsene Frau und benehme mich wie ein Teenager.«

Das mag peinlich sein, ist aber verständlich. Diese Frau will ihren Mann nicht zur Rede stellen, obwohl sie genau weiß, daß es notwendig wäre. Hinter ihrer Fassade gären Frust und Wut. Und sie weint allein in Kinos und flüchtet sich in Wunschträume. Andere Frauen greifen zu Alkohol oder Drogen, sind ständig krank oder stürzen sich in Kaufwut oder Freßsucht. Es ist nicht Ihre Aufgabe, einen Mann zu ändern, aber Sie dürfen sich auch nicht abkapseln. Sie müssen ihm sagen, was Sie wollen, damit er lernen kann, Ihnen auf halbem Weg entgegenzukommen.

Wir haben in unserer Praxis gute Erfahrungen mit Frauen gemacht, die zum ersten Mal etwas von ihren Männern verlangten. In einer Gruppe erzählte Maya eine Geschichte, die ein wunderschönes Happy-End hat. Maya ist eine schüchterne, ruhige Frau, die gerne mit Kindern arbeitet. An der Schule, an der sie unterrichtet, wollte sie mit ihrer Klasse für alle Mitschüler und Eltern ein Theaterstück aufführen. Die Kinder und sie arbeiteten seit Monaten daran, und als der große Abend näher rückte, war Maya sehr stolz, aber auch sehr nervös. Mehr als alles auf der Welt wünschte sie sich, ihren Mann Larry bei der Premiere dabeizuhaben.

Sie hatte bis dahin noch nie etwas von Larry verlangt. Diesmal wollte sie es versuchen. »Es würde mir sehr viel bedeuten, wenn du bei dieser Vorstellung dabei wärst«, sagte sie ihm. Wie vorauszusehen war, schimpfte und stöhnte Larry. »Du nimmst mir meine Zeit weg«, sagte er. »Ich bin zu müde, um da hinzugehen und mir anzuschauen, wie ein Haufen Kinder die Einsätze verpaßt.« Aber Maya ließ nicht locker. »Ich gehe doch auch mit dir zu Geschäftsessen, und deine Kollegen kommen zum Abendessen. Ich möchte, daß du das für mich machst.« Widerwillig stimmte Larry zu, ging mit – und war begeistert. Die Kinder waren wunderbar, und Mayas sensible, humorvolle Art war im ganzen Stück zu spüren. Als der Vorhang fiel, sprangen die Leute von den Stühlen hoch und applaudierten begeistert. Larry platzte fast vor Stolz und sagte später zu ihr: »Diese Seite deines Lebens hab' ich überhaupt nicht gekannt. Es ist wunderbar.« So nah waren sich die beiden seit Jahren nicht mehr gewesen.

Auch die Gruppe spendete Maya Applaus, denn sie hatte mehr von ihrer Ehe haben wollen und es auch bekommen. Nur einer, Steven, brachte einen völlig anderen Ton in die Diskussion. »Hüten Sie sich, Ansprüche an Männer zu stellen«, sagte er. »Das ist ein ganz großer Fehler.« Alle waren sehr erstaunt. Dann sprachen sie alle auf einmal. »Sie haben Ihre Ehe schon aufgegeben«, warf ihm eine Frau an den Kopf. »Wenn Sie und Ihre Frau nichts voneinander verlangen«, sagte eine andere, »dann sind Sie nur dem Namen nach verheiratet.«

»Ist Ihr Leben denn nicht furchtbar leer?« fragte ein Mann. »Sie haben ja schon das Handtuch geworfen!« Was in Steven vorging, spiegelte sich in seinem Gesicht. Ihm standen Tränen in den Augen. »Es ist wahr«, sagte er. »Ich komme mir meistens sehr verlassen vor.«

An diesem Abend feierten wir mit Maya und weinten mit Steven. Wir erkannten unsere Möglichkeiten. Wenn man sich nicht gegenseitig fordert, ist Ehe nur ein Spiel. Maya hatte begriffen, daß in einer Ehe beide Partner geben müssen. In dieser Nacht waren sie und ihr Mann das erste Mal ein echtes Paar gewesen.

Viele Männer heiraten, fühlen sich aber trotzdem ihren Partnerinnen nicht verpflichtet. Ein verheirateter Mann ist in Wirklichkeit immer noch ein Junggeselle, wenn er:

- früher als Sie von der Arbeit nach Hause kommt und sich trotzdem weigert, Abendessen zu kochen (oder zumindest vorzubereiten);
- erwartet, daß Sie ganztags im Büro arbeiten und anschließend zu Hause aufräumen, seine Socken stopfen und kochen;
- erwartet, daß Sie im Alleingang die Kinder versorgen und er sich für die Finanzen, aber nicht die Gefühle zuständig fühlt;
- heimliche Affären hat, sich aber weigert, mit Ihnen darüber zu reden;
- so viel arbeitet, daß Sie sich kaum noch sehen, also Ihre gemeinsame Zeit dem Beruf opfert;
- sich weigert, über Ihren Kinderwunsch zu reden.

10

Schluß machen

Ihre Beziehung ist nicht das, was Sie suchen, oder ist einfach festgefahren. Sie haben alles versucht, nichts hat funktioniert, und jetzt wissen Sie, daß es zu Ende ist. Sie sind ausgelaugt und deprimiert – Sie können sich gar nicht mehr vorstellen, wie es ist, morgens aufzuwachen und sich gut (oder zumindest menschlich) zu fühlen. Und die traurige Wahrheit ist, daß es immer wieder passieren wird. Sie werden wahrscheinlich noch einige schmerzhafte Abschiede hinter sich bringen müssen, bevor Sie den Mann kennenlernen, der den ganzen Weg mit Ihnen gehen kann. Weil aber dieses Abschiednehmen so schwerfällt, landen viele Frauen bei uns in der Sprechstunde, wenn sie eine Beziehung beenden wollen. »Mach' ich wirklich das Richtige?« fragen sie und suchen noch nach einem letzten Fünkchen Hoffnung. Und wenn sie keins finden, sagen sie: »Wie kann ich einfach gehen, wenn es so weh tut?« Antwort: Bleiben würde noch mehr weh tun. Im Augenblick scheint weggehen vielleicht wie das Ende der Welt, aber es ist ein Schmerz, der auf lange Sicht reinigt und heilt.

Warum tut es so weh, Schluß zu machen? Weil sich viele intelligente, interessante und attraktive Männer als unfähig erweisen, eine echte Bindung einzugehen. Und Sie können es nicht fassen, daß ein Mann, der in jeder anderen Hinsicht so phantastisch ist, sich als so hoffnungslos erweisen kann. Wie kann ich ihn aufgeben? Ich kann es nicht, flüstert Ihnen eine innere Stimme zu. Wen gibt es denn noch da draußen? fragen Sie sich. Niemanden, antwortet die innere Stimme. Sich loszureißen bringt Sie fast um, und trotzdem wissen Sie, daß sein Verhalten Ihnen ohnehin schon fast das Genick gebrochen hat.

Der Mann zum Verlassen

Er möchte nicht, daß Sie ihn für einen schlechten Kerl halten, oder er ist mit dem Status quo sogar zufrieden – dann läuft es darauf hinaus, daß Sie die häßliche Arbeit tun müssen, eine schlechte Beziehung zu beenden (obgleich er es ist, der Sie mit seinem Verhalten dazu zwingt). Manchmal ist der Abschied kurz, manchmal scheint er endlos. Je länger Sie zusammen waren, desto qualvoller ist es. Beziehungen können zwar auf verschiedenste Art und Weise enden, aber immer ist es ein Schock und tut weh. In diesem Kapitel werden wir verschiedene Versionen behandeln, die Ihnen wahrscheinlich bekannt vorkommen. Wir meinen, daß jede dieser Situationen durch bestimmte Kennzeichen oder Warnsignale erkennbar sind. Nichts ist ja so unvorhersehbar, wie es scheint. Wir wollen jedoch klarstellen, daß es in jedem Fall unproduktiv ist, sich selbst die Schuld zu geben, wenn man Warnsignale übersehen hat. Es gibt so viele Männer, die nicht mit Beziehungen umgehen können, daß Schluß machen zum traurigen Bestandteil eines Frauenlebens geworden ist. Sie können lernen, die Signale zu erkennen – solange Sie nicht Ihre Zeit damit verschwenden, sich selbst die Schuld zu geben.

Was er macht

Plötzlich sind Ihre Telefongespräche zäh, und er ist unnahbar und gekünstelt. »Er benimmt sich komisch«, sagen Sie sich, »ich möchte wissen, was los ist.« Hier eine Liste mit einigen typischen Verhaltensmustern eines Mannes, der im Begriff ist zu gehen, ohne wirklich auf Wiedersehen zu sagen:

1. Er ruft nicht mehr regelmäßig an.

2. Plötzlich ruft Sie seine Sekretärin zurück, weil er keine Zeit dazu findet.

3. Zu Hause hat er den Anrufbeantworter eingeschaltet, aber Sie haben den Verdacht, er ist daheim und geht nur nicht ran.

4. Er kann sich nicht mehr so regelmäßig oder mit der gleichen Begeisterung verabreden wie früher. Er lenkt ab, wenn Sie die gewohnte Samstagabend-Verabredung erwähnen.

5. Ihre Treffen werden immer kürzer, oder er baut Sie in seinem Terminkalender ein, wenn es ihm gerade paßt.

6. Er sagt Verabredungen ab mit Entschuldigungen wie: »Ich bin erkältet« oder »Ein Freund ist gerade zufällig in der Stadt«, oder »Ich muß arbeiten«.

7. Sie wollten zusammen den Nachmittag verbringen, und er bringt seinen besten Freund mit.

8. Er nörgelt »grundlos« herum, entschuldigt sich dann aber nicht oder schiebt es auf Probleme im Büro.

9. Er kritisiert Ihre Freunde, Ihre Haare, Ihre Kleidung.

10. Er möchte Ihre Familie und Ihre Freunde nicht mehr besuchen.

11. Er will überhaupt nie Sex,
oder er will ständig Sex,
oder er wirft Ihnen vor, Sie wären sexuell zu anspruchsvoll,
oder er wirft Ihnen vor, Sie wären langweilig im Bett.

(Jede Veränderung in Ihrem Sexualleben, die keine Verbesserung darstellt, ist ein Warnsignal.)

12. Er lenkt ab, wenn Sie von gemeinsamen Plänen sprechen. Die Zukunft interessiert ihn nicht. Wenn Sie davon sprechen, was Sie gemeinsam im nächsten Sommer machen könnten, schaltet er ab, wechselt das Thema oder tut, als habe er Sie nicht verstanden.

Was er sagt

Der Mann zum Verlassen ist so trickreich, daß wir eine Übersetzungsliste vorbereitet haben, mit der Sie unter all den Worten die wahre Botschaft erkennen können:

1. »Ich brauche meinen Freiraum.«
Übersetzung: »Ich muß raus aus dieser Beziehung.«
2. »Ich glaube, du bist nicht die Richtige.«
Übersetzung: »Ich glaube, da draußen gibt es Frauen, die mir besser passen als du.«
3. »Ich bin nicht reif für eine Beziehung.«
Übersetzung: »Ich habe Angst, daß ich zu tief drin stecke.«
4. »Ich bin in dich verliebt, aber ich liebe dich nicht.«
Übersetzung: »Wenn du wirklich die Richtige für mich wärst, würde ich mir nicht so eingesperrt vorkommen.«
5. »Ich fühle mich eingesperrt.«
Übersetzung: »Für mich ist diese Beziehung gelaufen, aber ich hoffe, daß wir immer noch miteinander schlafen können, wenn ich scharf drauf bin.«

Was Sie tun können

Diese Übersetzungen gelten im allgemeinen für den Mann des II. Typs, den Mann in der Mitte. Eine Frau spürt beispielsweise, daß etwas nicht stimmt. Nehmen wir an, der Mann murmelt dauernd etwas von »Freiraum« oder kann sich im Bett nicht aus seinem Gefühlspanzer lösen, oder er hält ständig Verabredungen nicht ein. Sie denkt nun vielleicht, sie müsse mehr für die Beziehung tun, damit es besser läuft. Sie sollte versöhnlicher sein, die Risse zukleistern, ihn zu mehr gemeinsamen Abenden oder Wochenenden überreden. All das ist das Schlimmste, was sie tun kann – der Mann wird zurückweichen, als sei er plötzlich auf eine Schlange gestoßen. Es ist vielmehr genau der Moment, an dem Sie sich an den Rat Ihrer Großmutter erinnern sollten: Lauf dem Kerl nicht hinterher! Statt dessen – und davon hat Ihre Großmutter nichts gesagt – sollten Sie ihn direkt darauf ansprechen und sagen: »Ich spüre, daß sich zwischen uns etwas verändert hat.«

Mit einem Mann des brauchbaren Typs werden Sie dann vermutlich ein oder mehrere Gespräche führen, bei denen Sie erkennen können, ob er sich tatsächlich aus der Beziehung zurückziehen will oder ob Sie gemeinsam Änderungen in der Beziehung vornehmen sollten.

Der lange Abschied

Er könnte zum Beispiel sagen, er warte bloß auf den richtigen Augenblick, um der doch so ahnungslosen Frau die Nachricht beizubringen. (In Wirklichkeit wartet er darauf, daß Sie den ersten Schritt machen.) Ein Mann wird so tun, als sei es ganz schrecklich für ihn, einer Frau weh zu tun, denn er möchte vor sich (und vor Ihnen) als aufrichtiger, gequälter und angstgeplagter Mann dastehen, der versucht, einer Frau die Trennung so leicht wie möglich zu machen.

Wiederum dürfen Sie nicht vergessen: Dieser Mann, mit dem Sie wahrscheinlich mindestens ein paar Monate oder ein ganzes Jahr zusammen waren, kann auf allen anderen Gebieten toll sein. Er hat Ihnen auch gezeigt, daß er zumindest teilweise eine Beziehung eingehen kann. Aber plötzlich hat er das Gefühl, er käme da nie mehr raus.

Als Gary und Lisa sich verlobten, beschlossen sie gemeinsam, daß sie ihre Wohnung in Atlanta verkaufen und nach Washington ziehen sollte, um schon vor der Hochzeit bei ihm zu leben. Sie fand dort auch eine Stellung. Inzwischen kaufte Gary den Ring, und sie eröffneten ihren Familien ihre Pläne. Dann ging Gary zwei Wochen auf Segelurlaub. Als er zurückkam, rief er Lisa, die noch in Atlanta war, an und sagte ihr: »Ich komm' mir ein bißchen eingesperrt vor.«

»Und was ist mit unseren Plänen?« fragte sie.

Schweigen am anderen Ende der Leitung. Dann räusperte Gary sich. »Wir sollten sie besser verschieben«, sagte er.

Lisa saß also da, ohne Wohnung und ohne Job in einer fremden Stadt, Hunderte von Meilen von ihm entfernt. Eine Woche später rief Gary wieder an und lud sie zu einem Überraschungsurlaub nach Florida ein. »Nach dem, was du durchgemacht hast«, sagte er, »hast du das verdient.«

Lisa sagte: »Er tat so, als hätte das ›Was ich durchgemacht habe‹ nichts mit ihm zu tun. Er dachte, wir würden einfach gemeinsam in den Whirlpool springen, nachdem unsere Verlobung durch ihn geplatzt war und er mein Leben völlig durcheinandergeworfen hatte.« Sie sagte ihm, er solle den Urlaub abschreiben, und die Beziehung auch.

Lisas Erfahrung ist nicht ungewöhnlich. Unglücklicherweise kann sich ein Mann durch die Beziehungsskala arbeiten, ohne wirklich zur Bindung bereit zu sein, und dann plötzlich trifft es ihn mitten zwischen die Augen. Die Hochzeitspläne sind erledigt und Ihr Leben auch (vorübergehend). Und genauso typisch ist es, daß er dann mit einem gut gemeinten Vorschlag daherkommt, zum Beispiel für einen tollen Urlaub in einem Badeort. Er versucht jetzt, »guter Freund« zu sein. Er möchte Sie nicht ganz verlieren, und Sie sollen ihn auch nicht für einen schlechten Menschen halten.

Lassen Sie sich nie mit einem Mann, der Ihr Liebhaber war, auf ein Freundschaftsverhältnis ein, wenn die Beziehung erst kurz vorher in die Brüche gegangen ist. Das kann ein ganz harmlos scheinender, aber äußerst gefährlicher Kuhhandel sein. Wir empfehlen Ihnen, mindestens sechs Monate – oder bis Sie jemand neuen haben – zu warten, bevor Sie mit einem ehemaligen Liebhaber ein Freundschaftsverhältnis versuchen.

Als Steve zu dem Schluß gekommen war, seine Beziehung zu Melissa würde schon zu lange dauern (sie waren seit sechs Monaten monogam, also auf der dritten Stufe), sagte er ihr, er brauche mehr Freiraum. Melissa interpretierte dies richtig als: »Ich will raus.« Schweren Herzens holte sie tief Luft und sagte: »Das tut wirklich weh, aber wie ich sehe, bist du nicht bereit, mir zu vertrauen und die Beziehung weiterzuführen. Ich glaube, wir sollten uns nicht mehr sehen.« Steve stimmte zu.

Dann, irgendwann in den nächsten zwei Wochen, rief er sie an und sagte: »Laß uns Freunde sein.« Sie führten wieder dieselben vertrauten, intimen Telefongespräche wie vor der Trennung – nur endeten sie jetzt nicht mit einer Verabredung, sondern mit einem mühsamen: »Laß wieder was hören.« Melissa gab Steve oft Ratschläge, sie hörte ihm zu und hatte Verständnis für ihn. Aber schließlich begriff sie, daß »Freunde sein« Steve die Trennung erleichterte. Wenn er sich einsam fühlte, mußte er nur zum Telefonhörer greifen und sie anrufen. Und er mußte auch keine Schuldgefühle haben, nachdem Melissa ja nicht böse auf ihn war. Also war er offensichtlich doch kein so schlechter Kerl, obwohl er sich von ihr getrennt hatte.

Als wir Melissa fragten, warum sie diese »freundschaftlichen« Gespräche mit Steve weiterführte, sagte sie, sie könnten ihr vielleicht über den Trennungsschmerz helfen.

»Hilft es Ihnen wirklich, wenn Sie Steve ein schlechtes Gewissen wegen der Trennung ersparen?« fragten wir. »Er sollte die Konsequenzen seines Verhaltens spüren! Diese Telefongespräche sind schlecht für Ihren Heilungsprozeß. Jeder Anruf von ihm reißt die Wunde wieder auf!«

Als Steve das nächste Mal anrief, sagte sie ihm, daß sie keine weiteren Anrufe von ihm wünsche.

Und dann fühlte sich Melissa deprimiert. Es ist zweifelsohne kein Vergnügen, feststellen zu müssen, daß ein positiver Schritt Sie dazu bringen kann, morgens nicht mehr aufstehen zu wollen. Um dagegen anzukämpfen, sollten Sie Ihrer Wut freien Lauf lassen. Sie sind hinters Licht geführt, betrogen und in Sackgassen gelockt worden. Entschuldigen Sie ihn nicht, und widerstehen Sie vor allem der Versuchung, sein »Therapeut« zu sein. Das hilft ihm nur, seine Schuldgefühle zu überwinden. Fragen Sie sich, ob Sie aus einem der folgenden Gründe mit ihm befreundet sein wollen:

1. »Ich werde ihn schon wieder rumkriegen.« Sie wissen, wie irrational sein Verhalten ist, und glauben, Sie könnten es ihm austreiben. Sie glauben auch, er würde mit Ihrer Hilfe erkennen, wie verrückt er sich benimmt. Aber selbst bei Einsatz all Ihrer Überredungskünste werden Sie ihn nicht zurückgewinnen, wenn er nicht von Anfang an mit dem Herzen dabei war.

2. »Ich werde ihn heilen.« Indem Sie sich auf seine Gefühle konzentrieren, versuchen Sie, Ihre eigenen vereitelten Hoffnungen, Ihre Wut und Depression zu umgehen. Es ist nicht Ihre Aufgabe, diesen Mann gesund zu pflegen. Sie haben genug mit Ihren eigenen Schmerzen zu tun.

3. »Ich werde die Beziehung retten.« Das ist ein Wie-

derbelebungsversuch für eine tote Beziehung. Vielleicht glauben Sie auch, wo miteinander geredet wird, besteht noch Hoffnung. Leider werden Sie aller Wahrscheinlichkeit nach ins Leere laufen.

Sie kennen vermutlich Langzeitbeziehungen, die auf der Rolle der Frau als Therapeutin aufgebaut sind. Aber wir können keine Beziehungen befürworten, in der eine Frau die Rolle der Beziehungsfürsorgerin übernimmt, während der Mann den hilflosen Säugling spielt. Warum sollen Sie Ihr Leben vergeuden?

Lassen Sie statt dessen Ihrer Wut freien Lauf. Genießen Sie Rachegelüste. Gönnen Sie sich das Vergnügen, sich vor Ihren Freunden darüber auszulassen, wie mies der Kerl war.

Viele Frauen wollen am Ende einer Beziehung eine Abrechnung von Angesicht zu Angesicht. Er hat Probleme. Er hat eine gute Sache versaut. Und Sie möchten ihm die Meinung sagen. Gut und schön, aber lassen Sie sich nicht einfach hinreißen. Überlegen Sie sich, was Sie sagen wollen. Proben Sie vor dem Spiegel oder vor Ihren Freunden. Das ist Ihr Auftritt, Ihr großer Wutausbruch. Stellen Sie von vornherein klar, daß das kein Dialog ist und Sie auch nicht bereit sind, einen zu führen. Sagen Sie, was Sie zu sagen haben, und dann gehen Sie.

Was, wenn Sie einen großen Fehler machen? Bevor Sie eine Beziehung abbrechen, sollten Sie Ihrem Liebhaber einige Fragen stellen. Als Frank Betty sagte, er glaube, er sei nicht reif für eine Beziehung, fragte sie ihn: »Wie lange hast du dieses Gefühl denn schon?« »Wann ist dir das klargeworden?« »Was genau müßte passieren, damit du reif genug bist?« Frank gab nur ausweichende Antworten, und Betty wußte nicht mehr weiter. »Ruf mich an, wenn du jemanden zum Reden brauchst«, sagte Frank, als er ging. »Wie mitfühlend!« dachte Betty. »Zuerst setzt er mich vor die Tür, dann sagt er, ich soll ihn anrufen, wenn ich jemanden zum Reden haben möchte. Als ob ich ausgerechnet sein Mitleid brauche.«

Trotzdem hatte Frank alles in der Schwebe gelassen, so daß sie ein paar Tage später wirklich anrief. »Werden wir uns sehen oder nicht?« fragte sie. Er war sich nicht sicher. »Ruf mich Mittwoch an«, riet er ihr. »Vergiß es«, sagte Betty. »Warum sollte ich bis Mittwoch warten, damit du mit mir Schluß machen kannst? Ich mache jetzt sofort Schluß!«

Betty hat die richtige Entscheidung getroffen. Klare Antworten auf Ihre Fragen sind von entscheidender Bedeutung. Wenn er die geben kann, braucht Ihre Beziehung vielleicht nur neuen Schwung. Als Veronika bemerkte, daß Doug sich »seltsam« verhielt, ignorierte sie es erst einmal, in der Hoffnung, es würde vorübergehen. Nach einiger Zeit fragte sie ihn, ob irgend etwas nicht in Ordnung sei. »Nun«, sagte Doug, »jetzt, wo du es ansprichst: Ich habe da ein Problem. Es wird bald Sommer, und ich weiß nicht, wie du dazu stehst, wenn ich samstags den ganzen Tag im Club Golf spielen möchte und wir uns immer erst nach acht Uhr abends sehen können.« Wie sich herausstellte, hatte er einfach nicht gewußt, wie er ihr das beibringen sollte. Männer glauben immer wieder, der Lebensinhalt einer Frau würde darin bestehen, »seine« Spielzeit zu beschneiden. Es kommt ihnen gar nicht in den Sinn, eine Beziehung zu haben und trotzdem über persönliche Freiheit zu verfügen.

Veronika fragte Doug, warum er nicht einfach an einem der Samstage mit ihr in den Club gehen würde, damit sie dort zusammen Mittag essen und schwimmen gehen könnten. Dann sagte sie: »Glaubst du, ich hätte kein eigenes Leben? Die meisten Samstage habe ich sowieso so viel zu tun, daß wir uns in jedem Fall erst abends sehen könnten.«

In diesem Fall führte die direkte Frage einer Frau zu einer notwendigen Berichtigung der Beziehung, nicht zu ihrem Ende. Wenn ein Mann fähig ist, eine Beziehung weiterzuführen, sollte eine Frage, die Sie stellen, zu einem Dialog führen. Es sollte ihn interessieren zu erfahren, was ihn beunruhigt hat, und er sollte verhandlungsbereit sein.

Beim unbrauchbaren Mann, also Typ III, wissen Sie meist nach kurzer Zeit, daß Sie nur zwei Möglichkeiten haben: ihn loszuwerden oder Ihren Verstand. Wenn Ihr Verstand gewinnt, müssen Sie immer noch den Schock verdauen. Mit einem solchen Mann zu brechen sollte jedoch relativ einfach sein. Schließlich und endlich war es ja praktisch gar keine Beziehung. Aber die Gefühle, die Sie in ihn investiert haben, die Träume und Wünsche sind stark, und sich von denen zu trennen ist nicht so leicht.

Als Rachel Alan bei einer Party kennenlernte, spürte sie, ohne ein Wort mit ihm geredet zu haben, daß er schwere Zeiten hinter sich hatte. Sie hatte recht. Er erzählte ihr, er sei seit einem Jahr geschieden – und die Wunde war offensichtlich noch nicht verheilt. Alan lebte in Washington und Rachel in Philadelphia. Ein Wiedersehen war also mit einigen Schwierigkeiten verbunden. Alan sagte, er würde sie nächsten Monat einmal am Wochenende besuchen. Rachel, die sich ein paar Monate zuvor aus einer dreijährigen Beziehung befreit hatte, war begeistert. Sie hatte sich gerade vom Trennungsschmerz erholt und überlegte, was sie nun als nächstes tun wollte. Sie war bereit zu einem Verhältnis – nichts Besonderes, nichts Dramatisches, nur ein bißchen guten Sex und ein paarmal im Monat nette Gesellschaft. Alan war vielleicht genau der Richtige.

Rachel wartete auf seinen Anruf, und als er nicht kam, verdrängte sie es tagsüber einfach. Sie war vor kurzem zur Leiterin einer vielbeschäftigten Firma für Inneneinrichtungen befördert worden und hatte kaum Zeit zum Luftholen, geschweige denn, an Alan zu denken. Aber ihre Nächte waren lang und still, und sie lag oft wach und fragte sich, warum er nicht anrief. Vielleicht hatte sie ihm gar nicht so gut gefallen. Vielleicht gab es eine andere Frau in Washington. Dann rief er eines Abends an und sagte, er würde sie am übernächsten Wochenende gerne sehen, wenn er geschäftlich in Philadelphia sei. Rachel stimmte erfreut zu.

Zwei Tage bevor er kommen wollte, rief er wieder an und sagte, er sei krank. Das Wochenende wurde abgesagt. Rachel versuchte, am Telefon nicht zu zeigen, wie enttäuscht sie war, und wollte es auch nicht wahrhaben. Davon ging die Welt schließlich nicht unter.

Alan besuchte Rachel an den beiden darauffolgenden Wochenenden. Sie verstanden sich wunderbar, besonders im Bett. Er war ihr bester Liebhaber seit Jahren. Seine Vorgänger waren immer so egoistisch gewesen. Alan aber war einfühlsam, als wären sie schon seit Jahren zusammen. Wenn sie nicht zusammen waren, schwebte sie auf einer rosa Wolke durchs Leben, voller Wunschträume und Vorfreude auf das nächste Treffen.

Dann ließ er drei Verabredungen hintereinander platzen. Krankheit, Terminprobleme, Depressionen. Sein Leben sei ein Chaos, sagte er ihr. Er würde es einfach nicht auf die Reihe kriegen. »Komm doch zu mir«, drängte sie ihn immer wieder. »Warum willst du denn zu Hause bleiben und deprimiert sein?« Seine Weigerung verwirrte sie. Er war doch immer so lebendig und lebenslustig, wenn er bei ihr war. Warum schlug er dann die Chance aus, glücklich zu sein?

Vielleicht war das nur eine Übergangsphase. Sie würde abwarten. In den nächsten Wochen telefonierten Alan und Rachel alle paar Tage. Er sagte, er fühle sich besser, aber noch nicht gut genug, um zu reisen. Sie sprachen über seine Depressionen, und Alan sagte, es ginge ihm besser, solange er mit ihr rede. Rachel schöpfte wieder Hoffnung, hielt es aber für besser, Besuche nicht zu erwähnen. Wenn er sie sehen wollte, würde er den ersten Schritt tun müssen. Und sie war sich ziemlich sicher, daß er ihn tun würde – sie verstanden sich immer so gut, wenn sie zusammen waren. Er wäre verrückt, wenn er nicht kommen würde.

Schließlich sagte Alan, er wolle sie besuchen und er freue sich wirklich sehr darauf. Mit ihr zusammen zu sein gebe ihm so viel Energie... Zwei Wochen lang malte Rachel Traumbilder. »Jetzt bin ich achtunddreißig Jahre alt, und zum ersten Mal in meinem Leben will ich bloß Sex!« erzählte sie ihren Freunden. Sie ging in einen exklusiven Wäscheladen und kaufte sich schwarze Seide und Spitze – als Kontrastprogramm zu ihren gewöhnlichen Baumwoll-Slips, die ihr, wie sie ironisch bemerkte, bis zu den Knien reichten. Sie malte sich aus, wie sie mit Alan in einem langen, seidenen Morgenrock in das verführerisch beleuchtete Schlafzimmer gehen würde. Neben dem Bett würde ein riesiger Pfingstrosenstrauß stehen, dessen Duft das ganze Zimmer erfüllte. Er würde ihr den Morgenrock von den Schultern streifen, und ihr Parfüm würde sie beide umfangen... und sie würden sich die ganze Nacht lieben.

Zwei Wochen lang steigerte sie ihre Vorfreude. Sie telefonierten und machten Pläne. Am Tag vor dem großen Wochenende rief Alan morgens an, als Rachel, wie er wußte, in der Arbeit war, und hinterließ eine Nachricht auf ihrem Anrufbeantworter. Er könne nicht kommen, sagte er, diesmal ohne Entschuldigung. Er könne einfach nicht. »Wenn dir danach ist, ruf mich an«, sagte er.

Hin und her gerissen zwischen Verzweiflung und Wut rief Rachel ihn nicht an. Sie wußte, es war aus. Natürlich konnte sie so weitermachen wie bisher. Vielleicht würde er es ja sogar ab und zu schaffen, zu kommen. Aber er hatte sie zu oft enttäuscht. Hoffnung allein war eben doch nicht genug. Sie verstand jetzt, daß für Alan, im Gegensatz zu ihr, eine Affäre auch eine Bindung bedeutete. Er konnte sie nicht einmal anrufen und ihr sagen, daß ihm das zuviel sei.

Es ist ungeheuer schwer, einen solchen Mann zu verstehen, und eine Frau wird wahrscheinlich ein paar Monate brauchen, bis sie die schreckliche Wahrheit begreift. Es ist nicht Ihre Schuld, wenn Sie es nicht gleich erkennen, aber in Zukunft sollten Sie lernen, auf Warnsignale zu achten.

Die Beziehung, die nicht leben
und nicht sterben kann

Was ist, wenn Sie in einer Beziehung stecken, die über einen langen, verwinkelten Pfad ins Nichts führt? Sie unterscheidet sich von allen anderen dadurch, daß der Mann Sie nicht zwingen wird, Farbe zu bekennen. Seine Einstellung ist: »Warum Trennung? Ich bin vollkommen glücklich!« Und wenn Sie dann wirklich mit ihm Schluß machen, scheint es ihm gar nicht viel auszumachen. Vergessen Sie aber nicht, daß Männer dazu erzogen werden, ihre Gefühle zu amputieren. Es heißt also nicht, daß Ihre Beziehung nicht wichtig für ihn war, sondern daß er abgestumpft ist.

Jeff war in der Zweierbeziehung mit Nancy glücklich, sie nicht. Ihrer Vorstellung nach sollte eine Beziehung ein Ziel haben. »Es ist wie ein Zug«, sagte sie. »Man steigt ein, weil er einen irgendwo hinbringen wird. Aber Jeff steigt in den Zug und bleibt drin, bis er Lust hat, auszusteigen.« Nancy brauchte zwei Jahre, um zu erkennen, daß Jeff und sie auf verschiedenen Geleisen fuhren.

Nancy und Jeff waren mehrere Jahre im College zusammen gewesen und beide der Meinung, sie seien zu unbekümmert in die Beziehung geschliddert. Deshalb wollten sie versuchen, auch andere Bekanntschaften zu machen und von der dritten Beziehungsstufe zurück zur ersten zu gehen. Das machten sie ein paar Monate lang, und beide kamen zu dem Schluß, da draußen gebe es nichts Besseres.

Nancy war der Meinung, sie würden sich nach dem College gemeinsam eine Wohnung in der Stadt suchen, da Jeff Wirtschaft studieren und sie sich einen Job bei einer Zeitung suchen wollte. Aber zu ihrem Erstaunen sagte Jeff nein. Das Studium würde ihm genug zu schaffen machen, und er wolle keine Komplikationen in seinem Leben. Er brauche seine eigene Wohnung. Nancy stimmte schließlich zu. »Ich verstehe«, sagte sie. Aber insgeheim war sie verletzt und verwirrt. Wollte er denn nicht genauso gerne mit ihr leben wie sie mit ihm?

Während des Studiums stürzte sich Jeff in viele gesellschaftliche und andere Verpflichtungen. Nancy hatte
genug mit ihrem eigenen Job zu tun, mußte sich aber
immer seinem Terminkalender anpassen. »Ich wußte,
daß seine Arbeit vorging«, sagte sie. »Er hatte meistens
den ganzen Tag über Unterricht oder war in der Bibliothek, und abends traf er sich mit Freunden. Wenn ich
etwas sagte, führte er sich auf, als würde ich mich
schrecklich anklammern. Wenn ich nichts sagte, kam
ich mir vor wie ein Fußabstreifer.« Und als sie im zweiten Jahr seiner Ausbildung einmal die Frage aufwarf, ob
sie nicht zusammenziehen sollten, stammelte Jeff zuerst verlegen herum und platzte dann heraus: »Ich
kann einfach nicht. Wenn ich mich mal mit Freunden
nach der Bibliothek zusammensetzen will, müßte ich
dich ja erst anrufen.«
Die ganze Sache ist faul, sagte sich Nancy. Vielleicht
sollte sie auch mal mit anderen Männern ausgehen. Vielleicht würde ihre Beziehung zu Jeff dann eines natürli-
chen Todes sterben. Aber dann bekam sie Angst. Sie
wollte die Beziehung nicht sterben lassen – sie liebte Jeff
immer noch. Sie mußte einfach Geduld haben und sich
mehr darum bemühen, ihn öfters zu sehen. Sie lehnte
Verabredungen mit anderen Männern ab, damit sie all
ihre Energie auf Jeff konzentrieren konnte. Dann kam
ein weiterer Konflikt. Jeff sagte, es würde ihm nicht passen, jeden Freitagabend zu ihr in die Wohnung zu kommen. Sie sollte statt dessen zu ihm kommen. Nancy
schlug einen Kompromiß vor: Es wäre doch fair, sich ab-
zuwechseln. Aber nein, Jeff bestand darauf, denn ihre
Wohnung sei so umständlich zu erreichen. Nancy zögerte. Sie hatte versucht, sich ihm auf jede nur erdenkliche Art anzupassen. Aber eine innere Stimme sagte ihr,
sie müsse irgendwann einmal damit aufhören. »Nein«,
sagte sie, »wir müssen uns abwechseln.«
Jeff stimmte – widerwillig – zu, und Nancy schöpfte
neue Hoffnung. Sie würde ihn schon rumkriegen, sie
mußte nur dranbleiben. Aber ein paar Tage später wollte

sie doch Klarheit. Sie lief sonst Gefahr, ihr ganzes Leben damit zu verbringen, geduldig darauf zu warten, daß Jeff endlich wußte, was er wollte. Sie würde ihn noch einmal auf das Zusammenleben ansprechen. »Ich muß einfach optimistisch sein«, redete sie sich ein, »dann wird er schon mitmachen.«

Weit gefehlt. »Zusammenleben – das heißt doch, wir werden irgendwann heiraten«, sagte Jeff und wurde ganz blaß bei dem Gedanken.

Nancy war wie vor den Kopf gestoßen. »Ich hab' nie ein Wort von Heiraten gesagt«, sagte sie. »Vergiß das Heiraten – ich möchte bloß mit dir zusammenleben!«

Aber wie konnte er das jetzt machen? Er mußte schließlich Kredite zurückzahlen und Verpflichtungen erfüllen. Er war zu jung, um sich anketten zu lassen. Er mußte seinen Eltern Geld schicken. Es war schrecklich für ihn. Begriff sie denn nicht, wieviel Verantwortung er schon zu tragen hatte? Und außerdem habe ihm da noch etwas zu Denken gegeben: Woher sollte er wissen, daß sie wirklich die Richtige sei?

»Die Richtige für was?« fragte Nancy.

»Die richtige Frau für mich«, erklärte Jeff geduldig.

»Aber ich dachte, das hätten wir schon entschieden!«

Minutenlang starrten sie einander an. Schließlich holte Nancy tief Luft und sagte, sie würde darauf bestehen, im nächsten Jahr in eine gemeinsame Wohnung zu ziehen. Jeff holte sich die Zeitung von gestern vom Tisch (ihm war jedes Mittel recht, um das Gespräch zu beenden) und sagte hinter der Zeitung hervor: »Ich kann nicht!«

Nancy stand auf und verließ ohne ein Wort die Wohnung. Sie fuhr nach Hause, nahm den Hörer von der Gabel, schwankte ins Badezimmer und übergab sich.

In dieser Nacht dachte sie: »Diese Beziehung ist wirklich zu Ende.« Sie wollte ihn nie wieder sehen oder mit ihm sprechen.

Am nächsten Tag rief Jeff an! »Wir müssen miteinander reden«, sagte er. Nancy schöpfte neue Hoffnung und akzeptierte die Verabredung mit ihm. Sie stellte sich vor, wie er sich entschuldigen würde. Er würde ihr sagen, wie sehr er sie liebte, und beteuern, sie würden nächstes Jahr zusammenziehen. Aber wiederum gefehlt. Er eröffnete ihr, daß sie frühestens in zwei, vielleicht erst in drei Jahren zusammenziehen könnten. Nancy spürte, daß sie jetzt nichts mehr zu verlieren hatte, und sagte: »Die Beziehung zu mir ist dir völlig egal.« – »Du hast recht«, erwiderte er, ohne mit der Wimper zu zucken. »Ich kann mich nicht binden.« In diesem Augenblick war es für Nancy das Wichtigste, wenigstens ihre Würde zu bewahren. Kein Klammern, kein Betteln, diese Genugtuung gönnte sie ihm nicht. Es war aus und vorbei, aber sie wollte es mit Anstand tragen. Ohne eine Träne im Auge verabschiedete sie sich und ging nach Hause.

Eine Woche später rief Jeff sie an. »Laß uns doch essen gehen«, sagte er fröhlich.

Nancy biß die Zähne zusammen. »Ruf mich nicht mehr an!« sagte sie. »Das kapier' ich nicht«, sagte Jeff. Und dann ärgerlich: »Du bist doch hysterisch!«

Und das war das Ende – bis sie sich ein paar Wochen später in der U-Bahn trafen. (Nancy sagte, sie sei sicher, er habe dieses »Zufallstreffen« arrangiert. Er fuhr nie um diese Uhrzeit mit der U-Bahn.) In den zehn Minuten bis zu ihrer Haltestelle hörte sich Nancy das Gerede ihrer Studentenliebe an, als wären sie flüchtige Bekannte. Es war die längste Bahnfahrt ihres Lebens und die zwei Jahre mit Jeff ihr längster Abschied.

Wie Jeff wollen sich viele Männer weder trennen noch binden. Sie passen die Regeln ihren Bedürfnissen an, und eine Frau kommt sich vor wie eine Labormaus im Experiment. Immer, wenn Bonny Jim fragt, wann sie heiraten werden, vertröstet er sie. »Sei nicht so ungeduldig«, sagt er. »Warte einfach ab.« Sie wartet jetzt schon seit vier Jahren und fühlt sich genauso matt wie der Efeu am Wohnzimmerfenster. Steve und Jim haben alle Vorteile einer Beziehung zu ihren Bedingungen. Wenn eine Frau in einer Beziehung auch ihre Bedingungen durchsetzen will, muß sie handeln. Was oft das Ende der Beziehung ist.

Aber wir haben festgestellt, daß viele Frauen heute eine schlechte Beziehung schneller beenden. Lieber heute trennen als morgen eine aufreibende Scheidung – lautet die gar nicht so schlechte Devise.

Viele Frauen gehen jetzt mit offenen Augen in eine Beziehung. Wenn ein Mann sich nicht im voraus für das Wochenende verabreden will, bleiben sie nicht mehr zu Hause, stauben die Bücherregale ab und warten auf seinen Anruf. Wenn er sich im Winter eine Skihütte ohne sie mietet und am Wochenende häufig nicht da ist, treffen sie sich auch mit anderen Männern und stellen Vergleiche an.

Wir würden einer Frau nie raten, bei einem Mann zu bleiben, weil sie sich vor dem Alleinsein fürchtet. Man kann auch ohne Beziehungen leben. Melissa stellte fest, daß die kalten Füße ihres Freundes eigentlich ein Segen waren – er paßte sowieso nicht zu ihr. Insgeheim hatte sie sich mit ihm oft gelangweilt. Er las bloß das Fernsehprogramm und teilte weder ihr Interesse für Ballett noch für Theater. »Er bemühte sich gar nicht, etwas Neues zu probieren. Er wäre mir wahrscheinlich irgendwann sowieso zum Klotz am Bein geworden, und ich hätte ihn verlassen.«

Ellen entdeckte, daß gar keine Beziehung besser als eine zweitklassige ist. Sie stammt aus einer konservativen, tief religiösen Familie, die von ihr Heiraten und Kinderkriegen erwartet. Als sie das mit vierunddreißig immer noch nicht geschafft hatte, war die Familie ziemlich verzweifelt. Wenn man geahnt hätte, daß sie ein Verhältnis mit einem verheirateten Mann hatte, wäre sie wahrscheinlich verstoßen worden. Für Ellen war das Verhältnis ideal. Sie wollte nur gelegentliche Telefonanrufe und Schäferstündchen. Dann kam Ians Frau ihnen auf die Schliche, packte seine Sachen und warf ihn raus. Und plötzlich stand Ian mit dem Koffer in der Hand vor ihrer Tür. Er wollte bei ihr einziehen.

»O nein«, dachte sie, »das ist ganz sicher nicht, was ich mir wünsche.« Aber sie ließ es zu, daß Ian pfeifend bei ihr einzog und seine Anzüge in den Schrank hängte. Sie brachte es nicht fertig, ihn einfach ins Hotel zu schicken. Aber sie wollte auch nicht, daß er sich in ihr Leben drängte, denn sie hatte einige große Pläne. Sie wollte ihren Job kündigen, von ihren Ersparnissen ein Wohnmobil kaufen und quer durchs Land fahren – allein und unabhängig. Sie wollte malen und schreiben und neue Ufer entdecken. Sie hatte Freunde in einem Navajo-Reservat in New Mexico und wollte eine Zeitlang bei ihnen bleiben. Irgendwann würde sie in die Stadt und in ihre Wohnung zurückkehren und wieder anfangen zu arbeiten.

Nun sah sie sich zurückkommen und Ian immer noch in ihrer Wohnung sitzen. In den nächsten Wochen wurde klar, daß Ian glaubte, sie wären praktisch verheiratet. Sie mußte zugeben, es war sehr angenehm und bequem, ihn um sich zu haben. Sie hätte ihn heiraten können. Er hatte gerade die Scheidung eingereicht und liebte sie offensichtlich. Einige ihrer Freunde waren schon der festen Überzeugung, sie würde ihn heiraten, und fanden, sie müßte sich doch eigentlich glücklich schätzen. Es gab so wenige Männer, die zu so etwas bereit waren, warum also nicht diesen nehmen? Ihre Familie war zuerst entsetzt, als ein Mann am Telefon war. Aber sehr bald fragten sie, wann sie heiraten würden. Und Ian tat ihre Reisepläne einfach als kindischen Wunschtraum ab. Sobald sie Zweifel an ihrer gemeinsamen Zukunft äußerte, sagte er ihr, sie hätte offenbar Probleme, sich zu binden. Vielleicht hatte sie das wirklich und sollte einfach ihre Pläne fallenlassen und sich in ihr Schicksal fügen?

Es war für Ellen nicht einfach, Ians Zorn und die Mißbilligung ihrer Familie zu ertragen. Ihre Sturheit und ihr Bedürfnis nach Unabhängigkeit halfen ihr jedoch, ihre Pläne durchzuziehen. Sie kaufte das Wohnmobil und setzte den Abreisetermin fest. Sie sagte Ian, sie sei nicht bereit, mit ihm zusammenzuleben oder ihn zu heiraten, und sie wüßte auch nicht, ob sie es je sein würde. Er könnte bei ihr wohnen, bis er eine eigene Wohnung gefunden hätte, aber auf jeden Fall nur vorübergehend. Nach ihrer Rückkehr würden sie dann sehen, wie es weitergehen solle.

Wir haben oft erlebt, daß Männer – die großen »Freiraumverteidiger« – bei einer Frau einzogen, ohne auch nur einen Gedanken an *ihren* Freiraum zu verschwenden. Ian ging einfach davon aus, daß Ellen ihn heiraten wolle, und warf ihr Bindungsprobleme vor, als sie das nicht wollte. Können Frauen kalte Füße bekommen? Einige Frauen fürchten sich vor Bindung und beenden eine Beziehung, weil sie sich in der Vergangenheit die Finger verbrannt haben. In Ellens Fall ist das glatter Unsinn. Der Zeitpunkt und der Mann stimmten einfach nicht. Eine zweitklassige Beziehung (in einer zweitklassigen Ehe endend), die mit Selbstaufgabe anfängt, hätte Ellens Lebensgeister erstickt.

Nehmen wir an, Sie wollen herausfinden, ob eine Beziehung es wert ist, weitergeführt zu werden. Dann sollten Sie einige Fragen stellen, zu denen wir Ihnen einige typische Antworten vorgeben, die von den drei Kategorien von Männern kommen werden. Sie können Ihnen helfen zu entscheiden, ob diese Beziehung funktionieren wird oder nicht:

Nehmen wir an, Sie wollen herausfinden, ob eine Beziehung es wert ist, weitergeführt zu werden. Dann sollten Sie einige Fragen stellen, zu denen wir Ihnen einige typische Antworten vorgeben, die von den drei Kategorien von Männern kommen werden. Sie können Ihnen helfen zu entscheiden, ob diese Beziehung funktionieren wird oder nicht:

Frage 1: Ich spüre, daß sich etwas zwischen uns verändert hat – du auch?

Typ I	Typ II	Typ III
Ja, laß uns darüber reden! Seit wir zusammen sind, fühle ich mich von meinen Freunden isoliert.	Wir hocken zu viel aufeinander. Ich glaube, wir sollten ein bißchen kürzer treten.	Schon wieder die alte Leier – du machst immer aus einer Mücke einen Elefanten.

Übersetzung:

Ich möchte auf eine Lösung hinarbeiten, bei der ich mit dir und mit meinen Freunden zusammensein kann.	Ich bin in Panik.	Ich will dir nicht zuhören, du bist lästig.

Ratschlag:

Stellen Sie einen genauen Zeitplan auf.	Versuchen Sie, die Beziehung auf eine niedrigere Stufe zu bringen, in der er sich sicherer fühlt.	Machen Sie sich keine Vorwürfe. Wenn Sie wirklich eine Beziehung wollen, machen Sie mit dieser Schluß.

Frage 2: Wie lange hast du dieses Gefühl schon?

Typ I	Typ II	Typ III
Seit wir Pläne für einen gemeinsamen Urlaub gemacht haben.	Das kann ich wirklich nicht sagen, wahrscheinlich immer schon.	Welches Gefühl?

Übersetzung:

Ich war noch nie zwei Wochen mit einer Frau, die mir etwas bedeutet, allein, und ich habe Angst.	Nähe erstickt mich.	Frauen! Ich hab' keine Ahnung, wovon du überhaupt redest.

Ratschlag:

Besprechen Sie, ob es verfrüht ist, zusammen Urlaub zu machen. Sie müssen bereit sein, Ihre Pläne zu ändern und statt dessen nur ein Wochenende zusammen zu verbringen.	Beruhigen Sie ihn damit, daß Sie auch Ihre Privatsphäre genießen und die Sache nicht überstürzen wollen.	Diesen Mann sollten Sie verlassen (wenn Sie es nicht schon getan haben).

Frage 3: Ich wünschte, du hättest schon früher etwas gesagt – was hat dich daran gehindert?

TYP I	TYP II	TYP III
Ich habe darüber nachgedacht, aber ich hab' auf den richtigen Moment gewartet.	Ich weiß es nicht. Was soll das ganze Trara?	(Zuckt mit der Schulter und schaut weg)

Übersetzung:

Ich wollte darüber reden, aber ich hatte Angst.	Wenn ich es einfach ignoriere, wird es verschwinden, und sie wird es vergessen.	Laß mich in Ruhe.

Ratschlag:

Beruhigen Sie ihn damit, daß Sie über seine Gefühle reden wollen.	Lassen Sie ihn wissen, daß das Trara noch viel größer wird, wenn Sie *nicht* darüber reden.	Sie sollten mit diesem Typ nicht mal reden. Er nimmt Sie einfach nicht ernst.

Frage 4: Was würdest du gerne zwischen uns ändern?

Typ I	Typ II	Typ III
Ich wünschte, wir könnten mehr miteinander reden. Es tut mir gut, wenn wir über diese Dinge reden.	Ich brauche mehr Zeit für mich selbst. Wie wär's, wenn wir uns nur noch am Wochenende sehen?	Lassen wir es doch einfach laufen.

Übersetzung:

Reden ist für mich schwierig, aber ich halte es für wichtig.	Ich bin nicht reif für eine intensive Beziehung.	Mit mir kannst du auf keinen Fall rechnen.

Ratschlag:

Ermutigen Sie ihn, zu reden, auch wenn er Sachen sagt, die Sie nicht gerne hören.	Hören Sie sich an, was er zu sagen hat. Machen Sie sich nichts vor. Sie sind erst auf der zweiten Stufe (festes Verhältnis). Versuchen Sie, ob eine losere Beziehung für Sie richtiger wäre.	Lassen Sie diesen Typ links liegen. Er ist nicht fähig, eine Beziehung zu leben.

11

Macht das denn nicht die Liebe aus?

Don liebt Julia und fühlt sich auch mit ihr verbunden. Aber, wie Julia sagt: »Manchmal käme man nicht drauf.« Sie ist viel rücksichtsvoller als er. Er ruft sie zum Beispiel nie an, wenn es mal später wird, und fühlt sich immer eingeengt, wenn sie lange zusammen sind. »Warum muß ich mich immer bei dir melden?« fragt er gereizt. »Warum muß ich dir Rechenschaft über meine Zeit ablegen?«

»Wenn man jemanden wirklich liebt«, sagte Julia, »macht man solche Sachen einfach. Macht das denn nicht die Liebe aus?«

Die Antwort auf Julias Frage lautet: Als Ideal verstanden, ja, realistisch gesehen, nein. Wir sagten Julia, sie könne von Don oder von irgendeinem anderen Mann heute nicht erwarten, daß er automatisch zugänglich und rücksichtsvoll ist. Um das Kind beim Namen zu nennen: Männer sind einfach noch nicht soweit. Unterdessen müssen Sie die Initiative ergreifen und Ansprüche an ihn stellen, damit er lernen kann, Ihnen näherzukommen. Wenn genügend viele Frauen das machen, werden kalte Füße bald aus der Mode gekommen sein.

Wir haben dieses Buch geschrieben, weil die Beziehungen zwischen Mann und Frau im Umbruch sind. Heutzutage ist das Verlangen nach emotionaler Nähe der einzige Grund, eine Beziehung einzugehen. Die finanzielle

Abhängigkeit der Frauen und die emotionale Abhängigkeit der Männer sind Probleme von gestern. Zum ersten Mal überhaupt müssen Frauen und Männer sich nun auf halbem Weg entgegenkommen.

Und weil Nähe der Dreh- und Angelpunkt geworden ist, sind die kalten Füße der Männer nicht mehr zu übersehen.

In den achtziger und neunziger Jahren ist es unsere Aufgabe, die Schwierigkeiten, die Männer mit Nähe haben, zu bewältigen. Die Frau von heute hat neue Erwartungen. Sie will mehr und fordert mehr von Männern. Der Begriff »Ansprüche« ist fehlinterpretiert und verunglimpft worden – heute heißt Ansprüche stellen, die tiefsten Erwartungen und Sehnsüchte, die zwei Menschen haben, auszudrücken. Ansprüche stellen heißt, daß eine Frau wie Julia den ersten Schritt zur Schaffung einer neuen Beziehung macht.

»Was verlangen Sie voneinander?«
Das Paar schaut erst uns verständnislos an, dann sich. Die Frage war ihnen offensichtlich unangenehm, und sie wußten nicht, wie sie reagieren sollten.

8. Übung
Wir haben sie uns bis zuletzt aufgehoben. Sie ist in gewisser Hinsicht die wichtigste Nähe-Übung für Paare von heute. Wenn Sie an den Partner keine Ansprüche stellen können, haben Sie keine echte Beziehung – ein Gedanke, der vielen Paaren bisher fremd war.

Die Langzeitbeziehungen, die wir in unserer Praxis kennenlernen, sind normalerweise in eine von drei Kategorien einzuordnen. In der ersten zieht sich der Mann zurück, und die Frau übernimmt die emotionale Beziehungsarbeit. In der zweiten haben sowohl der Mann als auch die Frau jegliche Nähe aus ihrem Programm gestrichen. In der dritten und letzten bemühen sich beide, sich näherzukommen. Nur in der dritten Kategorie stellen Männer und Frauen tatsächlich Ansprüche aneinander.

Die gängige Definition für Nähe war immer, daß zwei Leute einander ihre Bedürfnisse und Empfindlichkeiten offenbaren. Der nächste Schritt, nämlich Ansprüche zu stellen, ist viel schwerer, und die meisten Leute wollen nichts davon wissen. In der oben genannten ersten Kategorie ist es die Rolle der Frau, eine Schulter zum Anlehnen zu sein. Der Mann geht davon aus, daß seine Bedürfnisse erfüllt werden – ruhig, mit Sorgfalt und ohne Trara. Für eine Frau kann diese 8. Übung die schwerste sein. Eine Frau, die es gewohnt ist, nach den Ansprüchen eines Mannes zu leben, muß lernen, daß es ihr gutes Recht ist, zu sagen: »Das brauche *ich* von *dir*...« Er muß seinerseits ihre Bedürfnisse respektieren und ernst nehmen.

Seit einiger Zeit stellt Anna Ansprüche an Phil. Beide arbeiten halbtags zu Hause, und Anna war im allgemeinen von Phils emotionalen und beruflichen Bedürfnissen so beansprucht, daß sie ihre eigenen ignorierte. Wenn er sich »blockiert« fühlte (er ist Gebrauchsgrafiker), ging er in ihrem Büro ein und aus und klagte, wie schwierig seine Arbeit sei. Um die Übung in die Tat umzusetzen, hat Anna »Bürostunden« festgesetzt, und zwar von sieben Uhr morgens bis zwei Uhr nachmittags. Während dieser Zeit darf sie nicht gestört werden. »Ich brauche meinen Freiraum«, sagt sie – eine kleine Retourkutsche für Phil, der genau das immer gesagt hatte, wenn ihr Bedürfnis nach Nähe ihm unangenehm war. Anna will immer noch Nähe. Aber sie schreibt derzeit an ihrer Doktorarbeit und braucht viel Zeit zum Nachdenken, Schreiben und Recherchieren. Ihr war klargeworden, daß es mindestens noch fünf Jahre dauern würde (vier Jahre waren schon irgendwie vergangen, seit sie angefangen hatte), bis sie ihren Doktor haben würde, wenn sie weiterhin so viel Zeit für Phils Arbeit und seine Probleme aufwenden würde.

Annas Forderung erschütterte die Beziehung bis in die Grundfesten. Nachdem sie jetzt Phil gesagt hat, sie möchte ihre Zeit und ihren Freiraum respektiert sehen, muß er plötzlich präzise Ansprüche an sie stellen, während er vorher einfach erwartete, sie würde all seine Bedürfnisse zu jeder Zeit erfüllen (was sie auch automatisch tat). Jetzt fordert er von Anna, ihm zuzuhören und mit ihm zu reden (dieselben Forderungen, die sie vorher immer an ihn gestellt hatte!). Da sich Frauen jetzt mehr auf ihre eigenen Bedürfnisse konzentrieren, sind Männer gezwungen, zu präzisieren, was sie wollen. Beide müssen das Leben als Paar gestalten, und beide müssen ein Gleichgewicht zwischen persönlichem Freiraum und Nähe finden. »Wir müssen unsere Beziehung neu aushandeln«, sagte Anna bei einer Sitzung nachdenklich zu Phil. »Ich liebe dich und möchte diese Beziehung, aber es wird sich einiges verändern.«

Phils erste Reaktion war Schmollen. Er haßt schon allein die Vorstellung, Anna könnte ihm einen Teil ihrer Person entziehen. Anna reagierte zuerst mit Schuldgefühlen. Das war unser Stichwort: »Lassen Sie Schuldgefühle gar nicht erst aufkommen«, sagten wir ihr. »Für Phil war es früher bequemer, und so sollen Sie es für ihn weitermachen. Tun Sie's nicht.« Zu Phil sagten wir: »Es wird einige Zeit dauern, bis Sie sich daran gewöhnt haben. Aber wir garantieren, daß das Ergebnis die Mühe wert ist.«

Eine Forderung pro Tag

Vielen Frauen macht es angst, Ansprüche zu stellen. Selbst einer Frau wie Anna, die im Berufsleben tüchtig, gewandt und selbständig ist, fällt das nicht leicht. Anspruch ist ein häßliches Wort. Eine Frau, die Ansprüche stellt, ist Anwärterin für den Verein der »Monsterweiber«, die wir in einem früheren Kapitel erwähnt haben. Die Probleme der Männer, Ansprüche zu stellen, liegen woanders. Die meisten Männer glauben einfach, es wäre ihr gutes Recht. »Natürlich sollte sie mir geben, was ich will und was ich brauche!« Aber wenn ein Mann seine

Ansprüche präzisieren soll, fängt er manchmal zu stottern an. Ein Peinlichkeitsfaktor kommt ins Spiel, wenn er zugeben muß, daß er Bedürfnisse hat. Solange eine Frau sie ihm automatisch erfüllt, muß er nicht zugeben, wie abhängig er von ihr ist.

Und gerade weil es so schwierig für Männer wie auch für Frauen ist, eine Forderung pro Tag zu stellen, sagen wir Paaren, sie sollten sich drei Dinge vorstellen, um die sie ihren Partner gerne bitten würden. Hier einige Vorschläge: Hätten Sie es gerne, wenn Ihr Partner auf Sie wartet, wenn Sie spät aus dem Büro nach Hause kommen? Würden Sie lieber zweimal die Woche zusammen zu Abend essen oder ein Wochenende zusammen verbringen, anstatt zu arbeiten? Würde es Ihnen gefallen, wenn er oder sie gelegentlich das Abendessen für Sie kocht? Diese Forderungen sind sehr hilfreich für die Paare der zweiten Kategorie, also diejenigen, die Nähe aus ihrem Leben gestrichen haben und dann feststellen, daß sie einsam und deprimiert sind.

Eine moderne Horrorgeschichte

Vor kurzem erschien in einer Zeitschrift ein Artikel über das neue, moderne Paar. Die Geschichte liest sich wie ein moderner Alptraum: Paare auf der Überholspur des Lebens, jeder Partner mit einer Superkarriere. Sie erwischen sich gelegentlich gegen zehn Uhr abends oder prallen zufällig im Badezimmer aufeinander. Sie leben nebeneinander her wie in einer lockeren Wohngemeinschaft. Was den persönlichen Kontakt anbelangt, könnte man genausogut zwei getippte Lebensläufe nebeneinander ins Bett legen, zudecken und das dann Beziehung nennen.

Es war, als hätte ein Mann mit besonders kalten Füßen den Bauplan seiner Idealbeziehung skizziert – keine Nähe, totale Autonomie, so viel Freiraum für jeden, als müsse man mit einem Dreißigtonner durchkommen.

Nachdem die treusorgende Frau flügge geworden ist, pflegt keiner mehr den heimischen Herd – aber sind zwei »Ehemänner«, die zusammenleben, die Antwort auf das Problem, wer ihn pflegen *sollte?* Natürlich nicht. Dieses Beziehungsmodell macht die Nähe zu einem kuriosen Überbleibsel der Vergangenheit. Aber auf lange Sicht wird es nicht funktionieren. Paare auf der Überholspur können entgleisen: Was, wenn einer plötzlich seinen Job verliert oder krank wird und nicht mehr länger völlig autonom ist? Was, wenn einer mitten in der Nacht aufwacht und sich in der Stille nach der Hektik des Tages plötzlich einsam und leer fühlt? Genau das könnte eines Tages passieren, und an diesem Punkt wird zumindest einer der Partner feststellen, daß er den anderen braucht.

Selbst wenn Sie nicht in einer extrem autonomen Beziehung sind, könnte Ihnen auffallen, daß Sie und Ihr Partner seit Wochen nicht mehr allein waren und nicht einmal Zeit hatten, sich hinzusetzen und zu reden. In diesem Fall müssen Sie sich beide um mehr Nähe zum anderen bemühen. Je getrennter und beschäftigter Ihre Lebensweisen sind, desto wichtiger ist es, eine Forderung pro Tag zu stellen. Beide, die superautonomen Männer und die Frauen, könnten Angst davor haben, denn aus den Ansprüchen, die man an den Partner stellt, ergeben sich Nähe und eine Beziehung auf Gegenseitigkeit. Plötzlich erkennen Sie, daß Ihrer beider Leben miteinander verwoben ist, daß Sie den anderen brauchen und von ihm abhängig sind. Eine autonome Frau, die hart um ihre Autonomie gekämpft hat, kann sich davor fürchten, in eine traditionellere Rolle zu geraten. Sie will sich möglicherweise das Verlangen nach Nähe nicht eingestehen, weil für sie Nähe gleichbedeutend mit Abhängigkeit ist. Und sie weiß aus Erfahrung, daß es sehr schnell zur festen Einrichtung wird, wenn sie einmal anfängt, die emotionale Beziehungsarbeit zu übernehmen.

Dem autonomen Paar raten wir: Wenn beide Überstunden machen, soll der erste, der nach Hause kommt, für beide das Abendessen machen (anstatt daß beide ein Sandwich unterwegs essen). Wenn eine Frau nicht kochen will (und viele Frauen wollen es nicht, weil sie Angst haben, zur festangestellten Küchenhilfe zu werden), ist es ihr gutes Recht zu verlangen, daß ihr Partner den größeren Teil dieser Arbeit übernimmt, wenn sie dafür meistens einkauft und aufräumt.

Wir schlagen auch vor, so etwas wie Meldepflicht einzuführen. Wenn Ihr Partner Sie um halb acht abends erwartet und Sie merken, daß Sie vermutlich erst gegen halb zehn nach Hause kommen, rufen Sie an. Bei Alexis und Peter war Zeit Mangelware; also schlugen wir als Teil ihrer Therapie vor, sie sollten sich ein paarmal die Woche zum Abendessen treffen. Das Problem war, daß Peter nicht anrief, wenn er mal zu spät kam. Diese Forderung machte ihm schwer zu schaffen – warum sollte er Alexis Rechenschaft über seine Zeit ablegen?

Aber zu Hause anrufen ist einfach und ehrlich: »Sie sollten sich geschmeichelt fühlen, daß Sie jemand sehen will«, sagten wir. »Alexis versucht nicht, Sie festzunageln, sondern möchte nur gern mit Ihnen zusammensein.«

Ein uns bekanntes Paar, das einen sehr getrennten und autonomen Lebensstil hat, ist in einer prekären Situation: Der Mann flirtet mit anderen Frauen bis fast an die Bettkante. Irgendwann wird er eine Affäre haben. Er hat weder sich selbst noch seiner Frau gegenüber je eingestanden, daß er das Bedürfnis nach Nähe hat. Sie hat vielleicht dasselbe Bedürfnis, aber keiner hat vom anderen gefordert, es zu erfüllen. Wenn Sie beide autonom sind, ist es besonders wichtig, offen und bestimmt zu verlangen, daß sexuelle Treue eingehalten wird. Sie müssen sich gegenseitig voll und ganz vertrauen können. Sonst kann die Beziehung nicht funktionieren.

Die neue Beziehung

Wir geben zu, daß wir hier voreingenommen sind. Unserer Meinung nach ist die dritte Kategorie von Beziehungen, bei der Paare sich um Nähe bemühen, die einzig erstrebenswerte. Wenn Anna sich zum Beispiel unbeirrt weiter auf ihre eigenen Bedürfnisse konzentriert und fordert, daß Phil ihre Zeit und ihren Freiraum respektiert, dann wird es statt einen zwei kreative, produktive Menschen in der Beziehung geben. Wenn beide sich der Bedürfnisse des anderen bewußt sind, sind Anna und Phil mehr als nur zwei Individuen, die zufällig zusammenleben. Es umgibt sie dann ein enggeknüpftes Netz, das Hilfe, Sicherheit, Trost und Liebe spendet.

Wir wagen dazu eine Prophezeiung: Indem die Frauen und Männer dieser Generation sich selbst verändern, legen sie den Grundstock für große Veränderungen bei den kommenden Generationen. Alice, ein Teenager, verkündete uns, sie habe einen neuen Freund. »Ist er ein guter Freund?« fragten wir. Sie wußte sofort, was wir meinten. »Ja«, sagte sie. »Er achtet auf Kleinigkeiten. Zum Beispiel wartet er nach dem Unterricht auf mich. Er macht immer Pläne im voraus und er hat nichts dagegen, wenn ich ihn anrufe. Ich muß nicht herumsitzen und warten, bis er anruft. Wir sind Freunde.«

Ihre Frage lautet also nicht: »Mag er mich?«, sondern: »Mag ich ihn?« Wie wir es im ersten Kapitel vorgeschlagen haben, sieht Alice Männer kühl und objektiv. Sie nimmt ein bißchen Abstand und schätzt sie ein. Ihr Kriterium ist nicht, ob er beliebt oder Kapitän der Fußballmannschaft ist, sondern, ob er sich ihr gegenüber so verhält, wie sie es mag.

In der Vergangenheit hofften Frauen, Männer würden sie mögen, und gaben sich selbst die Schuld, wenn sie es nicht taten. Sie tappten im dunkeln herum und versuchten herauszufinden, wie man Männer beurteilt und Beziehungen einschätzt. In diesem Buch haben wir versucht, Ihnen analytische Mittel in die Hand zu geben, so zum Beispiel das System der drei Typen von Männern und die fünf Stufen in Beziehungen. Änderungen in einer Beziehung sind schwierig. Sie müssen sich zuerst Ihren eigenen Ängsten und Ihrer Wut stellen und dann lernen, für sich selbst einzutreten. Schließlich lernen Sie, Ansprüche geltend zu machen. Er nennt Sie vielleicht Meckerziege oder Monster; Sie glauben vielleicht, Sie könnten ihn verlieren oder er würde sich nie ändern. Aber erst wenn Sie wissen, welches Ihre Bedürfnisse sind, haben Sie die Chance, sie durchsetzen zu können. An diesem Punkt müssen Sie sich beide ändern, und es gibt kein Zurück mehr. Wenn Sie Ihre Bedürfnisse kennen und aussprechen, wird Ihr Lohn vielleicht eine gleichberechtigte Beziehung sein. Wenn er seine kalten Füße überwindet, wird sein Lohn der bessere Umgang mit Nähe sein.

Sogar Superman verändert sich. Die *New York Times* berichtete vor kurzem, der Mann aus Stahl würde in Zukunft wesentlich weicher werden. Seine Schöpfer planen, ihn »verletzlicher« und »offener gegenüber seinen Gefühlen« zu machen, und er wird eine »kompliziertere« Beziehung mit seiner Lois Lane haben. Unser Klient Jon beschrieb uns diese neue Entwicklung, lachte und sagte dann ganz ernst: »Die Männer hatten bis jetzt keinen Grund, sich zu ändern. In den fünfziger Jahren ganz bestimmt nicht und auch nicht während der sexuellen Revolution. Aber jetzt wollen Leute dauerhafte Beziehungen. Sie möchten ihr Leben verbessern – Männer wie Frauen. Der Haken an der Sache ist, daß Männer nicht wissen, wie. Aber zumindest haben sie jetzt einen Beweggrund.«

Wir können sicher nicht zurück zu den Beziehungen der fünfziger Jahre, und die sexuelle Revolution ist mittlerweile ein Dinosaurier. Frauen, die nicht mehr aus Gründen finanzieller Sicherheit heiraten, fordern mehr von den Männern: mehr Nähe, mehr Gleichberechtigung und mehr Intensität. Wir haben in diesem Buch von Steven erzählt, der eine schreckliche Leere in sich fühlte und das Verlangen, sie zu füllen. »Aber ich bin ein klassischer Fall von kalten Füßen«, sagte er, nur halb im Scherz. Ein paar Sitzungen später erzählte er uns jedoch etwas über kalte Füße, das wir noch nicht wußten: »Kalte Füße« haben oder bekommen ist, wie sich herausstellte, ein Bergsteigerausdruck für das Gefühl, das ein Kletterer bekommt, kurz bevor er am Ziel seiner Wünsche ist – am Gipfel. Der Gipfel ist zum Greifen nahe, und er bekommt plötzlich eiskalte Hände und Füße, und sein Puls beschleunigt. Alles bricht auf einmal über ihn herein: das Verlangen des Kletterers, mit dem Ziel eins zu werden – und seine Angst, damit eins zu werden. In ihren Beziehungen zu Frauen von heute sind Männer Bergsteiger. Eine Frau, die die Möglichkeit einer engen Beziehung verkörpert, ist das begehrte Ziel. Gleichzeitig wird sie als Gefahr gesehen. Wenn ein Mann ihr nahekommt, könnte er verschlungen werden oder psychisch einen Identitätsverlust erleiden, der einem Sturz in einen dunklen Abgrund gleichkommt.

Wenn es ihm aber gelingt, den Gipfel zu erreichen, entdeckt er, daß es berauschend und erfüllend ist – zwar immer noch beängstigend, immer noch ein Kampf, aber nicht überwältigend und bestimmt alle Mühe wert. »Alles andere hat keinen Sinn«, sagt Jon. »Man kann nur soundso oft einen draufmachen oder in Bars gehen, soundso viele Frauen haben und soundso viele Stunden die Woche arbeiten. Dann schaut man eines Tages in den Spiegel und fragt sich, was man aus seinem Leben gemacht hat. Nicht gerade viel, sagt man sich, wenn man ehrlich ist. Aber jetzt, wenn ich auf Geschäftsreise war und zu meiner Frau und meiner Tochter nach Hause komme, bin ich begeistert. Ich bin menschlich. Es war, weiß Gott, ein Kampf, und manchmal finde ich, es sollte alles viel einfacher sein. Meine Beziehung mit Katherine ist nicht leicht – aber es ist die Mühe wert.«

Ewige häusliche Glückseligkeit ist ein Mythos. Aber selbst wenn einem Mann beim Gedanken an Nähe das Herz bis zum Hals klopft und seine Füße ganz starr vor

Kälte werden, sind die Möglichkeiten für Sie beide aufregender denn je. Frauen sollten sich nicht mit weniger zufriedengeben – und Männer auch nicht.

Anmerkung

Das nächste Kapitel ist genau das, was der Titel sagt: »Nur für Männer«. (Sie möchten es wahrscheinlich erst selbst lesen. Da die Seiten perforiert sind, können Sie es dann heraustrennen und dem Mann geben, mit dem Sie zusammen sind.) Bitten Sie ihn, es zu lesen, und sagen Sie ihm, Sie würden hinterher gerne mit ihm darüber reden. Es wird nicht viel Zeit in Anspruch nehmen – vielleicht zehn Minuten. Dieses Kapitel ist wahrscheinlich das erste dieser Art, das er in die Hand bekommt und liest. Sie sollten sich also auf einige heftige Reaktionen gefaßt machen!

12
Nur für Männer

Ihre Frau oder Ihre Freundin hat Ihnen gerade diese Seiten aus unserem Buch in die Hand gedrückt. »O nein«,
stöhnen Sie. Sie hassen Ratgeber. Ihnen wird schlecht,
wenn Sie das Wort »Beziehung« noch einmal hören.
Und Sie wollen keine Vorträge über »Miteinander teilen« hören. Sie haben den Verdacht, das alles sei nur
eine Verschwörung, um Sie Ihrer Freiheit und Unabhängigkeit zu berauben. Und außerdem versuchen Sie sowieso, Ihre Probleme mit Frauen zu bewältigen – Sie
sind im Grunde genommen ein guter Kerl, also, was soll
das Ganze? Warum sollten Sie ausgerechnet dieses Kapitel aus diesem speziellen Buch lesen?
Vielleicht, weil etwas in Ihren Beziehungen zu Frauen
nicht so ganz zu stimmen scheint. In jedem anderen Le-
bensbereich funktionieren Sie glänzend, aber irgendwie
kommen Sie mit keiner Frau so richtig klar. Sie haben
zum Beispiel das Gefühl, sie habe ständig etwas auszusetzen – warum müssen Sie beide ewig Ihre »Beziehung«
durchkauen, anstatt Spaß zu haben? Oder vielleicht haben Sie sich gerade von einer Frau getrennt, weil sie Ihnen keine Ruhe und nicht genug Freiraum gelassen hat.
Aber jetzt hängen Sie in Ihrer Wohnung rum und fühlen
sich miserabel. Wir hatten zum Beispiel einen Klienten
namens Nick, der sich von seiner Freundin Monica
trennte, weil sie ihm ständig »in den Ohren lag«. Aber

jetzt fehlt sie ihm. Alle seine Freunde heiraten, und er ist allein.

Wenn dieser Mann Ihr Bruder sein könnte oder Ihr bester Freund oder Sie selbst, wird es Sie vielleicht interessieren, daß wir ein paar Vorschläge haben, die Ihnen eventuell helfen könnten. Unsere Untersuchungen haben gezeigt, daß in unserer Zeit Beziehungen zwischen Mann und Frau nicht mehr reibungslos funktionieren und daß die Männer mithelfen müssen, damit beide Seiten wieder besser harmonieren. Frauen verlangen mehr von Beziehungen, und Männer haben Angst, mehr zu geben und jemanden an sich heranzulassen. Frauen wollen heute wissen, wohin eine Beziehung morgen führt. Dazu gibt es eine gute, aber auch eine schlechte Nachricht. Die gute ist: Sie haben eine tolle Frau – sie ist dynamisch, herausfordernd, attraktiv und selbstbewußt. Die schlechte Nachricht: Sie müssen sich ändern.

Versuchen Sie diesen kurzen Test:

Haben Sie den Eindruck, die Frau in Ihrem Leben
- stellt zu viele Ansprüche?
- mischt sich in Ihre Angelegenheiten ein?
- beeinträchtigt Ihren Freiraum?
- will sich nie mit Ihren Freunden treffen oder hat keine eigenen Interessen?
- glaubt, eine Beziehung bedeute, sie könne Ihre Freiheit und Autonomie beschneiden?

Wenn Ihnen das bekannt vorkommt, interpretieren Sie diese Frau wahrscheinlich falsch.

Sie sind in dem Glauben erzogen worden, Frauen wären Freiraum-Piraten und Sie müßten sich dagegen verteidigen. Wir geben zu, daß dies in einer anderen Zeit so gewesen sein mag. Aber die Frau von heute will Ihnen nicht Ihre Unabhängigkeit nehmen, oder Ihre Zeit, Ihren Freiraum, Ihre Freiheit, Ihr Geld oder Ihre Seele. Sie will ihre eigene Unabhängigkeit, ihre eigene Zeit, ihren eigenen Freiraum... alles, was Sie auch wollen. Aufeinanderhocken ist ihr wahrscheinlich genauso zuwider wie Ihnen. Der springende Punkt jeder Beziehung ist es, ein Gleichgewicht zwischen Unabhängigkeit und Nähe zu finden. Im Prinzip sind Sie vielleicht damit einverstanden, aber in Wirklichkeit kriegen Sie bei dem Wort »Nähe« Gänsehaut. Das Problem ist, daß Sie und andere Männer kalte Füße haben.

Als wir Kollegen erzählten, unser Buch würde ein Kapitel »Nur für Männer« enthalten, sagten sie im Brustton der Überzeugung: »Das könnt ihr vergessen. Männer denken nicht im Traum daran, etwas zu lesen, worin ihnen gesagt wird, sie sollten sich ändern.« Warum sollten Sie diesem Vorurteil entsprechen? Beweisen Sie das Gegenteil, und lesen Sie weiter.

Drei Männer

Wir werden drei verschiedene Situationen beschreiben, die Beziehungsärger bedeuten könnten. Sie werden sich zumindest in einer davon wiedererkennen. Werden wir Ihnen dann beweisen, daß alles Ihre Schuld ist, und Sie zu fünfzig Peitschenhieben im Morgengrauen verdonnern? Nein, das nicht, aber Vorsicht: Wir werden davon sprechen, wie man Verantwortung übernimmt.

»Sie ist nicht die Richtige.«
Sie haben mehrere Beziehungen mit phantastischen Frauen hinter sich. Diese Beziehungen strandeten eine nach der anderen, sobald sich herausstellte, daß die Frau nicht vollkommen war. Sie neigen dazu, an Frauen Fehler zu suchen, und nach einiger Zeit hassen Sie oft genau die Charakterzüge, die Sie zuerst so attraktiv fanden. Und nachdem keine Frau perfekt ist, pflügen Sie sich durch Beziehungen wie durch ein Paket Tempotaschentücher. Wenn Sie nicht erkennen, was Sie da tun, werden Sie irgendwann alle in Frage kommenden begehrenswerten Frauen der Bevölkerung durch haben. Was dann?

Es gibt keine perfekte Frau, wie Sie wahrscheinlich auch selbst in klaren Momenten wissen. Sie wissen auch, daß das Leben voller Probleme ist, die gelöst werden müssen. Sie machen es im Beruf, aber Sie sind nicht bereit, es bei Frauen zu tun. Im Gegenteil: Sobald Sie ein Problem riechen, ergreifen Sie die Flucht. Am Anfang einer Beziehung ist alles Leidenschaft – ein einziges Hoch. Aber sobald Sie die Frau besser kennen und sie mehr Ansprüche an Sie stellt, ist der Zauber gebrochen.

Jede Liebesbeziehung durchläuft drei Stadien: Idealisierung (sie ist Ihre Traumfrau), Desillusionierung (sie ist nur allzu menschlich) und Einsicht in die Realität (sie ist menschlich, aber Sie lieben sie trotzdem). So läuft es bei uns allen: verlieben, enttäuscht sein, wieder verlieben. Je stärker Sie verliebt sind, desto enttäuschter können Sie sein. Also sollte Sie diese emotionale Achterbahn nicht überraschen. Denken Sie daran: Wenn Sie nicht idealisieren, verlieben Sie sich auch nie. Niemand möchte dieses überwältigende, schwindelerregende Gefühl missen, bei dem sich die ganze Welt verändert und neu und schön wird. Aber Teil der Schönheit ist die Kurzlebigkeit dieses Zustands. Es ist nicht der Alltag, sondern etwas Besonderes. Nehmen Sie es als das, was es ist, und bauen Sie darauf auf.

Ihr Problem ist, daß Sie auf der Stelle treten. Sie steigen aus, wenn Sie einsteigen sollten. Aber die dritte Phase – das Umdenken – ist entscheidend. Genau da vertieft sich eine Beziehung – wenn Sie eine Frau so sehen, wie sie ist, nicht, wie Sie sie haben wollen. Wenn Sie so weit kommen, können sich sogar die romantischen Gefühle vom Anfang wieder einstellen – viele Leute stellen erstaunt fest, daß die Romantik sich sogar vertieft, wenn man sich besser kennt.

Nicht weglaufen – bei der Stange bleiben!

Gut, sagen Sie, aber was, wenn die Beziehung wirklich nicht in Ordnung ist? Was, wenn die Frau nicht die Richtige ist? Diese Bedenken sind durchaus gerechtfertigt, und die Antwort lautet: Wenn die Beziehung nicht in

Ordnung ist, werden Sie es spüren. Aber Sie müssen abwarten, bis Sie sich sicher sind. Vielleicht ist diese Frau wirklich nicht die Richtige für Sie – aber geben Sie ihr eine Chance, und finden Sie sich nicht gleich mit der Enttäuschung ab.

Es gibt zwei Variationen zu diesem Gesetz der Serie, die für sich selbst sprechen. Die erste ist die Beziehung über große Entfernung. Wenn Sie zum Beispiel in verschiedenen Städten leben, können Sie ohne weiteres idealisieren, bis auf die paar groben Unterbrechungen, wenn Sie sich tatsächlich sehen. Zweitens die Rein-raus-Beziehung, bei der ständige Krisen als Abwehr gegen Nähe benutzt werden. Da Sie sich nicht vorstellen können, daß diese Beziehung über einen langen Zeitraum spannend bleibt, trennen Sie sich wieder und versöhnen sich immer wieder. Der springende Punkt dieser beiden Situationen ist, daß Sie bezweifeln, eine Beziehung könnte reizvoll sein, wenn Sie die Frau gut kennen und die Frau Sie. Aber entscheidend ist, daß Sie es überhaupt einmal bei einer und mit einer Frau überprüfen.

In letzter Zeit ist uns ein rätselhaftes Phänomen aufgefallen, das Sie eventuell kennen. Ein Mann, der eine Reihe von Beziehungen hinter sich hat, die immer nach dem gleichen Muster ablaufen, heiratet plötzlich eine Frau, die er kaum kennt.

Ein ehemaliger Klient bat uns um einen Termin. Er wollte uns erzählen, daß er im Juni eine Frau heiraten wollte, die er im Dezember kennengelernt hatte. Es würde eine Riesenhochzeit mit allen Schikanen geben und er sei der glücklichste Mann der Welt. Wir warteten auf den Pferdefuß. Niemand kommt schließlich zu uns in die Therapiestunde zum Jubeln. Als nichts kam, sagten wir: »Gibt es da ein Problem, Rich?« Er schien überrascht. »Aber nein«, erwiderte er. »Na ja«, sagten wir, »wir freuen uns natürlich, daß Sie glücklich sind, aber irgendwie haben wir das Gefühl, etwas stimmt nicht. Warum sind Sie zu uns gekommen? Sie hätten uns doch einfach eine Heiratsanzeige schicken können.«

Rich war eingeschnappt. »Warum seid ihr bloß so zynisch?« fragte er. »Alles ist wunderbar.«

Im Juli standen Rich und seine Braut kurz vor der Trauung und bei uns auf der Matte. Nichts war mehr wunderbar.

Hatten sie vor der Hochzeit irgendwelche Probleme gehabt? Ja, und sie waren so zahlreich, daß sie sich entschlossen hatten, sofort zu heiraten – sonst hätten sie überhaupt nicht geheiratet. Wir rauften uns im Geist die Haare. Zu heiraten *statt* sich den Problemen zu stellen oder mit der normalen Desillusionierung fertig zu werden, ist wie Augen zumachen und sich was wünschen. Glauben Sie nicht, Sie könnten sich die Sache einfach machen, heiraten und verheiratet bleiben. Ehe Sie sich zweimal umdrehen, werden aus Serien von Beziehungen Serien von Ehen – und das tut verdammt weh.

Wir sagen unseren männlichen Klienten, sie sollten eine Beziehung angehen wie einen Job – mit dem Bewußtsein, daß es Probleme geben wird, aber voller Zuversicht, sie lösen zu können. Sie wissen aus Ihrer Arbeit, daß Sie ein Problem, das Sie angehen, besser kontrollieren können, als wenn Sie einfach abwarten! Sie können nämlich dann Ihr Geschick, Ihre Flexibilität und Ihre Phantasie einsetzen. Probleme in anderen Lebensbereichen schrecken Sie doch auch nicht, warum also Beziehungsprobleme?

Apropos Arbeit – versuchen Sie doch einmal, sich eine emotionale Partnerschaft so vorzustellen: Wie im Geschäftsleben einigen sich zwei Partner darauf, ihr Knowhow und die zur Verfügung stehenden Mittel zusammenzulegen, die Unterschiede zwischen sich zu nutzen und gemeinsam davon zu profitieren. In einer Beziehung einigen sich zwei sehr verschiedene Menschen darauf, ihre Unterschiede zum beiderseitigen Nutzen einzubringen. In beiden Fällen ist das keine einfache Sache, aber der Gewinn könnte den Einsatz bei weitem übersteigen.

»Ich kann nicht über meinen Schatten springen.«
Sie sind siebenundzwanzig und seit einem Jahr mit Janis zusammen. Sie spricht von einer gemeinsamen Zukunft, aber Sie können keine sehen. Sie meinen, Sie haben der Beziehung eine Chance gegeben, aber Janis ist einfach nicht die richtige Frau für Sie. Sie glauben auch, Sie seien noch nicht bereit, sich an *irgendeine* Frau fürs Leben zu binden. Sie haben die Nase voll von Frauen, die Sie nur noch als Heiratsobjekt sehen.

Schön und gut. Zwingen Sie sich nicht zu etwas, was Sie nicht tun wollen. Frauen verspüren eher als Männer den Drang, ein Nest zu bauen, und deshalb drängt sie Sie manchmal weiter, als Sie gehen wollen. Denken Sie daran, daß die biologische Uhr für eine Frau eine Realität ist, die sie im Auge behalten muß. Wir verstehen, daß es Sie beleidigt, nur als Heiratsobjekt gesehen zu werden, aber es würde uns sehr überraschen, wenn die Frauen, die Sie kennenlernen, Sie nur als solches sehen. Ihre Reaktion, sich jetzt nicht an diese Frau binden zu wollen, ist völlig normal und gerechtfertigt für einen Mann Mitte bis Ende Zwanzig.

Jetzt wollen wir unseren Modellfall in einem wichtigen Detail verändern. Nehmen wir an, Sie sind vierunddreißig und seit drei Jahren mit Joyce zusammen. Sie spricht das erste Mal von einer gemeinsamen Zukunft, nachdem sie schon einige Male diese schreckliche Uhr und das gefürchtete Wort Heiraten erwähnt hat. Wenn Sie nicht darüber reden wollen, regt sie sich auf. Nun hat sie Ihnen mitgeteilt, sie würde all Ihre Kleidungsstücke, die Sie bei ihr gelassen haben, der Heilsarmee stiften und sich mit anderen Männern treffen, wenn Sie nicht zusammen zur Paar-Therapie gehen. Sie wollen nicht, daß sie mit anderen ausgeht. Andererseits wollen Sie aber auch keinen Ehevertrag unterschreiben. Sie beide haben zu viele »Probleme«. Was sollten Sie jetzt tun?

Überprüfen Sie diese »Probleme«. Es kann verschiedene Bereiche geben, die überdacht werden müssen. Andererseits sind Ihre kalten Füße vielleicht schon beim bloßen Gedanken an mehr Nähe zu riesigen Eisblöcken geworden. Also gehen Sie in die Therapie und suchen die Quelle des Übels. Bereiten Sie sich seelisch darauf vor, zu erfahren, daß Sie insgeheim ein Interesse daran haben, einige der Probleme *nicht* zu lösen. Andererseits aber liegt Ihnen sehr viel an Joyce, und Sie wollen sie nicht verlieren.

Wie wird die Therapie aussehen? Hart – aber eine Herausforderung. Vielleicht kommen all jene Ihrer gemeinsamen Probleme zur Sprache, die Ihrer Meinung nach eine gemeinsame Zukunft unmöglich machen. Wenn Sie tatsächlich über diese Probleme sprechen, wird Joyce überrascht sein. »Warum hast du mir das nicht alles schon früher gesagt?« wird sie fragen. »Weil ich immer geglaubt habe, diese Beziehung wäre nicht für alle Ewigkeit«, protestieren Sie. »Wozu also der Aufwand? Und außerdem...« fügen Sie hinzu, »außerdem haben wir jetzt eine Menge Probleme. Vorher hatten wir einfach Spaß.«

Joyce kann dabei nicht gewinnen. Solange sie die Zukunft nicht anspricht, ist alles wunderbar. Kaum will sie aber wissen, woran sie bei Ihnen ist, bauen Sie Barrikaden auf – Probleme, von deren Existenz sie keine Ahnung hatte. Aber vielleicht suchen Sie nur deshalb Fehler bei Joyce, um sich zu schützen. Vielleicht stellen Sie auch fest, daß Joyce Ihnen am wenigsten gefällt, wenn sie über die Zukunft redet. Viele der Probleme, die Sie aufwerfen, sind wahrscheinlich ziemlich banal und vor allem – sie sind in den Griff zu kriegen. Wir wollen damit nicht sagen, diese Frau hätte keine Fehler, aber wenn Sie einander wirklich lieben, gibt es Möglichkeiten, selbst mit recht schwierigen Problemen fertig zu werden, ohne gleich aufzugeben.

Sie wollen die Beziehung eigentlich gar nicht über Bord werfen – Sie wollen sie nur auf dem Status quo halten. Sie wirft Ihnen in der Erregung vor, Sie würden alles stagnieren lassen – Sie streiten das genauso heftig ab. Sie wollen für den Augenblick leben, sagen Sie ihr. Und Sie glauben das. Andererseits haben Sie das ungute Gefühl, Sie könnte Ihnen auf die Schliche gekommen sein.

Ehrlich gesagt, es macht Ihnen Angst, an die Zukunft zu denken. Es ist sicherer, erst mal abzuwarten. Sie haben zum Beispiel bemerkt, daß der Sex nach anfänglichem Hoch im Laufe der Zeit recht fade geworden ist. Sie sagen, es würde Ihnen nichts ausmachen. Schließlich und endlich sind Sie beide sehr beschäftigt. Also wirklich – glauben Sie das etwa tatsächlich, oder versuchen Sie nur, zu rationalisieren? Sie vermuten das letztere, denn wenn Sie mehr vom Sex erwarten, verwickelt Sie das nur tiefer in die Beziehung. Also verzichten Sie auf guten Sex, damit Sie Joyce nicht mehr geben müssen. Aber Sie werden uns sicher recht geben, wenn wir sagen, als junger, vitaler Mann sollten Sie tollen Sex haben – und das können Sie auch, wenn Sie einmal Ihre Angst vor Nähe bewältigt haben.

Und genau darum geht es hier: um Angst. Um Ihre Angst. Wenn sie sechsundzwanzig oder siebenundzwanzig sind, halten Sie bei Beziehungen noch ziemlich Distanz. Sie sind noch nicht reif für deren Tiefen. Aber wenn Sie mit vierunddreißig eine enge Beziehung zu einer Frau haben, die Sie lieben, ist es nicht verfrüht, mit ihr über die Zukunft zu reden. Sie sollten Schritte dazu machen, bevor sie Schritte macht... und aus Ihrem Leben verschwindet.

»Warum hackt sie ständig auf mir rum?«
Sie haben eine Beziehung mit Linda (oder sind mit ihr verheiratet). Alles wäre wunderbar, wenn sie nur endlich die Klappe halten würde. Diese ewige Nörgelei. Diese Frau hat immer was zu meckern. Entweder ist es die Hausarbeit, für die Sie keine Zeit hatten, oder sie beschwert sich, weil Sie sich nicht oft genug mit ihr unterhalten oder etwas mit ihr unternehmen. Sie behauptet auch, Sie seien ein Geizkragen, was das sexuelle Vorspiel betrifft: Nörgeln und Beschwerden sind ja wohl nicht gerade Aphrodisiaka.

Da sind wir uns einig. Wir wären auch nicht begeistert, wenn uns jemand dauernd auf dem Kopf herumtrommelt. Sie glauben, sie wolle immer mehr von Ihnen, als Sie gewillt sind zu geben. »Ich bin aus Stein«, würden Sie gerne sagen, »hör auf, mir dauernd Blut abzapfen zu wollen!« Sie würden sich am liebsten ein Schild mit der Aufschrift LASS MICH IN RUHE! umhängen. Wenn sie nur glücklich wäre, wären auch Sie glücklich. »Was ist überhaupt los?« fragen Sie immer wieder. »Es ist doch alles in Ordnung.« Im Grunde genommen wollen Sie einfach, daß sie gar nichts will.

Das ist ein schwerwiegendes Problem. Was könnten Sie tun? Erst einmal sollten Sie begreifen, daß *Sie* Linda in diesen traurigen Zustand gebracht haben. Sie nörgelt, weil sie nicht an Sie rankommt. Alles soll nach Ihrem Kopf gehen. Sie genießen es, umsorgt zu werden, wollen aber keinen Streß und haben keine Lust, etwas für die Beziehung zu tun. Wenn man der Sache auf den Grund geht, sind Sie ein Typ, der nicht gerade wild aufs Geben ist. (Damit Sie nicht meinen, Sie stünden damit allein: Sie gehören sogar zur Mehrheit der Männer.)

Sie stehen unter Beschuß, weil Sie Distanz suchen und sie die Nähe. Betrachten Sie es als Kompliment, wenn sie mehr von Ihnen will. Sie werden sich auf jeden Fall in einiger Hinsicht ändern müssen. Sie sollten sich jede Woche einmal die Zeit nehmen, offen mit ihr über ihre Gefühle zu reden, oder ihr zeigen, wo Sie sich verletzt fühlen. Anfangs werden Sie vielleicht nicht das Gefühl haben, aus freien Stücken zu geben oder viel von diesen Erfahrungen zu profitieren. Nach einer Weile jedoch werden Sie sich so bereichert fühlen, so viel selbstbewußter, daß Sie sich fragen werden, warum Sie so viel Tamtam darum gemacht haben.

Wir schlagen vor, daß Sie mehrere Male die Initiative ergreifen, um Augenblicke der Nähe herbeizuführen. Planen Sie ein Abendessen in einem romantischen Restaurant, von dem Sie gehört haben. Planen Sie gemeinsame Ausflüge, die Sie beide genießen können, oder unternehmen Sie spontan etwas, wie zum Beispiel einen Theater- oder Kinobesuch während der Woche. Oder folgen Sie einem Impuls. Ein gestreßtes, schweißgebadetes Paar zum Beispiel, das sich beim Einkauf eines Sofas in die Haare geraten war, versöhnte sich im Keller eines Mö- belgeschäftes. Während die Musikberieselungsanlage quiekte, packte der Mann seine Freundin und die Taille und tanzte mit ihr den Gang hinunter. So verliebt und nah wie an jenem schrecklichen Tag in jenem Keller hat- ten sie sich seit Monaten nicht mehr gefühlt.

Je öfter Sie versuchen, Ihrer Freundin oder Frau näher- zukommen, desto leichter wird es. Sie sollten auch un- bedingt alles, was Ihnen zu schaffen macht, ausspre- chen – warum sollte Sie allein Fragen und Kritik äußern dürfen? Das mit dem Näherkommen wird Ihnen ver- mutlich gegen den Strich gehen. Aber versuchen Sie, es einmal so zu sehen: Vielleicht genießen Sie es irgendwie sogar, daß sie immer wieder versucht, Ihnen die Tür ein- zurennen. Sie fühlen sich verfolgt und ziemlich überle- gen – Sie haben etwas, was sie unbedingt möchte.

Heutzutage sind Frauen sehr selbstbewußt: Sie wissen, was sie wollen, und registrieren, wenn sie es nicht be- kommen. Und wenn eine Frau nicht bekommt, was sie will, wird sie sich woandershin wenden. Sie wird einen Mann aufgeben, der nicht geben kann, und einen Mann finden, der es kann. Wie Sie das verhindern können? Sehr einfach – kommen Sie ihr auf halbem Weg entgegen.

Der ewige Außenseiter

Sie sind der Typ, der ständig hinterherhinkt, keine Be- ziehungen hat und im Grunde genommen ein Fluch für die Frauen ist. Zuerst dachten wir: Warum sollen wir Sie auf diesen Seiten überhaupt ansprechen? Sie hören so- wieso nicht zu.

Aber das schien uns dann doch nicht richtig. Es gibt da draußen eine ganze Reihe von eurer Art, und ihr könnt

sehr charmant sein. Wir sind bereit, euer Recht zu verteidigen, genauso charmant, ungebunden und hoffnungslos zu bleiben, wie ihr seid. Im Grunde genommen wollen wir nur sagen: Seid ehrlich zu Frauen. Zwischen jenen von euch, die das sind, und jenen, die es nicht sind,
liegt ein himmelweiter Unterschied. Wenn Sie einer Frau
von Anfang an direkt ins Gesicht sagen, daß Sie nicht an
einer Beziehung interessiert sind, macht ihr das sicher
zu schaffen. Wenn sie weiterhin versucht, Sie umzu-
stimmen, ist das ihre eigene Verrücktheit. Wenn Sie aber
mitspielen und etwas vortäuschen, was nicht da ist, ist
das schlicht und einfach gemein.

Es ist nicht nur gemein, sondern auch überflüssig. Ein
Schürzenjäger, den wir kennen, sagt: »Warum soll ich
lügen? Ich habe mit vielen Frauen Affären, weil ich ihnen klipp und klar sage, wer ich bin und was ich will. So
ist es viel besser – keine Komplikationen!«

Aber wenn Sie jemand sind, der wirklich eine Beziehung
will, sollten Sie auf Komplikationen gefaßt sein. Sie sind
normal. Wir sagen Frauen, sie sollten in einer Beziehung
höchstens 50 Prozent der Verantwortung übernehmen.
Männern aber sagen wir, sie müßten mindestens 50 Prozent übernehmen. »Wollen Sie damit sagen, ich soll
mehr Verantwortung als sie übernehmen?« fragen Sie
entsetzt. Nun ja... Sie müssen vielleicht geben, bis es
weh tut, zumindest für einige Zeit, bis die Sache wieder
im Lot ist. Bisher haben Frauen zu viel gegeben und Sie
zu wenig. Ihr Ziel ist es, ein echtes gegenseitiges Geben
und Nehmen zu schaffen, das das Geheimnis jeder erfolgreichen Beziehung ist.

Ihr Beziehungsprofil: Sind Sie zu einer Bindung bereit?

Dieser Test wird Ihnen helfen, Problembereiche in Ihren
Beziehungen zu Frauen zu lokalisieren. Vergleichen Sie
Ihre Einschätzung mit unserer Auswertung am Schluß.
Ihr Beziehungsprofil wird Ihnen zeigen, ob und wie sehr
Sie zu einer Bindung bereit sind.

Bewerten Sie jede Antwort des Fragebogens nach dem folgenden Schlüssel, und notieren Sie die entsprechenden Zahlen:

Nie   Kaum   Manchmal   Oft   Meistens   Immer
 0   1   2   3   4   5

Ich finde...

1. sie möchte, daß ich nach ihrer Pfeife tanze;
2. sie bedrängt mich, mit ihr zusammenzuziehen;
3. sie will ständig über »die Beziehung« reden;
4. sie kritisiert ständig;
5. sie stellt Ansprüche;
6. ich mache laufend Zugeständnisse;
7. ihre Familie ist ihr Problem.

Ich finde es vollkommen normal...

8. Verabredungen erst in letzter Minute zu treffen;
9. über meine Zeit keine Rechenschaft abzulegen;
10. mir alle Türen offenzuhalten;
11. daß sie alle unsere gesellschaftlichen Verpflichtungen arrangiert;
12. ihr meine Freunde und Arbeitskollegen nicht vorzustellen;
13. zu erwarten, daß mein Leben trotz einer Beziehung so weitergeht wie bisher;
14. verärgert zu sein, wenn sie mich bittet, ihr beruflich zu helfen;
15. mich verliebter zu geben, als ich eigentlich bin, um die Gefühle einer Frau nicht zu verletzen;
16. nicht gleich am nächsten Tag anzurufen, wenn ich mit einer Frau das erste Mal geschlafen habe;
17. einen Teil des Wochenendes allein zu verbringen;
18. mit ihr zu schlafen und sie dann zu bitten, zu gehen;
19. einer Frau zu sagen, ich würde sie anrufen, obwohl ich gar nicht die Absicht habe, sondern sie nur für den Augenblick trösten will;
20. sie zu bitten, bei der ersten Verabredung die Rechnung zu teilen;

21. sie allein nach Hause zu schicken, weil ich morgen einen schweren Tag habe;
22. sie spätabends noch kurz zu treffen, wenn ich in einer schweren Woche stecke. Es ist immer noch besser als gar nichts;
23. sie zu ignorieren, wenn sie lästig wird – wer will schon streiten.

Wenn sie mir im Bett sagt, was sie sich wünscht, das ich mache, denke ich...

24. sie ist zu aggressiv;
25. geil!
26. ich meinte, das hätten wir schon geregelt;
27. warum verlangt sie das? Sie weiß doch, wie ich es hasse, das zu machen;
28. es macht die Stimmung kaputt;
29. es ist mir unangenehm;
30. warum hat sie mir das nicht erst hinterher gesagt?
31. sie sagt mir dauernd, was ich tun soll.

Wenn ich mit ihr schlafen will und sie nicht interessiert ist, dann...

32. masturbiere ich;
33. schmolle ich, bis sie kapiert;
34. halte ich es für ein sehr großes Problem;
35. versuche ich, sie zu verführen und in Stimmung zu bringen;
36. sollte ihr doch klar sein, daß ich Sex zur Entspannung brauche;
37. denke ich an andere Frauen;
38. werde ich es ihr unter die Nase reiben, wenn sie das nächste Mal mit mir schlafen will und ich keine Lust habe;
39. glaube ich, ihr Sexualtrieb ist nicht stark genug.

Wenn sie mit mir schlafen will, und ich nicht, dann...

40. mache ich mit, aber lustlos;

41. wünschte ich, sie würde mich in Ruhe lassen, bis das Projekt, an dem ich arbeite, beendet ist;
42. fühle ich mich bedrängt;
43. habe ich die Nase voll von ihren Ansprüchen;
44. fühle ich mich verpflichtet, ihr den Gefallen zu tun;
45. schmuse ich nicht mit ihr, um sie nicht anzuheizen;
46. will ich nicht mal von ihr angefaßt werden.

Ich fühle mich bedrängt...

47. wenn sie möchte, daß ich Weihnachten bei ihren Eltern mitfeiere;
48. wenn sie erwartet, daß ich in der Küche helfe;
49. wenn sie erwartet, daß ich weiß, was sie will;
50. wenn ich zu Hause anrufen muß, weil ich erst später zum Abendessen komme;
51. immer und überall;
52. wenn sie unser Wochenende verplant.

Ich wünschte...

53. wir würden nie streiten;
54. sie würde nicht ständig auf mir rumhacken;
55. sie wäre weniger verkrampft;
56. sie würde mir mehr Zeit geben, um mir über die Beziehung klarzuwerden;
57. ich hätte nie gesagt: »Ich liebe dich«;
58. wir könnten die Uhr zurückdrehen bis zu unserer ersten Verabredung;
59. sie wäre femininer;
60. ich wäre mir wirklich sicher, daß sie die Richtige ist.

Es macht mich verrückt, wenn...

61. sie irgendeine Entscheidung trifft, die mich angeht;
62. sie über ihre »biologische Uhr« redet;
63. sie möchte, daß ich mehr über meine Gefühle rede;
64. ich nie Zeit für mich selber habe;
65. sie nicht immer zu mir kommt;
66. ihre Emanzenfreundinnen zu Besuch kommen.

Auswertung Ihres Beziehungsprofils

Addieren Sie die notierten Zahlen, und schauen Sie in der entsprechenden Kategorie nach, was die Gesamtzahl über Sie aussagt.

Unter 75: Das wäre zu schön, um wahr zu sein! Sie sind sich selbst gegenüber nicht ehrlich. Sie neigen dazu, Ihre Gefühle zu verdrängen, bis es zu spät ist.

75–150: Sie haben wahrscheinlich schon eine engere Beziehung. Sie sind sich selbst gegenüber ehrlich genug, zuzugeben, daß einige Dinge Ihnen zu schaffen machen, aber Bindung ist für Sie kein Problem. Nähe zu einer Frau fällt Ihnen leicht.

150–200: Die Hürde der Bindung ist für Sie nicht unüberwindbar. Sie haben gute Beziehungen zu Frauen, fürchten aber Freiheitsverlust, wenn Sie einer Frau näherkommen. Sie sollten zwar noch an Ihrer Kommunikationsfähigkeit arbeiten, aber Nähe ist für Sie kein Schreckenswort.

200–250: Nähe zu einer Frau bringt Sie in Zwiespalt. Sie wollen sich binden, es macht Ihnen aber Mühe. Versuchen Sie, hinter Ihre Verhaltensmuster in Beziehungen zu kommen, und versuchen Sie auch, an sich selbst festzustellen, wann Sie sich heiß und kalt zugleich fühlen.

250–300: Sie haben ernsthafte Probleme mit Nähe und ziehen schon sehr früh die Notbremse in einer Beziehung. Sie neigen dazu, den Frauen, die Sie lieben, weh zu tun, weil Sie Beziehungen als starke Bedrohung Ihrer Autonomie und Unabhängigkeit sehen.

300 und mehr: Sie brauchen Thermosocken für Ihre kalten Füße. Sie sind nicht einmal bereit, eine Beziehung zu versuchen, geschweige denn, sie zu leben. Seien Sie ehrlich – sagen Sie ihr, daß Sie nicht an einer Beziehung interessiert sind.